CYBERPUNK
Registros recuperados de futuros proibidos

Organizado por

Cirilo S. Lemos
Erick Santos Cardoso

1ª edição

Editora Draco

São Paulo
2019

© 2019 by Santiago Santos, Cirilo S. Lemos, Ricardo Santos, Daniel Grimoni, Michel Peres, Claudia Dugim, Carlos Contente, Rodrigo Silva do Ó, Marcelo A. Galvão, Marcel Breton, Karen Alvares, Fábio Fernandes e Alexey Dodsworth

Todos os direitos reservados à Editora Draco

Publisher: Erick Santos Cardoso
Edição: Cirilo S. Lemos
Organização: Cirilo S. Lemos e Erick Santos Cardoso
Revisão: Ana Lúcia Merege
Capa e arte: Ericksama

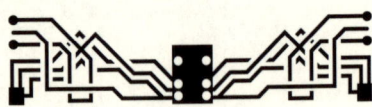

Dados Internacionais de Catalogação na Publicação (CIP)
Ana Lúcia Merege 4667/CRB7

Cyberpunk : Registros recuperados de futuros proibidos / organizado por Cirilo S. Lemos e Erick Santos Cardoso. – São Paulo : Draco, 2019.

Vários autores.

ISBN 978-85-8243-241-9

1. Contos brasileiros I. Lemos, Cirilo S. II. Cardoso, Erick S.

CDD 869.93

Índice para catálogo sistemático:

1. Contos : Literatura brasileira 869.93

1ª edição, 2019

Editora Draco
R. César Beccaria, 27 – casa 1
Jd. da Glória – São Paulo – SP
CEP 01547-060
editoradraco@gmail.com
www.editoradraco.com
www.facebook.com/editoradraco
twitter e instagram: @editoradraco

Sumário

Cyberpunk – Um Remanifesto   6

Santiago Santos   12
De lentes invocadas e tapiocas de queijo

Cirilo S. Lemos   34
A lua é uma flor sem pétalas redux

Ricardo Santos   58
Caos tranquilo

Daniel Grimoni   92
A gota d'água

Michel Peres   108
Folhas no terraço

Claudia Dugim   142
Boca Maldita

Carlos Contente e Rodrigo Silva do Ó   172
Cyberfunk

Marcelo A. Galvão   190
Próximo nível

Marcel Breton   214
Sonho de Menino

Karen Alvares   232
Recall

Fábio Fernandes   256
Sonhos wifi

Alexey Dodsworth   274
Amor em Antares

Agradecimentos   304

Organizadores & Autores   308

Prefácio
Cyberpunk – Um Remanifesto?

Memórias humanas, tão de carbono, são falhas. Memórias de silício são mais confiáveis. Mesmo assim é preciso ter sempre HDs externos à mão. Nuvem também ajuda. O bom da memória de silício é que ela é intercambiável, repetível, retocável. O bom da memória humana é que ela muda conforme a emoção dos donos. O bom da memória das máquinas é que elas permanecem as mesmas — a não ser quando corrompidas.

Por isso nos lembramos de um movimento com livros. Talvez muitos de vocês não saibam, mas o movimento cyberpunk teve vários começos. Para uns, ele nasceu em 1984, com **Neuromancer**. Para o próprio autor deste livro, William Gibson, ele teve origem em 1980, com **The City Come A-Walking**, de seu amigo John Shirley. Para quem curte cinema, ele pode ter começado em 1982, com a Los Angeles eternamente sombria e chuvosa, iluminada fracamente por neons, de *Blade Runner*. Uns afirmam que *Rollerball*, de 1975, pode ter prenunciado tudo: um mundo dominado por megacorporações onde um único esporte domina os corações e mentes entorpecidos das pessoas: um esporte de gladiadores modernos, cujas partidas não raro terminam em morte — o que não só faz parte do jogo como é esperado e desejado. Pão e circo para os alienados (e os hackers que viram a verdade além do véu da mídia e do código, e tentam disseminá-la) também faz parte da mentalidade cyberpunk.

Para Bruce Sterling, amigo e parceiro de Gibson e mentor do Movimento Cyberpunk, as influências são muitas e remontam à década de 1960. Em seu já histórico Manifesto Cyberpunk, publicado como prefácio à antologia *Mirrorshades* (até hoje incrivelmente inédita no Brasil), Sterling aponta autores como Norman Spinrad e Samuel Delany, Michael Moorcock e xx, todos parte da New Wave britânico-americana, como as principais referências e influências do então novíssimo movimento.

Nós, pobres entidades de carbono, já esquecemos isso. As de silício não: uma breve consulta aos arquivos do ciberespaço nos lembra o que nunca deveríamos ter esquecido. Está tudo lá. Os precursores citados acima. Os cinco autores originais do movimento (William Gibson, Bruce Sterling, John Shirley, Rudy Rucker, Lewis Shiner), seus colegas de geração e de ideologia (Pat Cadigan, John Kessel, Richard Kadrey, Marc Laidlaw). E todos os que vieram, vêm e virão depois.

Porque tudo muda, tudo cresce e amadurece. Com o cyberpunk não foi diferente. Ele sofreu mutações como um vírus; gerou uma série de cepas tão contagiosas quanto: o steampunk foi a primeira pandemia. E vieram outros punks, punks da periferia da imaginação, abrindo seu espaço e dando frutos. *Snow Crash. Carbono Alterado. Ghost in the Shell. Aeon Flux*. E isso ainda no começo da onda. Hoje, trinta anos depois, os honrados descendentes continuam escrevendo histórias, seja respeitosamente seguindo os passos dos que vieram antes e descrevendo cenários noturnos de neon com megacorps japonesas dominando o mundo, ou destruindo tudo e matando o Buda, ou seja: inventando novos cenários cyberpunk.

E tudo isso é possível e aceitável. Para os defensores do cyberpunk de raiz, puro, uma surpresa: isso nunca existiu. Em *Mirrorshades* existem contos que vão do mais, digamos, clássico, a experiências genéticas com forte pegada ecológica. O interesse dos autores primordiais desse subgênero talvez tenha sido menos a parte cyber e mais o punk.

Porque o punk é a luta.

O punk é a luta cotidiana do oprimido, do mano, da mana, do nerd, do marxista, dos trabalhadores, das gueis, dos trans. O punk não é mais somente o cabelo moicano (na verdade iroquês) ou o coturno. O punk transcendeu.

E o punk pode ser encontrado em cada um dos contos desta antologia. Tem pra todos os gostos: tem putaria e tem maternidade;

tem história adulta e tem história pra jovens. tem história escrita por uma pessoa e tem história escrita a quatro mãos. E o conteúdo? Tem sniper favelado, rituais neo-indígenas numa Cuiabá transnacional, ciborgue revolucionário assassino, detetive hardboiled num Recife infestado de drones e robôs, trans dona de boteco na bio-bolha Antártica, malandro evangélico carioca pilotando carro voador.

   Como Arthur C. Clarke (que não era cyberpunk e nem é referência, mas que nos deu imagens interessantes em suas histórias) escreveu ao final de *2010 – Uma Odisseia no Espaço Parte II*: Todos estes mundos são seus, exceto Europa. Não temos Europa – nem a lua de Júpiter nem o continente tão perto e tão longe de nós. E não precisamos. Podemos fazer melhor. Vocês têm a prova disso nas mãos.

Fábio Fernandes
Março de 2018

DE LENTES INVOCADAS E TAPIOCAS DE QUEIJO
Santiago Santos

Nada como o calor escaldante na cara pra te acordar de vez dum maldito sono mequetrefe, pensa Fabíola, ajeitando a mochila nas costas e descendo a escada acoplada ao avião. Sua caixa é uma das últimas a aparecer na esteira do terminal de bagagens, e nisso já teve tempo de conferir o clima pros próximos dias (inferno), os updates nas redes (nada importante) e dois frilas pra depois da temporada no Brasil, a considerar.

Apanha a caixa lacrada com silvertape e a coloca no carrinho. Nela, todas as roupas. Na mochila, o realmente valioso: câmeras, lentes, notebook, pontos focais, toda a parafernália. Nunca deixaria isso à mercê dos funcionários sádicos dos aeroportos. Quando consegue se esquivar do frenesi de abraços e cumprimentos no corredor, vê um garoto gorducho, de cabelo curto e bermuda até a metade das canelas, mais afastado numa fileira de bancos, segurando uma plaquinha: Fabíola Echeverría, em uma letra bisonha.

— Eu sou a Fabí — ela diz, parando o carrinho na frente dele. O garoto não responde. A plaquinha numa mão, a outra no joelho, o indicador em movimentos contidos pra cima, pra baixo e pros lados, os olhos se movendo ao redor de um ponto fixo no chão. Ela vê um fone preto enfiado na orelha. Chuta seu pé. Ele olha pra cima, assustado.

— Olá, me desculpa, o avião atrasou e eu comecei a jogar e não percebi a senhora aqui.

NCI (Narração Complementar Integrada) [Senhora: uma manauara de 32 anos, cabelo picotado na nuca, magricela, calça larga de brim, botas de trekking, treze brincos pequenos em cada orelha, tatuagem de um rinoceronte no pescoço, entrando pelo decote da blusinha preta sem estampa.]

— Tranqs, guri, mas senhora é a vó. Qual o teu nome?
— Rogério. Pode deixar que eu levo o carrinho.

Saem pra área externa do aeroporto. Rogério coloca a caixa e a mochila no porta-malas de um táxi e senta atrás com ela. Fala o endereço pro motorista.

— No Coophamil eu não entro — ele responde. — Deixo vocês no trevo.
— Tá ótimo — diz Rogério.

Fabíola vê o homem ligando o ar condicionado no máximo.

— É sempre tão quente aqui?
— Como assim? Hoje tá fresco.

O motorista desvia dos carros atravessados na área de desembarque e entra em uma avenida. Pontos de ônibus apinhados dos dois lados, comércios abertos, muitos comércios fechados. O sol desce lento, langoroso. Fabíola pisca duas vezes e checa a hora no canto do campo de visão. Quatro da tarde.

— Fez boa viagem? — diz Rogério.
— Na verdade, não. Apesar de pequena, não acho jeito de dormir naquelas fóquin poltronas. As companhias precisam começar a oferecer primeira classe pra cá. Isso não virou uma mina de ouro depois da névoa?
— Virou. Mas o pessoal que andaria de primeira classe tem jatinho.
— Filhos da puta. E o job?
— Amanhã à noite.
— Eu sei, mas vai rolar briefing, coisa do tipo? Ou é só chegar e fotografar o que tiver pela frente?
— Não sei direito ainda.
— Mas você trabalha no Voz da Terra, não trabalha?
— Estagiário. Quebro todo tipo de galho.
— Que inclui buscar gente no aeroporto. Saquei. Brigada por vir, aliás.
— Imagina. O Beraldo, nosso editor, queria vir pessoalmente. Acabou se enrolando. Ele disse que vai falar contigo assim que tiver um tempinho. Mas vai ser tranquilo.

– Vai? Não tô acreditando, pelo que cês tão me pagando. É muito pra pouca coisa.

– Bom, aqui é a nova El Dorado, não é?

Fabíola vê algo vermelho piscando perto da janela do carro. Aperta o indicador no polegar com força e pousa a mão no joelho. O menu da lente de realidade aumentada se abre na sua frente, ocupando o centro do campo de visão, translúcido e sobreposto ao que enxerga dentro do táxi. A notificação é uma mensagem do Boákie.

NCI [Mensagem do Boákie: wats up, honey? how ya been lately? missing u for real back here. call me up if anything interesting happens or if ya just get bored. b. – Tradução no catálogo idiomático preferencial *portugues_porco_fabi*: i ai, benzin? como ce ta? sentindo tua falta aki. me liga se rolar algo interessante ou se ficar entediada. b.]

Deixa pra responder depois e fuça as notificações das outras redes. Nada de mais. Rogério aproveita a deixa e faz o mesmo. A viagem segue em silêncio. Quando atravessam uma ponte, a notificação do WikiTourApp informa Fabíola que estão cruzando o rio Cuiabá. Poucos minutos depois o taxista para no acostamento, próximo a um trevo com uma placa no centro que indica em letras garrafais: Coophamil. Ao seu redor, pairando em plaquetas marteladas e grafitadas, projetores expandem os desenhos em um mural enorme e vibrante. Magnífico, ela pensa, imaginando como aquilo deve ficar à noite.

– Por que você não entra? – pergunta ao motorista enquanto Rogério pega as malas.

– Taxista não entra aí, dona. Gente com bom senso também não. Seja bem-vinda à cidade.

Ela sai do carro, pendura a mochila no ombro.

– É barra pesada aqui, Rogério?

– Aqui? Nunca. Isso é o paraíso, Fabí. Só me segue.

– Dos milicos – diz Rogério. – Cooperativa Habitacional dos Militares. Coophamil. Aí eles não gostaram muito do lugar, foram vendendo, virou bairro popular. Ops, desculpa aí, amizade. Nos anos de construção da ferrovia a prefeitura comprou um monte de terreno vazio ou com casa condenada, demoliu, montou prédios pequenos, olha pra frente, pô, locou a preço de banana pros peões da obra. Isso aqui encheu dum jeito. Acabou a obra e quem tinha um pouquinho mais de grana saiu, olha o degrau, foi ficando só a nata da decadência mesmo. Virou essa maravilha. Chegamos. Melhor tapioca da cidade. Vai querer do quê?

Fabíola pede uma de queijo prato com tomate, observando a senhora depositar as colheradas de massa de mandioca na frigideira. Pastel, espetinho, açaí, banana frita, artesanato, suco, frutas, verduras, ovos, temperos, carne vermelha em ganchos e peixes em bandejas. Uma infinidade de tendas e barraquetas se amontoam pelos dois lados da rua, o centro tomado de gente e latões de lixo. Entre as barracas, pendurados nos postes e nas vigas de madeira, fios de luz cruzados e entrecruzados torram desprotegidos do sol. As pessoas escolhem a sombra pra se escorar e comer, andar, falar no celular. Um grupo de crianças passa correndo, segurando uma bola de leite embaixo do braço. Pequenas caixas de som penduradas ecoam uma música dançante e repetitiva que parece ter sido gravada no quintal de alguém.

NCI [Celular: aparelho amplamente utilizado em regiões pobres no globo todo, onde as lentes de realidade aumentada e o chip de controle neural ainda são um luxo.]

— O que é isso tocando? — diz Fabíola.
— Rasqueado — Rogério paga a senhora com uma nota surrada. Há tempos Fabíola não vê uma nota de papel. — Cortesia dos seus anfitriões. — Sentam em um espaço entre duas tendas, ele com a caixa de roupas no colo, bebericando de uma lata de refrigerante. — O negócio cresceu bem fodido aqui dentro. A prefeitura é cada vez mais carrasca pra escolher as áreas onde vai investir e as áreas que vai condenar à morte. Ou melhor, a trindade canta na orelha dela. Enquanto demolir tudo for mais caro que só deixar como tá, vai ficar assim mesmo. A única coisa que ainda chega é a energia elétrica. O IPTU não é cobrado há décadas, não emitem alvará pra cá, fecharam o posto de saúde e as delegacias. O pessoal se vira

com água e esgoto, contrata por fora. Mesmo assim é o lugar mais bacana da cidade.
– E você mora aqui?
– Moro.
– Tá explicado. – Fabíola lembra das favelas que viu na Índia, no Afeganistão e no Rio de Janeiro. – Não é tão ruim assim, vai. Delícia mesmo essa tapioca.
– Não falei? Escuta, a equipe do jornal discorda totalmente de mim. Eles só te hospedaram aqui porque não tinha vaga em nenhum outro lugar da cidade. Culpa do pessoal da feira, que esgotou todas as acomodações antes mesmo de divulgarem as datas. Mas o hotel é tranquilo, cê vai ver. – Rogério aperta o indicador no polegar e parece ler algo. – Mensagem do Beraldo. Ele disse que vai ter que ficar pra amanhã cedo a reunião. No saguão do hotel. Às sete, ok? Daqui eu já te levo pra lá.
– Tranqs.
– Tá pensando em fazer algo essa noite?
– Sinceramente, acho que vou dormir. Tô morta. Preciso descansar.
Fabíola termina, joga o guardanapo num dos lixões.
– Por aqui – diz Rogério.
O hotel é um prédio de três andares sem elevador. O recepcionista, um rapaz cheio de piercings e um boné com o bordado MIXTO F. C. em destaque, confere a reserva e entrega o cartão.

NCI [Mixto F. C.: tradicional time de futebol cuiabano.]

– É no último andar, mas é o mais fresco – diz Rogério. – Eu te ajudo com a caixa.
Depois de subirem a escadaria e deixarem as malas na cama, Rogério passa o seu contato. Ela agradece, fecha a porta e se joga na cama, tentando apagar a dor de cabeça com uma soneca.

Na viagem de 15 horas de Sydney a Cuiabá, Fabíola teve tempo para pesquisar seu frila: a 1ª Expofeira Global de Mato Grosso, patrocinada pela trindade corporativa que possui o maior número de hectares, indústrias, estradas, maquinários e funcionários no Estado, com apoio das três esferas governamentais. No passado, a região já era conhecida pelas safras lucrativas de soja, milho, algodão e pela pecuária de corte, commodities impulsionadas no pós-névoa devido ao clima, que continuou recebendo a cobiçada incidência solar. Fabíola não estranhou o surgimento da feira no maior estado exportador do país e atualmente o mais rico; estranhou que não tivesse acontecido antes.

A trindade corporativa mato-grossense, exemplo do novo paradigma econômico que enriqueceu o cinturão global próximo à linha do Equador, é constituída pela moçambicana Rossal-Souza, pela egípcia Maebar e pela brasileira Belalto, ora competidoras, ora parceiras nos investimentos e lobbies. A trindade custeava o seu pagamento, sem sombra de dúvida; poucos minutos passeando pelas manchetes tendenciosas do jornalete on-line Voz da Terra denotavam sua condição de assessoria de imprensa disfarçada de jornalismo. Tivesse analisado melhor a proposta, talvez não aceitasse. Por outro lado, era a chance de voltar ao Brasil, e uma chance lucrativa. Nem ideologia nem premiações garantiam o seu pão num cenário cada vez mais dominado pelos drones. O frila no país era a oportunidade de visitar os pais em Manaus. Na última visita, um ano antes, o pai havia reclamado muito de queimação no estômago, supostas úlceras causadas pelo consumo desenfreado de café. Pelo telefone a mãe se esquivava do assunto, mas Fabíola sabia que ele só piorava.

Continuando a pesquisa, encontrou várias matérias que mencionavam a explosão populacional na região, proporcionada pela obra do enorme complexo ferroviário que escoava a matéria-prima pro porto de Santos. Mas a obra tinha acabado havia mais de cinco anos. Isso era notícia velha. Nada destoava muito do coro manso do "crescimento impressionante". Somente desativando os mecanismos de busca tradicionais, filtrados pelos mais diversos interesses, encontrou vozes que corriam por fora da mídia comprada. E descobriu a Djorúbo.

A Djorúbo (*remédio*, no dialeto bororo) era uma organização "anarco-performativa" criada para protestar sobretudo contra o fim das demarcações de terras indígenas no pós-névoa. Mato Grosso foi o primeiro estado brasileiro a decretar o fim das reservas e de áreas de proteção ambiental, forçando a inclusão das etnias na sociedade moderna. O Estado de Fabíola, Amazonas, que detinha o maior número de reservas do país, foi o último a seguir a toada, não sem muito protesto, discussões e pneus queimados, segundo as memórias ainda vívidas da infância. A Djorúbo se colocava contra o lucro acima de tudo, o cimento sobre a floresta, a poluição impune, as leis lubrificadas por lobbies para o desmonte daquilo que o Estado deveria resguardar, a cada vez maior desigualdade. Cuiabá havia se tornado a típica cidade enriquecida na nova economia: um centro pobre circundado por condomínios abastados quase autossuficientes e ultrafechados.

E como a Djorúbo escolhia atacar seus inimigos? Com informação e arte. Butau-Curi-Répa, o último nativo bororo vivo criado na antiga tradição, seu fundador mítico, defendia a sensibilização popular. Já haviam transmitido propagandas falsas que ironizavam as ações da trindade nos horários nobres das sensinovelas; financiado a proliferação de rádios alternativas com conteúdo crítico nos bairros pobres; confeccionado e distribuído fanzines, folhetos e newsletters informando mudanças perigosas nas leis, violações de direitos humanos, decisões judiciais contraditórias, financiamento ilegal de campanhas, conluios e falcatruas que nunca apareciam na grande mídia; hackeado e derrubado os sites das empresas, deixando no lugar seu logotipo, um rosto de onça vetorizado; invadido o complexo ferroviário para grafitar os vagões de trem; espalhado estêncis pelos muros da cidade.

Além dessas ações pacíficas, a organização era acusada de invadir os servidores de distribuição e controle de estoque da ferrovia e realizar entregas imprevistas a núcleos piratas, e de praticar atos terroristas menores, como explodir silos de armazenagem, descarrilhar vagões e ameaçar de morte e sequestro os executivos das empresas. Por essas ações a Djorúbo não assumia responsabilidade. As outras, no entanto, eram sua cartilha de propaganda e recrutamento.

A ideia por trás da organização fascinou Fabíola, cuja carreira fora pautada pelo registro dos resquícios de vida selvagem no mundo e um ideário fortemente humanista, e murchou a já baixa expectativa que tinha de cobrir o evento.

Por isso, quando desce ao saguão do hotel perto das sete da manhã, sem saco pra esconder as olheiras com maquiagem, bebericando de uma xícara de café morno, e conhece o editor do Voz da Terra, faz um esforço pra parecer simpática.

※

— Obrigado por aceitar tão prontamente nossa proposta — diz Beraldo. Estão sentados no saguão do hotel, de frente um pro outro. Ele está vestido socialmente, considerando o que ela viu até agora do Coophamil: calça jeans, sapatos e um blazer por cima da camiseta azul marinho.
— Imagina. Foi uma ótima desculpa pra eu voltar pro Brasil. É sempre bom voltar pra casa.
— Você veio da Austrália, certo?
— Isso. Cobri um campeonato de surfe em Sydney.
— Que interessante. Vi as fotografias que te renderam os prêmios da National Geographic. São lindas mesmo.

NCI [Fotografias da Fabíola premiadas pela National Geographic: uma panorâmica durante o ritual de matrimônio dos Ruarapeke, no interior da Zamíbia; um close de um gorila dormindo com um filhote no colo, no Congo; um gavião pousado no único galho visível de uma árvore submersa na inundação do rio Nilo em Nova Tebas durante o Ano das Águas; uma garota raquítica com uma enxada três vezes maior que ela arando a terra congelada no Canadá, sob a iluminação minguada do sol contra o bloco quase sólido de névoa.]

— Brigada. Então, vocês tão pensando no que, exatamente, pro evento? Pelo que pesquisei são palestras, exibição dos produtos, encontros de negócios, conversas informais nos lounges. Nada fora do comum, zero dificuldade técnica. Não tô acreditando que me trouxeram da Austrália só pra fazer os figurões do agro ficarem bem na foto. É isso mesmo?
— Ah, você se surpreenderia com a vaidade de algumas dessas figuras. O Voz da Terra vai ter acesso privilegiado na cobertura. Você foi uma exigência dos patrocinadores pra conferir aura de estrelato, confesso. Essa é a primeira feira desse porte. Os olhos do mundo todo estarão voltados pra cá. Ninguém quer fazer feio. Não agora, que a ferrovia anda a pleno vapor, que as novas modificações

genéticas na soja e no milho foram aprovadas pela Nova Europa e pelos Tigres. É o timing perfeito.

– Claro. Então posso me preparar pruma série de retratos de magnatas sentados sobre pilhas de dinheiro?

– Não, não – ele ri. – A intenção é o registro casual. Dois drones farão o serviço mais básico.

– Fóquin drones.

– É outra exigência.

– Eu entendo – ela diz, bebendo o café agora frio. – Sem querer soar babaca, mas não quero que minhas fotos sejam creditadas. Algum problema com isso?

– De forma alguma. É um direito seu.

– Eu sei. Só queria deixar esse ponto claro. Não é o tipo de coisa com a qual desejo ser associada. Sem ofensa.

– Eu entendo. Teu nome é sinal de qualidade, mesmo que não apareça no produto final, foi nisso que pensaram, pode ficar tranquila. Voltando ao evento, por causa dos drones você vai ter liberdade pra circular. Com algumas restrições, claro. Fotos dos maiores figurões da noite e dos eventos mais importantes, pelo menos. Pode liberar o acesso pra mim? Beraldo-E4056. Vou te passar alguns dados. – Beraldo aperta o indicador no polegar, toca um ponto no ar e empurra na direção de Fabíola. Uma imagem com uma lista dos eventos da noite aparece no seu campo de visão, alguns deles em destaque amarelo. – Marquei esses importantes a que me referi. Mas vai ter gente te acompanhando lá, a equipe do jornal é grande.

– Tranqs.

– E conseguiu descansar essa noite?

– Um pouco – diz Fabíola, deixando de fora a noite anterior.

NCI [Noite anterior: Fabíola acordou às nove com o barulho e não conseguiu mais dormir. Uma competição de slam de poesia acontecia na rua em frente ao hotel. Ela desceu, comprou uma cerveja de uma senhora com um isopor cheio de gelo e se juntou à plateia espontânea. Os poetas eram jovens ou velhos, brancos ou negros, de ascendência alemã ou russa ou argentina ou vietnamita ou indígena ou algo que já se tornara irrastreável, mas o tema era o mesmo: a crítica ao sistema, à repressão policial fora dos muros do

Coophamil, ao refúgio quase idílico que havia se tornado o bairro, à Djorúbo. Fabíola gritou na votação das melhores declamações, conversou com um ou outro e, a certa altura, resolveu pegar a câmera no quarto. Era demais pra passar batido: o palco de pallets erguido no meio da rua apinhada, caixas de som pulsando com os graves, hip-hop fluindo entre as apresentações, o festival multicolorido de roupas, os grupos de dança, a cerveja e a fumaça dos espetinhos, as caras nas janelas e sacadas, observando tudo com um misto de tédio e resignação. Aquilo pulsava vida.]

— Olha — diz Beraldo —, me desculpa ter que interromper isso aqui tão rápido, mas tenho um monte de reuniões ainda pela manhã com as equipes de reportagem, e preciso chegar na feira antes do almoço de negócios que organizaram pra diretoria. Talvez eu não consiga mais te ver até acabar tudo. O Rogério vai te acompanhar hoje.
— Sem problema.
Ele tira um crachá do bolso do paletó. O cartão magnético tem o nome e a foto dela acima do logo do Voz da Terra. Se despede e sai pela porta corrediça de vidro. Ela volta pra cama.

O centro de eventos que hospeda a feira fica no topo de um morro, a cerca de um quilômetro da via expressa da cidade. Sua posição privilegiada permite enxergar boa parte de Cuiabá estendida à frente. O sol cai atrás da cidade, pintando rasgos alaranjados no céu; Fabíola sabe como é difícil presenciar esse momento virtualmente livre da névoa em tantos lugares do mundo. Desce do táxi, tira a câmera da mochila, pega uma das lentes especiais que criou com Boákie na última viagem pra Nigéria e tira uma sequência rápida.

NCI [Última viagem pra Nigéria: um trabalho com Boákie pra Universidade Moshood Abiola. Ficou hospedada na casa do amigo, dormiram juntos todas as noites, como fez nos anos anteriores, conheceu seu filho de oito anos e foi embora sem deixar nada seu pra trás. Apesar da lembrança calorosa, ainda não tinha vontade de retornar; havia aprendido a espaçar as visitas a qualquer lugar o suficiente pra despedida nunca se tornar insuportável.]

— Acho que a vista daqui é mais bonita à noite, com as luzes da cidade — diz Rogério.

— É, pode ser, mas a gente não vai ter tempo.

— Você me dá acesso? Rogério 3019F. Tô te mandando o mapa atualizado agora, vou fazendo updates conforme os eventos acontecerem. Aqui o teu ponto — entrega uma bolinha preta fofa, que Fabíola enfia no ouvido. — Teste, teste — vira a boca na direção do microfone de lapela no colete, ASSESSORIA em letras brancas nas costas. Fabíola confirma com a cabeça. Ele prega um microfone na lapela do colete dela e pede pra falar algo. — Ótimo. Escuta, Fabí, achei que ia poder andar contigo, mas já preciso ir pra cabine, o Beraldo quer checar algumas coisas com a equipe. Você faz o reconhecimento com o material que te passei. Qualquer coisa me chama pelo ponto, ok?

— Tranqs. Vai lá que eu me viro.

Duas horas até o início do evento. Aperta o indicador no polegar e abre o mapa de planta baixa do centro. Há um auditório enorme, onde haverá a abertura com falas de especialistas na área, e também keynotes dos porta-vozes de empresas bioquímicas, explicando as recentes alterações genéticas das próximas safras de milho e soja. Rodeando o auditório, três salões: o primeiro replica uma fazenda modelo, com as culturas de milho, algodão e soja. Na realidade aumentada, os convidados verão as máquinas colheitadeiras em ação, bem como as etapas de debulha, seleção, ensacamento, etc. O segundo salão é uma simulação semelhante dedicada à pecuária, com gado pelo pasto (processos como abate, corte e embalamento a vácuo também em realidade aumentada). Por último, uma exposição da cultura mato-grossense, com violas de cocho, apresentações de siriri e cururu, comidas típicas e uma área zoológica, combinando animais dos dois biomas presentes no Estado, o cerrado e o pantanal, junto de um aquário com os peixes de água doce. Para Fabíola, os animais são uma piada de extremo mau gosto, todos eles com os dias contados pela extinção do seu ecossistema, financiada pelos organizadores e visitantes da feira.

Ela gasta a primeira hora percorrendo tudo, verificando os melhores locais e ângulos para as fotos, e também alternativas aos pontos mais óbvios que serão inundados pelos outros fotógrafos. Vê muitos drones de um lado pro outro. Sente pena dos operadores em suas vans ou salas apertadas, controlando os bichinhos voadores. Sua relação problemática com os drones é antiga, e não apenas impulsionada pela rivalidade; Fabíola não acha que uma máquina seja capaz de substituir a sensibilidade humana quando se trata de arte, apesar dos vários prêmios concedidos às fotografias tiradas por drones. Quando um operador fosse finalista de um prêmio da estatura do Pulitzer, como ela foi no ano anterior, talvez seja o momento de repensar a carreira.

A segunda hora ela gasta perambulando pela cozinha, comendo os quitutes chiques, bebendo água saborizada e evitando a abordagem dos companheiros de profissão que a reconhecem, se confessam fãs e querem cumprimentá-la. E se perguntam, ela sabe, por que alguém desse gabarito cobriria a feira. Grana, ela diria, se alguém se desse ao trabalho de realmente perguntar.

— Tudo certo por aí, Fabí? — diz Rogério no ponto.

— Tudo certo. Tô indo lá pra entrada.

— Beleza. Pode liberar meu acesso de novo? Tô upando na sua lente um módulo de reconhecimento facial das figuras da noite. Fizemos uma pré-seleção, você verá uma aura vermelha ao redor delas. Quanto mais intensa, mais importante. Se não aparecer nada vermelho, nem se preocupa.

— Ok.

A entrada está decorada com faixas de tecido verde e azul ondulando em uma corrente de vento artificial. Há uma placa com as logos dos patrocinadores, na frente da qual os convidados tirarão fotos. Um exército de drones já está posicionado, numa nuvem negra densa e barulhenta. Seguranças em vários pontos. Vallets prontos para abrir as portas dos carros e estacioná-los. Na mesa de credenciamento, caixotes cheios de crachás similares ao que Fabíola tem pendurado no pescoço, de uso obrigatório no evento (rastreamento via GPS exigido pela empresa de segurança).

Ela avalia a iluminação dos postes e dos holofotes na fachada e separa as lentes apropriadas do arsenal.

É só depois do festival de chegada dos convidados, das panorâmicas no auditório lotado, das primeiras falas e de muitas salvas de palmas que Fabíola pressente algo errado. Ela deixa o auditório para ir ao banheiro e, quando sai, vê Beraldo do outro lado do corredor. Mas Beraldo não está a caráter, não veste um colete similar ao dela e sim terno escuro, comunicador no pulso e faixa amarela no braço: o uniforme da equipe de segurança. Por quê?, ela pensa em perguntar, mas quando cruzam os olhos ele a ignora completamente.

– Rogério, tá aí?
– Pode falar, Fabí.
– Cabei de ver o Beraldo. Mas ele tá vestido como segurança e fingiu que não me viu. Por quê?
– Certeza que foi ele?
– Absoluta.
– Acho que você se confundiu, ele tá aqui na cabine com a equipe. Aproveitando, precisamos de você no salão 3, perto do zoológico. Pode seguir pra lá?
– Sim. O que vai rolar? – ela diz, puxando a imagem da programação, que continua a mesma de antes.
– Também não sei. Me parece que a organização preparou algo pra quando acabar a série de falas no auditório. Achamos que é um brinde pra oficializar o evento.

Três seguranças barram a entrada, mas dão passagem quando ela se aproxima. Dentro, vários funcionários estão empenhados na reorganização do espaço. As jaulas do zoológico foram afastadas até as paredes, liberando a área com terra sobre o chão. Sobre ela, cabanas retangulares estão sendo erigidas, lâminas de troncos finos amarrados em sequência servindo de paredes e estruturas de ripas amarradas para sustentar os tetos de palha seca. Carrinhos e mais carrinhos com materiais chegam pela entrada de serviço, são descarregados e, rapidamente, mais cabanas ganham forma.

Fabíola tenta acessar o mecanismo de busca para identificar a qual etnia pertence essa arquitetura de ocas. A rede está bloqueada. Tenta falar com Rogério, mas o ponto está mudo. Pergunta a um dos seguranças se a rede caiu. Ele diz que nesse salão a conexão é péssima. Aborda outros funcionários no local e ninguém sabe dizer o que está sendo preparado. Quando se dirige ao corredor principal para testar a conexão, ouve ruídos vindos do ponto e a voz chiada de Rogério.

— A conexão tá horrível aí dentro, Fabí. Alternei pra frequência de rádio do ponto. As apresentações acabaram no auditório e o pessoal tá seguindo pra onde você tá.

— Tão construindo uma aldeia aqui, Rogério. Por quê?

— Aldeia? Também não sei.

Os homens terminam a montagem, as construções dispostas em um grande círculo, apenas uma no centro. Um último carrinho deposita uma pilha de coisas diante dessa cabana quando Fabíola ouve as vozes dos primeiros convidados. Entre as coisas no chão, cocares, chocalhos e potes. Ela se lembra de testar a realidade aumentada da lente e vê que árvores, pássaros e até formigas complementam o cenário. Que diabos a Expofeira quer com índios aqui, pensa, que ofensa enorme e que tiro no pé, e então se toca. Djorúbo. Rogério e Beraldo não trabalham pro jornal.

— Rogério? Rogério? — ele não responde.

Ela começa a separar as melhores lentes pra iluminação do salão, uma descarga de adrenalina trazendo vitalidade inesperada. Se estiver certa, o que a organização planejou? Os convidados se aproximam, respeitando o limite do chão cheio de terra, olham as cabanas, se entreolham e dão de ombros. Ouve alguns deles abordando os seguranças e garçons, já servindo comidas e bebidas, a respeito da falta de rede. A resposta é padrão: não sabem o motivo. Olhando por cima das cabeças pro outro lado do salão, Fabíola vê que a exposição de violas de cocho, tocadas na realidade virtual pelos antigos mestres ribeirinhos, e a degustação de licor de pequi e carne de jacaré seguem normalmente. Mas a maior parte das pessoas acaba se aproximando primeiro da réplica de aldeia.

Um dos homens dessa plateia adentra o círculo de terra. Sua silhueta, pelo módulo de reconhecimento facial na lente de Fabíola, brilha com um vermelho intenso. Ela encosta o dedo na cabeça dele no campo de realidade aumentada e uma legenda aparece ao lado: *governador de Mato Grosso*. Ele chega aos pés do monte de apetrechos, tira o paletó e joga no chão. Muitos riem, tentando adivinhar que tipo de surpresa ou cerimônia foi preparada. Em seguida ele tira os sapatos, a calça e a camisa. Os sorrisos cessam. Dois de seus assistentes se aproximam, rostos franzidos. O governador se volta pra eles, ergue a mão e pede que voltem. Usando apenas uma samba-canção e o crachá no pescoço, ele se ajoelha, abre um dos potes, enfia os dedos e esfrega algo vermelho nas bochechas. Pó de urucum com água, diz a legenda automática de realidade aumentada da Expofeira, que aparece no campo de visão de Fabíola e, ela presume, nos de todos os presentes. Ela pisa na terra também e começa a tirar fotos.

O governador pega um cocar enorme, de penas longas, vermelhas, azuis e amarelas, e amarra na cabeça. Sacode o maior chocalho à sua frente. A música ambiente cessa. Seis outros homens entram na aldeia. O presidente e maior acionista da Maebar; o representante do conselho de acionistas da Belalto; os primos donos da Rossal-Souza; o prefeito de Cuiabá; o Ministro da Agricultura do Brasil. Eles ficam de cueca, como o primeiro, se pintam, colocam os cocares e pegam seus chocalhos. Dão um rugido lamentoso e começam a entoar uma música.

A essa altura, Fabíola já deu duas voltas completas ao redor do grupo. Eles não parecem se importar, sequer notá-la. Nenhum outro fotógrafo se aproxima, e ela se pergunta o motivo. Na verdade, não vê nenhum deles numa rápida olhada. Acima, nenhum drone. Na legenda, a descrição da música como um canto tradicional bororo, um dos primeiros do longo ritual fúnebre da etnia. Os homens andam em círculo, batendo os pés. Ela tira a mochila das costas, apanha os pontos focais e começa a instalá-los em locais estratégicos próximos ao centro, pequenos tripés camaleônicos que ajudam na iluminação e possuem câmeras embutidas, permitindo posterior modelação tridimensional.

Um barulho de motor além do círculo chama a atenção, e as pessoas abrem espaço para uma empilhadeira passar. Um segurança a dirige, a jaula com a onça pintada dentro erguida em seus dentes mecânicos. Ele desce a jaula, dá a volta e sai. O Ministro da Agricultura deixa a roda de homens e se aproxima. Abre o trinco e a porta. Um sussurro percorre a plateia. Fabíola vê que, embora uns poucos sorriam, a maioria está apreensiva com o animal selvagem solto, um animal real, fora da realidade aumentada. A onça sai e olha ao redor. Todos os homens no círculo interno se voltam pra ela. O ministro agacha e apanha arco e flecha caídos no meio da pilha de coisas. Encaixa a flecha, retesa o arco. A legenda o indica como *aexeba*, matador de onça. Ela parece identificá-lo como presa ou agressor e começa a correr, as patas levantando bolotas de terra. A flecha voa. Entra no peito, pouco abaixo da cabeça do animal, que freia a corrida. A ponta sai pela lateral e fica pendurada, minando sangue na pelagem.

É nesse momento que soa o primeiro grito. Outros se seguem. A grande maioria das pessoas finalmente conclui que aquilo não é entretenimento algum. No entanto, poucos se dirigem pra saída, a maioria sequer se move. Não são atores aleatórios que protagonizam a cena. Parte pequena da plateia adentra a aldeia, de todos os lados. O reconhecimento na lente de Fabíola indica conexão com a trindade ou com o governo local em maior ou menor nível, homens e mulheres, velhos e jovens. Começam a se despir, seguindo o ritual dos superiores.

A onça continua parada, lambendo a bunda da flecha. O sangue escorre pela pata dianteira e pinga da barriga. Dá alguns passos, mancando, e abre a boca num rugido. Fabíola se vira pra ela a tempo e tira uma sequência com a bocarra ainda aberta. Sprinklers de incêndio são ativados apenas na área central. A água começa a escurecer a camada de terra, a encharcar as pessoas da celebração e a pelagem cada vez mais avermelhada do animal. Fabíola se reposiciona próxima do *aexeba*, que agora segura um porrete de madeira, despreocupada com a água nas lentes defletoras de líquido. A onça volta a rugir e a avançar e, mesmo ferida, pula na direção do homem. Ele lhe acerta a cabeça. Ela cai mole, mandíbula e vários dentes quebrados. Outra onda de gritos.

Cerca de quarenta pessoas de roupa íntima, pintadas com a essência das florestas e trajadas a caráter, batem os pés e cantam como se aquilo fosse costumeiro. Fabíola deita no chão ao lado do animal morto e tira vários closes quando o *aexeba* se aproxima e arranca a flecha. A legenda indica: *Butau-Curi-Répa, ou matador de onça sob forte aguaceiro*. Caralhos, pensa Fabíola, estão recriando o ritual em que o fundador da Djorúbo conseguiu seu nome.

Vários homens se juntam para arrastar o corpo até o centro. O Governador, dono do maior cocar, sentado com as pernas cruzadas, recebe o cadáver. O Prefeito lhe entrega uma faca de pedra, se afasta e se ajoelha. A faca penetra a barriga do bicho, num rasgo que o talha do pescoço ao rabo. Os órgãos caem amontoados. Muitos colocam a mão na boca. O governador começa a retirar a pele do animal, manejando a faca pela carne. Corta fora as patas e então a cabeça. Uma mulher desmaia vendo a quantidade de sangue. No fim, ele empurra o que resta, se levanta e entrega a pele ensanguentada aos quatro homens da trindade. Eles a amarram aberta numa armação de ripas e a penduram com um pedaço de cipó no pescoço do ministro. A legenda indica *addugo-biri ou couro de onça pintada, exigido como oferenda de vingança pelo morto*. E na pessoa do próprio Ministro, *aróe maíwu, representante do morto*.

Só agora Fabíola percebe que embaixo de todos os apetrechos ritualísticos no centro da aldeia havia uma caveira humana, e nela a palavra *bororo* pintada com urucum. Ela se aproxima e dá closes enquanto a caveira é ornamentada pelos participantes tardios, que a pintam com a tinta de outras sementes e folhas, enchem-na de penas e depositam num cesto de palha. A legenda diz *aróe j'áro ou cesta de cadáver*. Essa cesta é passada de mão em mão. As pessoas a agarram e choram forte em meio à canção que prossegue, agora acrescida de instrumentos de sopro que lembram cornetas.

– Fabí. Fabí. Fabíola – a voz de Rogério parece distante e demora a ser processada pela fotógrafa.

– Tô aqui.

– A polícia tá chegando. Precisamos te tirar daqui.

– Puta merda. Agora? – ela diz, se movendo incessantemente no meio da aglomeração para achar os melhores ângulos. Nesse momento o dono da Belalto abraça a cesta, lágrimas correndo.

– Agora! Vai pra saída atrás do palco.

Ela sai do núcleo da celebração e recolhe os pontos focais. Os sprinklers desligam, e um alarme começa a soar. Os poucos que não haviam se dispersado diante da sanguinolência agora entendem o alarme como um sinal de que devem correr para fora. Ela corre também, mas na direção do palco e da porta de serviço atrás dele. Beraldo a espera ali, no mesmo uniforme de segurança. Correm por corredores estreitos, esbarrando em outros funcionários, e saem no estacionamento. Se dirigem a um táxi com o farol ligado. Beraldo abre a porta e a enfia lá dentro, sem dizer palavra. O carro acelera.

— Puta merda! — grita o motorista. — Puta merda, Fabí, puta merda, puta merda! — ela reconhece a voz de Rogério e se larga na poltrona, exausta. Do outro lado da avenida, viaturas sobem na direção do centro de eventos, luzes e sirenes tresloucadas.

Ela pede uma tapioca de queijo prato com tomate. Muitos a olham sorrindo, fazem joia com o dedo, lhe dão tapinhas nas costas. Ela senta na mesma mesa em que sentou pra comer com Rogério, três dias atrás. Abre o menu da lente, acessa o navegador e acompanha os novos desdobramentos do último trabalho. A caixa de e-mails lotada de convites pra entrevistas, mesas-redondas, até mesmo uma biografia. E as redes inundadas com uma quantidade avassaladora de ameaças jurídicas, textões e xingamentos. Quando lê a declaração de um famoso crítico de arte argelino, que chama sua série fotográfica de "a mais corajosa e brilhante performance crítica já encenada no mundo pós-névoa, indício de que arte e resistência não foram totalmente engolidas pela nova política econômica", ela sorri e desliga a realidade aumentada, voltando à tapioca e à confusão costumeira do Coophamil.

Foi pro Coopha que Rogério a trouxe no táxi roubado, pra uma instalação subterrânea nos confins do bairro. Beraldo chegou pouco depois. Conversaram. O comportamento dos falsos bororos foi explicado por uma combinação de componentes nanorrobóticos ingeridos no almoço de negócios e um controlador neural nos crachás configurados geneticamente para cada indivíduo. Não entraram em detalhes técnicos, não porque esperavam que Fabíola não entendesse, mas porque eles mesmo os desconheciam, ela concluiu. Eram responsáveis por outra parte do plano. E por ela. Pela capacidade coordenada de atuação na Expofeira e pelo nível de tecnologia a que recorreram, a organização era muito maior do que havia imaginado. Explicaram o que aconteceria na sequência caso colaborasse, o que esperavam que fizesse e os possíveis desdobramentos. Ela sentiu que não tinha muita escolha.

Trabalhou a noite toda tratando as fotos e na manhã seguinte se apresentou à polícia, que já a considerava foragida. Declarou a história como ela ocorreu, dando os nomes de Beraldo e Rogério, que sabia não serem seus verdadeiros nomes, e todo o itinerário desde sua chegada, mudando apenas o final: foi vendada na saída do evento pela equipe da Djorúbo, que confiscou seus equipamentos e sua lente, e levada a algum cômodo que não saberia identificar para tratar as fotos em um computador desconectado da rede; depois foi vendada novamente e deixada em uma rua a poucas quadras da delegacia com todos os seus pertences.

Legalmente, isso a livrava da responsabilidade pela divulgação das fotos. Quanto ao trabalho em si, acreditava ter sido contratada pelo jornal Voz da Terra. A narrativa a enquadrava como vítima, tanto no trabalho enganoso quanto no desfalque do pagamento, que não receberia. Com os advogados parrudos da trindade no cangote, a polícia a segurou por mais tempo que o permitido, sob uma série de justificativas que logo se esfacelaram diante da intervenção de organizações humanitárias e de advogados enviados indiretamente pela Djorúbo. À noite, estava de volta ao seu quarto de hotel, onde tomou um banho e capotou.

As manchetes surgiram assim que a Expofeira foi interrompida, partindo das postagens com relatos e fotos, algo que a falta de conexão à internet não impediu as lentes dos visitantes de capturar. Nenhuma foto dos fotógrafos, contudo, barrados na entrada do salão, ou dos drones hackeados. Na sequência vieram as entrevistas, os comentários, as declarações das assessorias. O público ainda tentava entender o que havia acontecido, que tipo de atentado ou performance, quando o pacote da Djorúbo chegou na caixa de entrada dos principais veículos de comunicação do mundo. Além das fotos e das modelagens em 3D dos momentos mais importantes da celebração, creditadas a Fabíola Echeverría, seguia a carta de intenções assinada por Butau-Curi-Répa. A Djorúbo se apresentava ao mundo com os dois pés no peito: o enterro performático da etnia bororo, realizado pelos seus próprios algozes.

Não importava o pagamento que ela receberia meses mais tarde, via transferências irrastreáveis da Djorúbo, não importavam os prêmios até aquele momento, não importava muito o que faria depois; suspeitava que, toda vez que lessem seu nome dali em diante, pensariam "bororo". Ela não se incomodava com a perspectiva. Tomem essa, fóquin drones.

Pra Djorúbo, o inferno estava aberto. A repressão que a trindade e o governo lançariam, investidos de vingança pela vergonha imputada aos seus líderes, viria mais cedo que tarde. Sem dúvida o Coophamil seria invadido e revirado, e sem dúvida insurgências populares se seguiriam. O resultado era difícil de prever. Mas a mensagem de Butau-Curi-Répa havia se tornado sólida e pulsante, e os olhos do mundo estariam constantemente voltados pra região.

Quando Fabíola caminhou até o trevo na entrada do Coophamil, onde o táxi a aguardava, encarou por alguns segundos a placa grafitada e iluminada, os desenhos projetados dançando no ar. Colocou a caixa com as roupas no chão, pegou a câmera e bateu a foto. Ainda era dia. Pra ficar perfeita, precisava do céu noturno. Não se podia ter tudo.

Embarcou no avião pra Manaus e respondeu a mensagem de Boákie.

NCI [Mensagem para Boákie: hey, hon. got held up here. yep, a fckn ton of interesting stuff happened. u prbly know dat. call u 2night from manaus, maybe. f. — Tradução no catálogo idiomático preferencial *portugues_porco_fabi*: ei, querido. me enrolei aki. sim, 1 porrada de coisa interessante aconteceu. vc deve saber disso. t ligo a noite de manaus, talvez. f.]

A LUA É UMA FLOR SEM PÉTALAS REDUX
Cirilo S. Lemos

MIROLHA VERIFICOU SE A arma, um fuzil Remington Agulha adaptado para crianças, estava em ordem e desceu a escada da viela. Respirava através de um lenço amarrado no rosto para escapar do inseticida que o vento trazia. E para parecer um pouco mais assustador. Tem que ter medo de mim, ele pensava, tentando não escorregar no lodo.

Os degraus terminavam num lamaçal entre duas paredes, onde alguém havia grafitado flores amarelas. Cores de vômito. Ele umedeceu os olhos com saliva e se virou para os desenhos nos tijolos mofados. Cuspiu no chão. Flores eram para as bichas cheias da grana lá do asfalto. Gente do seu tipo tinha de se contentar com sujeira e fumaça.

Com o comércio fechado e as ruelas desertas, um silêncio de morte tomava a favela toda. Tubarão pessoalmente havia transmitido pelos alto-falantes a ordem para os comerciantes baixarem as portas, os ambulantes recolherem as mercadorias e os fregueses se dispersarem. Todo mundo sabia o que isso significava. O chefe queria sangue.

Mirolha queria ser como Tubarão. Temido, respeitado, andar de peito estufado pela Comunidade Autônoma Buraco da Pedra. Mas não era fácil. Tinha de ganhar consideração. Subir no conceito do movimento. Mostrar serviço. Ficar admirando flores estúpidas numa parede não ajudaria em nada.

Atravessou a viga de ferro que servia de ponte sobre uma vala. Dali era possível ver as propagandas luminosas estampadas nos balões chupa-carbono que flutuavam lá pelos lados da praia. Anunciavam refrigerantes (dos bons, não aquela porcaria antibiótica que vendiam na CABP), biquínis miméticos, filtros solares, essa merda toda que ele ia comprar é nunca. Passou a mão suja de fuligem sobre o tufo ressecado de cabelo que ainda lhe restava na cabeça e pensou que um refrigerante antibiótico bem gelado até que não seria má ideia. Dobrou a esquina do Beco da Gaveta e seguiu por baixo das marquises para evitar surpresas vindas das ruínas.

Ouviu barulhos de latas caindo. Um vulto saiu de repente de um monturo de lixo e correu em direção ao fim do beco.

Achei o cara, Mirolha gritou. Acho que ele correu pros Venéreos.

A resposta soou no Gradiente do pulso:

O puto enlouqueceu? Segura aí, moleque, segura aí. Não faz besteira que a gente tá chegano.

Mirolha entrou no beco. Viu o vulto apontar uma arma para trás e se jogou atrás de uma pilha de entulho. Uma saraivada de agulhas atingiu a parede acima dele, derrubando parte do reboco. A poeira lhe ardeu na vista. Filho da puta, berrou, tu vai morrer, bota a cara. Respondeu aos disparos às cegas e escondeu-se outra vez. Olhou para cima. Os buracos na parede eram de agulhas padrão-2, mais leves que as suas. Arma fraca demais para os comandos e os alemão que disputavam a cidade do lado de cá. Frescura de milico do Exército Estadual. Só podia ser o Barca.

Mirolha rastejou ao redor do entulho e observou o caminho adiante. Não viu nada além de uma nuvem fina de poeira. Levantou-se, caminhou devagar rente à parede suja de mijo, tentando ignorar a irritação que o pó de concreto começava a causar na metade fodida da cara.

Onde ele tá?, perguntaram pelo Gradiente. A voz eletrônica de Torque era inconfundível, mas Mirolha não respondeu. Subiu a elevação no fim do beco formada pelos escombros de casas demolidas e chegou à cerca de arame farpado que demarcava o gueto dos Venéreos. Um cheiro de carne podre, pungente e adocicado, atravessou o lenço e o atingiu em cheio. Achou que fosse vomitar. Passou a respirar pela boca, pensando em imundícies microscópicas voando pra dentro de si. Havia um labirinto de barracos ali, amontoados num espaço pequeno. Ele sabia dos riscos de entrar sozinho naquele lugar. Os Venéreos poderiam tentar contaminá-lo ou o Barca poderia sair de um buraco qualquer e explodir a outra metade da sua cabeça. Danem-se as imundícies microscópicas.

O melhor a fazer era esperar a chegada dos soldados do patrão, como Torque mandou.

Mas, que pica, aquilo era uma oportunidade. Se pegasse o Barca sozinho, cairia fácil nas graças de Tubarão. Talvez até recebesse o e-ye que carimbaria seu passaporte para o Bonde Cibernético do chefe. Mirolha rastejou por entre o arame farpado e penetrou no gueto dos Venéreos.

Havia gente circulando pelos becos, gente esquálida, rançosa, as caras feitas de ossos e pústulas. Zumbis doentes. Aids, câncer, crack, mofo pulmonar, lepra, mal do porco, febre verde-amarela, zika, todas as doenças do mundo, que caralho.

Um dos venéreos fixou o olhar apodrecido em Mirolha. Balbuciou alguma e veio em sua direção, arrastando os pés sobre a lama preta de fezes, pedindo ajuda pelo amor de Ogum. Uma mulher o seguiu, depois um velho, mais mulheres, mais zumbis, implorando, choramingando, xingando.

Nem vem, nem vem, pra trás ou vou matar todo mundo, porra.

Mirolha tentou abrir caminho acertando os Venéreos com o cabo do fuzil, mas a arma era leve demais, *ele* era leve demais, e havia tantos deles. Tomaram-lhe o fuzil, que de mão em mão desapareceu por entre os barracos, e se fecharam sobre ele como uma onda suja lá da ponta do Recreio. Arrancaram-lhe a bermuda, a camisa listrada, as joelheiras, o Gradiente, cravaram as unhas na sua carne, esfregaram as feridas pútridas na sua boca, cuspiram-lhe na cara. Mirolha fechou os olhos, queria chorar, me solta, me solta, me soltaaaa, segurou a ânsia de botar a batata com soja pra fora e esperou o fim chegar.

O que veio foi uma tempestade de agulhas que derrubou quatro Venéreos de uma vez, espalhando miolo, sangue e linfa pelas paredes de zinco e madeirite. Apavorados, eles soltaram o menino no chão e recuaram guinchando para o interior escuro dos barracos.

Torque mandou os homens pararem de atirar.

Que porra é essa, moleque? Não falei para esperar?, ele gritou, puxando Mirolha pelos cabelos.

Torque era o gerente do Tubarão. Seu pescoço, ombro, clavícula e braço direito haviam sido destroçados por uma Procter&Gamble 0.9, disparados pelo Bonde do Dourado durante uma tentativa de invasão. Tubarão, que às vezes demonstrava apreço pelos seus soldados, patrocinou seiscentos mil em implantes bioplásticos para o seu gerente. Após perder metade da cara na explosão de uma granada, Mirolha se iludiu achando que tinha valor suficiente para receber do chefe uma lanternagem no focinho.

Vamos ver, foi o que disse Tubarão quando o médico informou-lhe dos custos de um e-ye e da reconstrução facial. Se o garoto mostrar serviço, quem sabe em 1991?

Mas 1991 veio e se foi, já era 1993 e a cara ainda toda ferrada.

Agora ele estava ali, humilhado diante do Bonde Cibernético, patético, nu, sujo de bosta e tremendo de medo.

Cadê o bico que emprestei pra tu?, perguntou Torque, fazendo sinal para os homens saírem daquele chiqueiro.

Mirolha olhou para o lado, envergonhado.

Tu perdeu?

O menino fez que sim.

Puta que pariu, moleque.

Torque o soltou no chão e seguiu atrás do bando, praguejando com sua voz de máquina. O chefe ia acabar com a raça daquele guri quando soubesse do prejuízo e ia acabar sobrando para ele, que emprestou o fuzil. Teria mais uns milhares acrescentados à sua dívida. Ia achar aquela porra, devia estar por ali.

Alcançou os caras esperando perto de um buraco na parede de um antigo boteco, muito além do gueto dos Venéreos. As visões-de-superman estavam acionadas.

Cadê o garoto?, perguntou Jairo.

Vindo aí atrás, respondeu Torque. E o Barca?

Lá dentro, atrás dum balcão, disse Pirata, coçando a barba descolorida.

Torque também ativou sua visão-de-superman. Viu, através da parede, o esqueleto esverdeado do sargento Barca enfiar um carregador novo na pistola, fazer o sinal da cruz e abrir fogo.

O Bonde Cibernético, ao redor do buraco, ouviu os projéteis passarem assoviando perto de suas cabeças. Pirata apertou o capacete manchado e gargalhou:

Caralho, o comédia tá muito doido.

Torque pediu a espingarda ao Bolota, mudou sua função para

curta-distância e plugou o sistema de mira ao Gradiente, que projetou uma pequena interface na parte interna de seu antebraço. Encostou o cano da arma na parede e, com a paciência de um cirurgião, buscou na imagem que surgiu a mão com a qual Barca empunhava a pistola.

A interface piscou: *na mira*.

O projétil atravessou a parede e explodiu na mão do sargento, que caiu gritando, o sangue arterial esguichando feito chafariz. O bando entrou pelo buraco e o arrastou aos berros para fora do bar. No piso empoeirado ficou um rastro vermelho.

Torque devolveu a espingarda ao Bolota e acendeu um cigarro anfetamínico.

Não me mata, não, cara, gemeu Barca. Vou trazer a encomenda, eu juro.

Tu não tem de se explicar pra mim, parceiro. Fala direto com o homem, respondeu Torque. Fez uma chamada pelo Gradiente. A figura obesa do chefe do Buraco da Pedra apareceu acima de seu antebraço erguido, uma imagem solta no ar, deitado no divã-móvel.

Barca, Barca, Barca, disse ele, a voz rouca misturando-se à estática. Você achou que podia meter a mão no meu dinheiro e sair na boa?

Não, Tubarão, respondeu Barca, cada vez mais pálido. Eu ia trazer sua encomenda, eu juro, mas as coisas se complicaram.

Três meses. Você saiu com a grana há *três meses* e até agora nada dos arquivos para imprimir as peças dos blindados. As pessoas estão rindo pelas minhas costas, achando que é fácil fazer o Tubarão de otário. Eu não gosto de ser tirado como otário, sargento. Não gosto mesmo.

Não estou conseguindo baixar os esquemas dos tanques. Até fuzil está difícil agora. O coronel está marcando junto. Pelo amor de Deus, Tubarão, me arranja alguém para estancar este sangue.

Você me deve dinheiro. E os arquivos daquela KK-63 foderam duas impressoras. Tudo cheio de vírus. Acha que tá fácil arrumar impressora aqui na CABP?

Só preciso de mais um tempo para acessar as contas. Vim aqui dar uma satisfação, porra.

Tubarão bufou, impaciente. Virou-se para o bando:

Agora é questão de respeito. A gente aqui não conseguiu montar a peça, mas lá no bando do Dourado a coisa funcionou. Já disse: se tem negócio comigo, é *só comigo*. Trairagem é só eu sentir o cheiro que descasco que nem cebola. Microondas pro milico aí, cambada.

Não, caras, pelo amor de Deus. Eu tenho família.

Vai torrar, mané. Pra aprender a não ficar de judaria.

A imagem piscou e desapareceu.

Pirata preparou o lança-chamas.

Quando o Bonde Cibernético ateou fogo ao sargento Barca, transformando-o numa fogueira humana, Mirolha se deu conta de que tinha perdido uma grande oportunidade de mostrar serviço pro chefe.

───※───

Mirolha não queria que Azaleia o visse chorando. Perderia o respeito de sujeito homem.

Subiu no telhado de zinco do barraco e se deitou ali.

Nem devia estar em casa àquela hora da noite, era seu turno na sentinela. Foi Pirata quem o impediu de retornar com o bando para a mansão fortificada de Tubarão no topo do morro. O chefe estava alterado demais para ver um moleque franzino (e que tinha perdido um armamento caro, diga-se de passagem) sujando de bosta seus carpetes sem lhe enfiar uma bala na testa.

Não havia como negar que tinha dado um belo passo pra trás na corrida para subir na hierarquia da CABP. Precisava reverter isso, só não sabia como. Tragou um cigarro anfetamínico e ficou olhando os lasers estamparem logotipos luminosos nas nuvens que vinham do mar.

Ouviu barulho de motor a gasolina. Olhou para baixo. Viu Torque desligar a moto e fazer um sinal para que descesse. Fodeu, pensou, soprando para o alto a fumaça do cigarro. Saltou do telhado no barril emborcado que usava para ir buscar a cota semanal de água e foi abrir o portão. Torque o cumprimentou com um aperto de mão.

Azaleia estava na janela.

Entra, porra, mandou Mirolha, vendo o olhar que Torque jogava em direção à sua irmã.

É o seguinte, disse o Cibernético, voltando-se para ele. Seu teste sanguíneo tá beleza. Deu sorte, guri, não foi contaminado pelos Venéreos. Mas Tubarão tá puto contigo. Disse que se você não aparecer com o bico lá no muquifo dele até amanhã, ele vai te deitar. O fuzil ou o dinheiro, o que tiver na mão aí.

Mirolha engoliu em seco.

Não foi culpa minha ter perdido. O negócio foi que —

Ele não vai querer saber, moleque. Tem ideia do prejuízo que ele teve com seu vacilo? Um bico daqueles, ainda mais na versão neném cheio de firula da Tec-Toy, é uma baba. E com as impressoras dando pau, não vai ser fácil substituir.

Vou pedir pra descontar do meu pagamento.

A voz metálica de Torque assumiu um tom áspero:

Se liga, moleque. Com o pagamento de batedor tu ia levar uns dez anos pra quitar a dívida, e provavelmente já vai tá morto antes disso. O negócio é arrumar o dinheiro ou ir embora da CABP. Mas aonde você vai, né? Se sair do território do Tubarão, o pessoal do Dourado ou do Quarto acaba com sua raça. Nos bairros dos granfas, nem sonhando.

Mirolha cobriu o rosto com as mãos.

Torque percebeu que ele se esforçava para não chorar. Abriu um sorriso, foi até a moto e voltou com um embrulho.

Sabe o que é isso?, perguntou.

Mirolha ergueu o olho por entre os dedos e fez que não.

Seu bico. Encontrei nos barracos fedorentos dos Venéreos. Foi arriscado pra caralho entrar naquele lugar de novo, mesmo de máscara e tal. Vou devolver pra tu.

O garoto segurou a respiração.

Mas, sabe como é, tem que me der algo em troca.

O que tu quer?

A resposta de Torque foi outro olhar comprido na direção da janela onde Azaleia esteve pouco antes.

Isso não, respondeu Mirolha, sem muita convicção.

Torque enlaçou-o com o braço natural.

Pensa bem. Não é só a tua vida. É a dela também. Se você não estiver por aqui, quem vai cuidar da mina? Vamo. Só quero passe livre pra chegar nela, tu sabe das regras da comunidade. Tu é um merdinha, mas faz parte do bonde.

Mirolha o encarou por um longo momento. Seus olhos eram sóis.

Não.

Que é isso, moleque.

Já disse que não.

Então tu vai morrer e ela vai ficar por aí.

Azaleia apareceu na porta. Seus olhos eram luas.

Mirolha pegou o fuzil.

Irmã, o Torque quer trocar uma ideia com você, ele disse.

Foi para longe do barraco, respirando fundo. Ouviu a voz da irmã reclamar quando Torque entrou na casa. Pensou em voltar e descarregar as agulhas naquele cuzão aproveitador. Mas que futuro teriam se fizesse uma coisa dessas?

As luzes se apagaram. A voz abafada de Azaleia parecia um punho áspero espremendo seu coração. Mirolha coçou a cabeça, olhou para o céu. O que havia lá em cima para ele e sua irmã? O que havia além da lua, que surgia por entre a fumaça como uma flor sem pétalas?

───※───

Domingo era dia de baile na Comunidade Autônoma Buraco da Pedra. O morro enchia, e não só de pessoas dos bairros diretamente controlados por Tubarão. Gente do asfalto acessava da segurança de seus condomínios iluminados o link do baile e penetrava em suas orgias sensoriais. Isso significava um aumento considerável nas vendas de candy.

Tubarão passava as festas inteiras em seu divã-móvel, entupindo-se de comida e sendo chupado na RV pelas dondocas esculpidas em bioplástico, ávidas por experiências novas ao som da batida hipnótica de variações funk do blend e do suyba.

Pirata era o responsável por criar as conexões de RV que alimentavam o baile. Os grandes servidores isolavam porções do planeta consideradas perigosas para a segurança da rede. Bandidos e terroristas podiam causar tantos danos à propriedade privada com um terminal de acesso quanto com bombas. As Comunidades Autônomas brasileiras eram dessas porções, de acordo com organismos corporativos de segurança, e a título simbólico recebiam acesso a esferas isoladas de RV dentro da rede, sem nenhuma conexão externa. Oficialmente, pelo menos.

Faço coisas incríveis com meu córtex, um deck com interface

neural e uma garrafa de vodca, riu Pirata, evitando tropeçar nas pedras. Carregava um equipamento caro demais para desperdiçar rolando a encosta do morro.

Sei, grunhiu Mirolha, vindo logo atrás.

Gente como o Pirata conhecia meios de criar pontes de tráfego entre a esfera de RV da favela e outras partes. Só precisava de uma antena que driblasse os bloqueadores flutuando na ionosfera e um pouco de jeitinho brasileiro. Uma vez estabelecido um túnel, os avatares dos granfas voavam para o baile do Buraco da Pedra como moscas atraídas pelo mel.

O diabo é que naquele dia a conexão estava uma bela merda. Impaciente, Pirata conferiu o sinal do satélite e constatou que a transferência estava baixa demais até para a pouca quantidade de terminais ligados naquele momento. Os bloqueadores estavam mais fortes sobre a CABP. Isso era um problema. Quando o baile começasse e mais terminais fossem ligados, o congestionamento ia fazer a RV dar teto preto. Tubarão ia ficar puto da vida.

Ele coçou a barba, respirou fundo e apontou a antena para o lado oposto às colunas de fumaça que cobriam parte do céu. O sinal continuava péssimo.

Quem sabe se levasse o equipamento para a antiga caixa d'água do Lote do Morrinho? Não custava nada tentar. Falou da ideia com Torque pelo Gradiente.

Leva o Mirolha com você, o gerente respondeu.

Mirolha veio com cara de poucos amigos. Não portava mais fuzil, perdera a confiança do chefe; agora era obrigado a andar com uma pistola velha, um auricular no ouvido e sinalizadores ultrassônicos para alertar em caso de invasão.

Puta retrocesso, disse Pirata, quando o garoto explicou a razão de seu azedume. Como se não bastasse essa cara de cu que você ganhou com aquela granada filha da puta. Bom, pelo menos o chefe não te matou por causa do bico.

Mirolha riu por entre os dentes. De outro não aguentaria esse tipo de comentário, mas o Pirata era gente boa. Ajudou-o a pegar o equipamento. Passaram pelo portão blindado da mansão do Tubarão e tomaram o caminho para o Lote do Morrinho.

A noite já caia na CABP. Pirata mandou Mirolha apertar o passo, ou não daria tempo de montar a aparelhagem no alto da caixa d'água. O matagal que cobria a área estava coalhado de minas antigas, enterradas por um antigo chefe do Buraco da Pedra, um paranoico que achava que os marines não tinham nada melhor para fazer do que invadir uma favela insignificante. Elas obrigavam os passantes esporádicos a seguir por uma trilha estreita, espremida entre a ribanceira e o mato alto de um lado, e uma queda íngreme até o mar do outro.

Pirata e Mirolha subiram pela trilha com cuidado. Enquanto o garoto bufava com o peso do módulo de antena que carregava na mochila velha de napex, Pirata se gabava das coisas que era capaz de fazer com seu córtex, um deck com interface neural e uma garrafa de vodca. Bravatas sobre fazer upload de grupos de memórias inteiros para a rede. Mirolha não estava interessado em nada disso. Não conseguia tirar da cabeça a humilhação que tinha sofrido, a cara preta de imundície, o Remington Agulha perdido, a irmã vendida. Fodam-se os uploads de grupos de memórias inteiros.

Quantos anos você tem, moleque?, perguntou Pirata, adivinhando o peso dos pensamentos que escureciam o rosto de Mirolha.

Treze.

Treze anos? Tá acabado, hein, garoto. Treze anos e essa carranca toda ferrada. Nem cabelo no saco você deve ter e te botam para carregar um fuzil classe agulha. Tinha que dar zebra mesmo. Tubarão nem pode reclamar.

Tenho cabelo no saco o suficiente para dar conta de um fuzil, rosnou Mirolha.

Tem nada. Vi você chorando pelado lá no gueto dos Venéreos, o pinto lisinho. Com treze anos, eu tinha uma floresta no saco. Deve ser falta de hormônio. Não pode ficar bebendo essa porra de leite em pó que a Fim da Fome solta por aí. Aquilo é pra broxar a favela inteira e a gente não poder procriar igual a rato. É o que sempre digo: querem mais é que a escória desapareça desse mundo.

Não sou escória, retrucou Mirolha.

Claro que é.

Sou merda nenhuma.

Tu tem dinheiro?

Não.

Então. Se não tem dinheiro, é escória.

A torre da caixa d'água era uma estrutura enferrujada de vinte metros de altura. Antigamente, o reservatório ocupava um terço do tamanho da torre, mas tinha sido desmontado e reaproveitado pelos moradores como paredes para os barracos. A escada protegida por aros de ferro, porém, ainda estava lá.

Vou subir, disse Pirata. Fica com isso aqui para provar que tem cabelo no pau.

Mirolha pegou o Remington Agulha que o Cibernético lhe oferecia e sorriu. Não queria sorrir, mas não pôde evitar. A arma era mais pesada que a versão neném que costumava carregar, e mais larga também. Mero detalhe, ele pensou, e quase desejou que o Bando do Dourado invadisse a favela para poder testar aquela gracinha em gente de verdade. Sentou-se no chão e ficou observando Pirata subir a escada com o equipamento. Aquele era o cara mais legal do mundo.

A vasta garagem subterrânea da mansão de Tubarão foi esvaziada para dar espaço ao baile. Torque já havia montado o equipamento de media-jockey e agora observava a fila da entrada serpenteando morro abaixo.

O rosto vermelho de Pirata apareceu no seu Gradiente.

Que foi?

Esse sinal tá horrível, respondeu Pirata. As nuvens tão baixas demais, tem fumaça grossa no céu e os bloqueadores tão mais fortes hoje. Nem o que estou captando aqui na caixa d'água vai dar vazão para alimentar tanto tráfego pro baile.

Não quero saber de problema, Pirata. Bota esse negócio para funcionar logo porque a gente tem hora pra começar aqui.

Então, chefia, o que posso fazer aqui é puxar um gato de alguma conexão corporativa lá do outro lado. Só que tem de ser de uma grande, porque aí ninguém percebe, saca?

Sei não, Pirata. Mexer com esses caras dá encrenca. O Tubarão já avisou que te mata se você mexer com isso outra vez. Tu já esqueceu do gato que seus manos puxaram? Oito irmãos caídos na pista.

Não, não, se liga só: vou fazer a coisa diferente dessa vez. Eu puxo uma parte, tipo uns vinte e cinco por cento da conexão. O bastante pra gente e ainda sobra pras funções internas deles, tipo segurança, monitoramento, comunicação 2D. Hoje é domingo, não tem expediente mesmo, nenhum escritório vai usar um fluxo alto para RV. Os caras não vão nem perceber, vão estar em casa com as famílias. Depois do baile, eu regularizo a parada toda e nem vão sentir diferença na segunda de manhã.

A gente vai pra vala se der algo errado. Mexer com corporação é foda.

Fica tranquilo, chefe. Ninguém vai ficar sabendo de nada.

A tela do Gradiente se dividiu em duas e o rosto de Tubarão apareceu.

Como é?, grasnou ele. Cadê a porra da RV pro meu baile?

Já vai chefe, respondeu Torque, dando sinal verde para Pirata botar sua ideia em prática.

※

Pirata ativou os sincronizadores da antena, plugou-se e delirou de prazer quando penetrou no ciberespaço. Os estímulos sensoriais, familiares e estranhos ao mesmo tempo, arrepiaram os pelos da sua nuca e causaram um vazio na boca do estômago nos primeiros segundos de imersão. Havia quem vomitasse nessas ocasiões, mas Pirata não era desses: relaxava os músculos, aproveitava o passeio. Viajar para outro universo era sempre uma experiência poderosa.

Após passar pelo túnel camuflado na esfera de RV do Buraco da Pedra, procurou, dentre as dezenas de esferas corporativas que flutuavam na rede, uma cuja cor estivesse menos viva que as outras, evidência de que não era utilizada no momento. Levou quase uma hora para encontrar a da Feng. Nadou ao seu redor para se certificar se havia firewalls ilegais por ali, daqueles que fritam o cérebro. Não havia.

Para ter o acesso liberado, ele enfileirou uma série de senhas transmorfas que, graças aos trilhões de cálculos instantâneos de quantificadores craqueados, se adaptaram em poucos minutos à senha original da Feng. A esfera se abriu ao meio e despejou uma deliciosa torrente de acesso. Pirata sorriu e conduziu o fluxo até a minúscula bolha de RV da sua CABP. Isso seria o suficiente para algumas horas de festa. Agora vinha a parte difícil: manter as defesas da rede afastadas usando o próprio cérebro como escudo. Uma dor de cabeça dos infernos.

※

Azaleia arrancou da parede os pôsteres de atores de novelas interativas e derrubou a prateleira de bichinhos. Despiu-se diante do espelho e correu os olhos pelo corpo. As costelas estavam laceradas onde as partes metálicas de Torque se esfregaram com brutalidade.

Não era para ser daquele jeito.

Deus ia lhe dar a chance de rasgar o pescoço daquele filho da puta. O pastor disse: filha, o Senhor está mandando dizer que vai botar teus inimigos caídos na sua frente. A arma que usaria, uma agulha de tricô com ponta aguçada, estava atravessada num coque volumoso no alto da cabeça.

※

Após receber o sinal verde de Pirata, Torque inseriu na pick-up o cenário-padrão do baile, e a viagem começou. Quinhentas mentes do asfalto singraram o ciberespaço em direção ao salão virtual onde as orgias já começavam. Pobres e ricos se encontraram na RV e compartilharam drogas, orgasmos e música.

A RV de Tubarão não se sujeitava às regras que vigoravam no mundo lá fora. Através de avatares secundários clandestinos, homens e mulheres vinham aos montes em busca de experiências sexuais com o que chamavam de sub-humanos da favela. O baile do Buraco da Pedra era o lugar para se realizar desejos sem medo de amarras. Por um precinho camarada.

Quem não conseguia bancar um terminal (os habitantes da CABP, diga-se) não tinha razão para se queixar – o baile off-line era divertido o suficiente, com a vantagem de ser mais barato. E por isso a garagem subterrânea fervia de gente. Vapores e soldados de Tubarão circulavam pela multidão oferecendo merla, candy, cigarros anfetamínicos, transmacs, pílulas sexuais e picos, vez ou outra precisando botar a arma na cara de algum usuário mais atirado. Garotas de várias idades formavam filas para fazer sexo oral nos Cibernéticos plugados ao mesmo tempo em que as patricinhas praticavam neles seus boquetes virtuais, uma orgia em duas realidades.

Tubarão preferia se manter longe da RV: as mulheres do mundo real eram muito mais saborosas, quentes e macias. No conforto de seu divã-móvel, ele enterrava os dedos nas bocetas que se ofereciam e os lambia com gosto, sem tirar os olhos da tela que mostrava sua conta inchando minuto a minuto. Isso – ele pensou – é poesia.

※

Mirolha estava com frio.

Do Lote do Morrinho, ele podia ver as luzes tremulantes da favela. A mansão do chefe piscava ao longe e, mais além, os anúncios de neon dos bairros murados faziam propaganda de coisas fora do seu alcance.

Já não se importava mais: o mundo inteiro estava fora do seu alcance e não havia muito que fazer além de se conformar. O baile, por exemplo. O som das batidas ecoava pelo morro inteiro, mas ele não podia sair dali. Imaginou as garotas iluminadas pelo globo de luz colorida, os cigarros que poderia fumar, a comida que poderia comer ou esconder num canto e levar para Azaleia. Adiantava ficar remoendo? Não adiantava. Tinha que engolir as vontades e mostrar serviço.

※

Sandro Dourado, sua esposa travesti e cinco homens de sua confiança subiram os quatorze andares do antigo Hotel Andrada, agora tomado por ratos e prostitutas, e se dirigiram ao terraço. Mesmo com a fumaça, a noite estava perfeita demais para se ficar trancado numa fortaleza de concreto. Armaram cadeiras de praia, acenderam cigarros transmacs e jogaram conversa fora na brisa fresca e ruidosa. Dourado, o homem de vinte e quatro quilates, recostou-se no parapeito. Os cordões, os anéis e o braço banhado a ouro emitiam um brilho pálido.

Vagamente iluminada contra o horizonte escuro, o morro do Buraco da Pedra, a grama sempre mais verde do vizinho. Era lamentável que um território com um potencial absurdo como aquele estivesse nas mãos gordurosas de um porco como Tubarão. Ele devia estar lá agora, aproveitando o frango frito e as putas abundantes de seu baile.

O mundo é tão injusto, resmungou Dourado.

Disse alguma coisa, mor?, perguntou Pisca, calando as risadas drogadas dos colegas com um gesto.

Me passe a belezinha que o Barca trouxe semana passada, meu bem.

Pisca jogou para Dourado um rifle KK-63, projetado para tiros de longa distância, com telescópio inteligente Leopold de alta precisão e bipé. Deu trabalho imprimir cada pequena peça, mas valeu a pena. Era realmente uma beleza.

Pisca sentou-se no parapeito, cruzou as pernas cobertas pela meia arrastão e disse:

Estão comentando por aí que o pessoal do Tubarão deitou o Barca.

Dourado encostou o olho esquerdo no visor. Girou o rifle no bipé. Dava para ver as crateras da lua pelo telescópio. Foi descendo a mira devagar.

É. Fiquei sabendo. Parece que o Barca não fez umas entregas que havia prometido. Tanques e tal.

Pisca arregalou os olhos cheios de rímel.

Tanques? Pra que o Tubarão quer tanques? Por acaso ele está planejando romper a trégua ou o quê?

É o que parece. O gordo é dono do maior feudo do estado e está de olho no meu humilde pedaço.

A mansão de Tubarão apareceu na mira, depois o Lote do Morrinho com seu matagal, e em seguida a torre da caixa d'água.

Algo se mexeu ali.

Ora, ora.

Dourado ajustou o foco, voltou a conferir a mira. Subiu pelo corpo da torre lentamente.

Viu alguém no topo.

Aumentou o zoom em trinta vezes. A barba descolorida de um Cibernético encheu a tela. Estava plugado e, pelo equipamento que pilotava, estava aprontando coisa das grandes. Dourado gargalhou: só podia ser o baile. Era bom demais para ser verdade. Beijou a guia que trazia por dentro da camiseta e tocou o dedo no gatilho.

O que foi, mor? Tem alguém na mira?

Cala a porra da boca, fofura.

A mira travou no alvo e os mostradores vermelhos ficaram verdes. Dourado apertou o gatilho. A seis quilômetros dali, um pedaço da cabeça de Pirata voou pelos ares e levou junto o baile do Buraco da Pedra.

※

Com um baque estranho na nuca, Torque se percebeu olhando para a multidão que dançava – uma multidão real. Ainda desorientado pelo corte abrupto da conexão, viu dezenas de pessoas tirarem os acessórios de seus corpos e se levantarem sem saber direito do que reclamavam. Só quando ouviu a voz de Tubarão explodir no Gradiente foi que teve a certeza de que algo muito errado estava acontecendo.

※

Na Avenida Rio Branco, cobertura da Manhattan Tower, Eduardo Severo Júnior, presidente da filial nacional da Feng, preparava seu avatar para fazer um grande lance no leilão para cotas do Aquífero Sudamérica-Nestlé. Mas a conexão de RV enfraqueceu abruptamente, e o avatar ficou off-line. Os técnicos enlouqueceram por mais de uma hora, tentando resolver o problema sob os gritos furibundos do executivo, mas a fonte da anomalia ficou saltando para vários servidores ao redor do mundo, o que tornava impossível rastrear. Em seguida, novo golpe: a conexão particular da Feng simplesmente deixou de existir por treze segundos. E então se restabeleceu como se nada tivesse acontecido.

Com profundo desgosto, Eduardo Severo Júnior foi informado que a Coca-Cola arrematara as cotas por um valor bem abaixo do que a Feng estava disposta a desembolsar. Sua úlcera começou a doer. Enquanto tomava um antiácido, uma assistente lhe disse ao ouvido que a súbita queda do sistema tornara vulnerável a fonte da anomalia.

Ele odiava domingo.

Liguem-me com o Administrador de Segurança Pública, Severo disse, apertando feito um Napoleão a boca do estômago.

※

O baile está off-line, disse Tubarão, ao ver Torque se juntar a Bolota, Calango e Marcelo. Nenhum terminal está funcionando, nem a conexão padrão a gente tem mais. Sabem o prejuízo que a boca está tomando a cada segundo que eu passo gastando cuspe com vocês? Preciso pagar pessoas, sustentar filhos, manter uma casa e sete mulheres gastadeiras. Vocês sabem quanto custa uma esposa, meus caros? Pois imaginem sete delas. Não posso me dar ao luxo de perder um dia de baile. Compromete minha balança e meu orgulho. Como vou ficar diante dos credores amanhã? Como me explicam o que está acontecendo?

Pedi ao Gárgula para entrar em contato com o Pirata, respondeu Torque.

E por onde anda o Pirata? Não vi aquela fuça vermelha desde que o baile começou.

No Lote do Morrinho, Torque hesitou. A recepção do sinal era melhor lá.

Muito melhor. Merda de sinal, isso sim. Bota ele na linha. Se a conexão não voltar em dez minutos, vai ter gente amanhecendo na vala. E pode ser quem for.

Tubarão respirou fundo e foi para sua sala. Se fosse preciso, matava mesmo uns dois ou três para o povo saber o que acontecia com os vacilões da área. Sabia, contudo, que reverter a queda da RV não salvaria o baile do naufrágio. Os volúveis endinheirados, uma vez desconectados, dificilmente retornariam naquela noite. Teria de se virar com o baile real e – puta que pariu – este não rendia nem um quinto do virtual.

Torque cuspiu um palavrão irritado após ouvir pela terceira vez o Gradiente de Pirata se desculpar por ele não poder atender no momento. Algum de vocês conseguiu?, perguntou aos colegas.

Não, respondeu Calango. Não tem ninguém lá com ele?

Torque o olhou, desconfiado.

Vou saber pessoalmente o que está havendo.

Alguém vai morrer hoje, porra!, ele ouviu Tubarão gritar. Devia estar verificando o saldo da conta.

~≈~

Tubarão olhou para a bandeira da Administração Estadual piscando na tela grande de seu Gradiente. Enrugou a testa. Aceitou a ligação.

A que devo a honra?, disse, com toda a amabilidade que podia fingir.

Deixemos de lado o cinismo e sejamos objetivos, senhor Tubarão, respondeu o Administrador de Segurança Hermenegildo Freitas, enfiado num terno frouxo que evidenciava sua estatura diminuta. Os olhos da raposa faiscavam de raiva. O que estava tentando fazer?

Tubarão não entendeu. Do que está falando, chefia?

A Feng me enviou agora há pouco uma queixa não-oficial. Sabe o que isso significa? Que eles estão me encostando contra a parede e me ameaçando com um monte de papéis e petições. Por sua causa.

Continuo sem entender.

Um desvio clandestino do sinal privado de RV deles atrapalhou um negócio grande. Coisa de bilhões. Tudo perdido. Os caras estão cuspindo lagartos, querem ver cabeças rolando. A sua.

Minha?, Tubarão se assustou.

O desvio partiu da sua Comunidade Autônoma. Você é realmente muito estúpido. Não está satisfeito com seus negócios? Tem de se meter com os graúdos?

Tubarão coçou a papada.

Pirata. Só podia ser. O desgraçado desviou o sinal outra vez. Filho da mãe. Ia estripar aquele bosta quando aparecesse em sua frente.

Senhor Administrador, talvez eu possa dar a cabeça do responsável por esse lamentável incidente, se me der algum tempo.

Freitas balançou a cabeça.

Você não compreendeu. Tentarei ser claro: a Feng está pressionando o Estado a enviar uma força de ocupação à CABP para colocar seu bando no devido lugar. Eles não querem apenas dar exemplo: querem ver sangue.

Mas o Estado não pode meter a colher em Comunidade Autônoma. Existe um tratado assinado com os comandos, caso o senhor não se recorde.

Já que aprecia tanto tratados assinados, replicou Freitas, mostrando uma folha timbrada, essa aqui é a Nova Lei de Propriedade Privada, caso não tenha acompanhado os noticiários. Ela dá a qualquer grupo particular o direito de assumir a proteção de seu patrimônio caso o Estado se mostre incapaz de fazê-lo. Proteção armada. Isso inclui a punição aos perpetradores de prejuízo e ao recolhimento de valores para fins de ressarcimento. Na sua língua: está autorizando a Feng a enviar sua milícia corporativa a sua amada favela para matar qualquer um que carregue uma arma e tomar seus negócios. *Se* o Exército Estadual não puder agir. E não pode. Porque há um tratado assinado, e o Estado não deve (como foi mesmo que o senhor disse?) meter a colher em Comunidade Autônoma.

Tubarão sentiu sua sala ficar quente e desconfortável.

Se me der algumas horas, eu acho o culpado.

O Administrador sorriu.

Talvez eu pudesse conseguir algumas horas. Se recebesse uma *doação* para ajudar na campanha para Tesoureiro da União do ano que vem.

Você vai ter a porra do dinheiro, seu aproveitador do caralho.

Ei, ei, ei. Calminha. Estamos negociando amigavelmente. Você quer continuar vivo, eu quero ser tesoureiro. Bom pra todo mundo. O número da conta seguirá em anexo. Faça o depósito e você terá duas horas para consertar sua burrada.

A imagem de Freitas desapareceu. Tubarão mandou chamar Torque, mas descobriu que ele não estava por ali e ninguém sabia onde tinha se enfiado. Chamou-o pelo Gradiente. Não houve resposta.

Cadê esse cuzão?, ele berrou.

Uma suspeita começou a crescer no fundo da mente. Seu braço direito estava ficando poderoso na CABP. Popular. Influente. Perigoso. E lhe devia uma grana alta. E vinha se comportando de forma estranha nos últimos dias. Será que seu amigo mais leal, aquele pelo qual não mediria esforços nem poupara dinheiro quando estava todo despedaçado na rua, era um traíra? Será que havia uma conspiração em andamento no Buraco da Pedra? Imaginou-se morto, humilhado na frente do povo. Torque era esperto, se estivesse de fato planejando usurpar seu poder não iria deixar seus filhos vivos. Como ele mesmo não deixara vivos os filhos do chefão anterior.

Não, não, estava sendo paranoico. Ou não? Considerou a hipótese de matar Torque e oferecer sua cabeça ao Administrador de Segurança Pública. Depois ligou para Gárgula, o responsável pelas comunicações.

Nada do Pirata ainda, chefe, mas Torque passou por aqui. Depois saiu depressa.

Rastreie o Gradiente dele.

Gárgula inseriu alguns comandos no computador. A foto de

Torque surgiu esverdeada no canto superior esquerdo da tela, sobreposto a um mapa do morro em três dimensões. Um hexágono verde piscava dentro de uma vala.

Ou ele está morto ou o Gradiente foi jogado no esgoto da viela 37, chefe. O que tá acontecendo?, perguntou Gárgula.

Aquele Judas Iscariotes, gritou Tubarão, a suspeita se transformando em certeza.

Jogar fora o Gradiente foi um lance muito arriscado, pensou Torque. Mas não podia ser pego pelo rastreador no local onde seriam encontrados os corpos de Pirata e do moleque caolho. Inventaria uma desculpa qualquer, seria bem mais fácil justificar a falta de um Gradiente que dois cadáveres.

Calculou por alto o prejuízo causado pela queda da RV: uns dois milhões e meio. Só isso já seria suficiente para Tubarão arrancar fora algumas cabeças com aquela espada japonesa que ele adorava. Mas as coisas se complicaram ainda mais. Havia grampeado as comunicações do gordo e ouvira um pulha do governo ameaçar fazer vista grossa para uns graúdos tomarem a Comunidade. Conhecendo o chefe, ele ia encontrar uns bodes expiatórios para limpar sua barra: Pirata e Mirolha. Se fossem torturados, acabariam dizendo que ele tinha autorizado o desvio. E aí, meu amigo, adeus Torque. Tubarão não ia querer saber dos anos de serviços prestados. Tinha que matar os dois cuzões antes que fossem pegos e cantassem que foi ele que autorizou a ideia idiota de roubar conexão corporativa.

O vento desenhava ondas no matagal aos pés da caixa d'água. Torque desceu da moto e seguiu devagar pelo resto da trilha. Não havia ninguém ali. Teriam fugido, os sacanas? Tocou a mão artificial na torre. Uma gota de sangue pingou em seu ombro. Sacou a pistola-metralhadora e subiu a escada.

O corpo de Pirata jazia inerte lá em cima, caído sobre seu precioso equipamento. Pedaços de cérebro e lascas de ossos se espalhavam pelo console e pelo piso. Torque respirou fundo. Trabalho do moleque?

Não. Mirolha estava encolhido uns cinco metros adiante, no meio das sombras. Torque se aproximou e o cutucou com a bota. O garoto abriu os olhos.

Mataram ele, Torque. Mataram o Pirata.

Tô vendo, porra. Quem fez isso?

Mirolha tremia:

Não sei. Juro que não sei. Ouvi alguma coisa estourando, subi pra ver, era a cabeça dele. Não tive culpa, eu prestei atenção. O chefe vai me castigar.

Não, ele não vai.

Mirolha não queria ver outra vez um cara tão legal quanto o Pirata com a cabeça estourada feito um coco. Desviou o olhar para o alto, viu a lua amarela e sua luz fraca aparecer por entre a fumaça. Pensou novamente em como ela se parecia com uma flor sem pétalas. Uma flor como sua Azaleia.

Um tiro calibre .45 atravessou seu peito magro.

Olhou surpreso para Torque. Este baixava o cano da pistola-metralhadora. As pernas ficaram dormentes, tentou falar e não conseguiu. Por que a boca estava tão seca, que vazio era aquele fervendo dentro dele? A visão foi inundada por uma luz estranha, que foi apagando da memória o rosto de sua irmã. Era bom não ter de pensar nela. Não ter de pensar em nada. Nunca mais.

Desculpa, moleque. Nada pessoal. Mas, ó, juro que vou cuidar da tua irmã. Gosto dela de verdade.

Lei da sobrevivência, Torque disse a si mesmo. Se não matasse o moleque, seria ele que morreria.

Jogou os corpos pela encosta do morro, para que desaparecessem na escuridão das ondas lá embaixo.

Agora precisava garantir que a corda não arrebentasse do seu lado, tinha de inventar uma história convincente. Ligar Pirata e o menino ao Dourado, talvez. Seguiu em direção à rua da mansão, tentando entender como fora se meter naquela encrenca.

Ao dobrar a esquina deparou-se com Bolota e Jairo, que vinham caminhando em sua direção. Ao vê-lo, os dois Cibernéticos abriram um sorriso.

Até que enfim, disse Jairo.

Tubarão quer você de volta com urgência, avisou Bolota.

Torque olhou discretamente para os fuzis em suas mãos. Viu dedos nos gatilhos.

Eu já tava voltando.

Claro que tava, retrucou Jairo, e tentou apontar a arma.

Torque o acertou com força no meio do rosto com o punho de bioplástico. O globo ocular direito do cara saltou da órbita, dentes voaram para fora da boca e o nariz se tornou uma massa sangrenta. Ele caiu no chão, inerte.

O outro, Bolota, conseguiu apertar o gatilho. Torque bateu em seu braço e desviou para o alto a maioria dos disparos. Puxou depressa a pistola-metralhadora e derrubou o colega com um tiro na testa.

Que merda, Bolota, Torque disse. Levantou a camisa e verificou os ferimentos. Três dos disparos abriram rombos nos implantes, mas o quarto atingiu a carne. A costela havia sido perfurada e o sangue vazava, meio preto.

Fodeu.

Vozes começaram a chamar no Gradiente dos mortos.

Agora ia ter que contar uma história bem melhor. Mas qual, cacete? Como ia explicar todo mundo morto e ele vivo, cheio de bala da arma do Bolota?

Torque cambaleou para longe dali, o frio aumentando a cada passo, um frio cortado por relâmpagos que corriam pelo corpo, como daquela vez que delirou de febre duas semanas por causa do Influenza Mutante.

Será que ia morrer? Ogum me proteja, morrer não. Quis chorar de medo.

Passos.

Passos?

Estava delirando agora ou ouvia realmente passos nas ruas de baixo? Mais gente do Tubarão, na certa. Não tinha como escapar. Fugiria para onde, as terras do Dourado? Olha só o que conseguiu da última vez que foi para aqueles lados. Explodiram o corpo dele quase todo e agora tinha essa dívida impagável.

Desceu a ladeira. Ogum, não quero morrer.

No meio do caminho, o ar faltou e ele tombou. Encostou a cabeça no muro, tentando encher os pulmões. Cada vez mais difícil respirar, cada vez mais difícil enxergar. Talvez morrer fosse isso, tudo se tornar cada vez mais cansativo até que se deseje apenas dormir e descansar.

Mirolha morava ali perto. É, Mirolha podia ajudá-lo. Era um moleque de responsa.

O que estava dizendo, porra? Havia acabado de matar o moleque lá atrás.

Tinha alguém lá, sim. Quem morava na casa do Mirolha? Tinha alguém. Certeza.

Distinguiu uma silhueta descendo a ladeira em sua direção. Formas suaves, com alguma coisa na mão, um anjo cuja imagem ia e voltava. Torque tentou erguer a arma, mas estava pesada demais. Mas se atira em anjo? Não se atira. Quis dizer algo bonito, mas as palavras teimavam em se transformar em gorgolejos.

Deus disse que ia botar meus inimigos caídos na minha frente, o anjo disse. Meu Senhor não é homem pra mentir. Tu é só o primeiro. Essa favela toda vai ficar na minha reinação.

Havia um sorriso no rosto cada vez mais diáfano do anjo, um esgar de satisfação como se estivesse diante de pecado e penitência. Torque sentiu alguma coisa fina como uma agulha penetrando sua garganta, rompendo os implantes e os tecidos, misturando sangue e saliva.

Viu o rosto do anjo e sorriu. Conhecia-o de algum lugar, talvez de um sonho ou de uma memória que já se apagava. Acima dele, o céu ribombou. O anjo se assustou com o barulho e desapareceu nos becos da favela.

Eu te amo, anjo, ele disse.

Sentiu um vento quente bater em seu rosto. Algo desceu do céu e parou bem diante dele.

Torque sorriu, maravilhado. Pensou que fosse o anjo retornando, mas era apenas o primeiro dos drones militares da Feng invadindo a CABP.

Caos tranquilo
Ricardo Santos

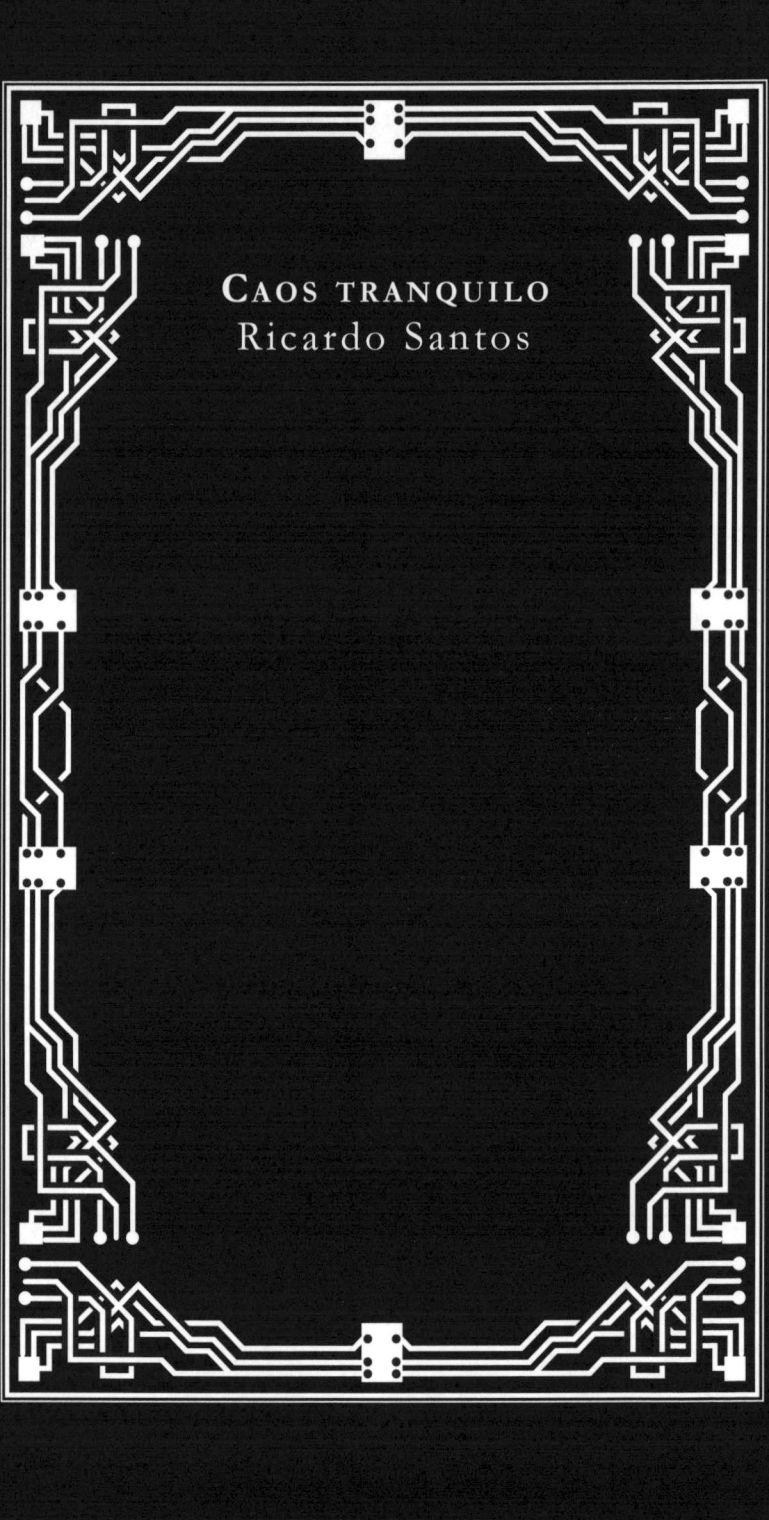

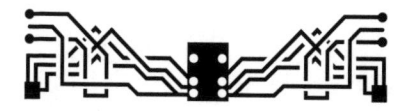

1

Zima queria tirar logo as informações de sua cabeça e incendiar a Rede.

O bunker de MC costumava ficar pouco iluminado, o foco de luz voltado para a mesa larga de escritório. Os três monitores pareciam pequenas TVs quadradas, um do lado do outro. O teclado era todo remendado com adesivos coloridos. A mesa estava cheia de papéis, livros técnicos, manuais, canetas, disquetes e embalagens de comida.

MC estava sentado numa cadeira giratória sebenta. Fazia frio, o ar-condicionado ruidoso operava bem. Mas ele não estava nem aí, devidamente agasalhado e ouvindo heavy metal nas alturas em seu walkman.

A maior parte do cômodo estava vazia, na escuridão. MC só ocupava metade do espaço, como se fosse obrigado a respeitar algum tipo de fronteira. Os equipamentos ficavam bem próximos à parede do fundo. Em outro cômodo, várias CPUs se espalhavam pelo chão. Cabos atravessavam a parede, por buracos mínimos, para chegar aos monitores. Do outro lado, fazia ainda mais frio. Zima já tinha ido até lá uma vez. O bunker era alimentado por um gato na rede elétrica. Um gerador ficava junto das CPUs, em caso de emergência.

Zima estava de pé, mais recuada, na penumbra, observando MC trabalhar. Qualquer um que o visse na rua nunca ia imaginar que aquele sujeito, com cara de garçom de churrascaria, era uma porra de gênio. Quando estava ali, ela nunca se cansava de pensar nisso, de rir disso.

MC pendurou os fones fininhos no pescoço, a música tocando. Afastou-se da mesa e girou a cadeira para encará-la.

"Pronta?"

"Sim."

MC balançou a cabeça e apertou os lábios.

"Ok."

Então se levantou. O walkman estava num bolso dianteiro do agasalho.

Ele foi até o frigobar e pegou uma garrafinha de Crush de laranja.

Virou-se para Zima.

"Aceita?"

"Vamos logo com isso, cara."

Ele sorriu.

"Calma, Zi. A gente vai fazer História. Preciso tomar alguma coisa refrescante primeiro."

"Nada de pílulas. Você não vai viajar hoje."

"Sem problema."

MC pegou um abridor de garrafa em cima do frigobar. A tampinha caiu no chão. Ele deu goladas generosas.

Depois voltou para sua cadeira e colocou a garrafinha pela metade na mesa.

"Vai deitar no chão mesmo?"

"Como sempre."

"Desta vez, vai doer mais."

"Não importa."

MC torceu o rosto.

"Você é quem manda."

Ele girou a cadeira e começou a teclar.

Zima tirou uma Glock, escondida sob a blusa, da frente da calça. Agachou-se. Colocou a arma no chão e se deitou. Usava uma blusa sem mangas. A pele negra dos braços e das mãos sentiu o frio do piso de concreto.

Ela poderia muito bem sentar em outra cadeira giratória que tinha ali no canto. Mas preferia o piso duro e desconfortável.

Enquanto MC fazia os últimos preparativos para a conexão, ela levou a mão ao seu chip de acesso, atrás da orelha. Seu cabelo sempre estava muito curto. O chip ficava visível o tempo todo. Certas pessoas achavam aquilo prático. Outras ficavam incomodadas.

"Let's go", MC disse.

Zima olhava para o teto.

Ela ouviu a cadeira girar, MC se levantar e pegar suas coisas. Estava acostumada. Nas mãos dele, com certeza, havia o cabo conector e a caixinha do mordedor de boxe com um Z escrito na tampa.

"Esse treco está limpo, certo?"

"Dei uma lavadinha."

Ele riu, aproximando-se.

Ela não falou mais nada.

Então veio uma explosão.

Tudo ficou numa escuridão total. Os aparelhos pararam de funcionar.

Poeira e fumaça contaminaram o ambiente.

Zima ouviu um grito de MC.

Mesmo atordoada, ela se sentou no chão, ligeira. Procurou a Glock ao lado e apontou para a frente.

Seu olho biônico foi automaticamente acionado.

O olho bom começou a lacrimejar.

Ela prendeu a respiração.

Tinham derrubado a porta. Ela ouvira o som de metal batendo no concreto. Entraram. Passos apressados de botas. Três leituras térmicas em preto e branco. Os invasores carregavam fuzis à altura do rosto, provavelmente M4.

Zima não perdeu tempo. Deu três tiros. Todos na cabeça. Corpos brancos no chão. Nenhum tiro disparado pelo inimigo. Ela soltou o ar. Tossiu. Passou a mão no olho lacrimejante.

Ainda apontando a Glock, virou a cabeça para trás.

Captou a leitura do corpo branco de MC, deitado no chão. Além de manchas brancas ao redor, fontes de energia dos aparelhos ainda quentes. Ele estava vivo, mas quase não se mexia. Ela não tinha como saber seu estado. Ele se mantinha em silêncio.

Ela voltou a encarar o que estava adiante.

Da parte dos invasores, nenhum movimento, nenhum gemido.

Ninguém mais surgiu na porta.

Zima foi precisa nos disparos, mas também teve sorte. A posição dos invasores ao entrar era desfavorável. A porta se encontrava do mesmo lado onde ela estava deitada. Executaram uma manobra maior, perdendo segundos na abordagem. Segundos preciosos.

Eles sabiam que Zima havia reativado seu olho biônico?

Pela eficiência dos tiros, ela imaginou que os invasores estivessem sem qualquer proteção ou aparelho na cabeça. O ataque no escuro aumentou as suspeitas de que também tivessem olhos biônicos.

"Merda."

Começava a fazer calor ali dentro. Mas, para o ar-condicionado funcionar de novo, o gerador precisava ser ligado manualmente.

Até que ponto os desgraçados conheciam os detalhes do bunker?

A ansiedade deu lugar à raiva.

Zima procurava entender qual tinha sido seu erro, que besteira tinha feito para conseguirem achá-la antes do previsto.

2

Edmo olhava a chuva lavar a janela da sala. O apartamento ficava no terceiro andar. Era por volta das sete da noite, mas a rua estava quase vazia. Poucas pessoas enfrentavam o aguaceiro, andando às pressas, correndo, atravessando de um lado para o outro da calçada. Poucos carros e motos levantavam a água acumulada na pista, mais cautelosos do que o normal.

A chuva sempre era uma vantagem quando Edmo tinha que se encontrar com Rato. O disquete com seu último texto estava na mesa da cozinha. Ele precisava arranjar um envelope para protegê-lo.

A cada ida ao bunker de Rato, ele se colocava em perigo.

E toda vez era tomado por uma mistura de medo e êxtase.

Conferiu as horas em seu relógio digital. Em trinta minutos, teria que estar no apartamento de Marco. Mas o trajeto de Brotas ao Campo Grande levaria bem mais tempo com essa chuva.

Diferente das outras vezes, seu último texto não foi mostrado a Marco. A única pessoa em que confiava para avaliar o que escrevia. Por questões de segurança e de senso crítico.

Quando se encontraram alguns dias antes, Marco não tinha gostado da novidade.

"Por que isso agora?"

"Não sei direito."

"É tão bombástico assim?"

"Não sei se é a melhor coisa que já escrevi. Mas, com certeza, foi a que mais me deu prazer. Tesão, mesmo."

"Qual é o título? A Revolução é uma Sacanagem?"

Os dois riram.

"Então você vai simplesmente jogar o texto na Rede, sem nenhuma análise, conversa..."

"Sim."

"Entendo."

⁂

O que Marco acharia do conteúdo, quando Rato imprimisse as folhas em sua impressora barulhenta de escritório? Rato se recusaria a colocar o material nas brechas da Rede desta vez, apesar de ter concordado em ficar no escuro até a última hora?

Edmo era um escritor tardio. Só se arriscara a escrever os primeiros textos após os trinta, depois de anos como leitor secreto de autores proibidos. E era difícil encontrá-los, principalmente os estrangeiros. Pagava caro para conseguir livros de autores americanos, britânicos, espanhóis, chilenos, argentinos, mexicanos, franceses e russos. Apesar de existirem traduções clandestinas mais em conta, preferiu aprender francês, espanhol e inglês para poder ler as edições importadas. Entre os autores nacionais, o seu preferido era José Luís Silva, autor do seminal *Caos tranquilo*.

Naquela mesma noite, assim que chegou em casa, depois de uma xícara de café, Edmo foi em busca do seu exemplar.

Pegou o livro dentro de uma das caixas de sapatos, no fundo do guarda-roupa.

Sentou na poltrona da sala.

A coisa tinha virado até um ritual antes de cada encontro com Rato.

O livro estava um tanto acabadinho, depois de anos de releituras. O papel não era tão bom, como os dos títulos das grandes editoras.

Publicado em 1975, *Caos tranquilo* teve uma primeira edição de dois mil, três mil, cinco mil exemplares, ninguém sabia ao certo. Esgotada em semanas, diziam. Onde foi impresso, quem o editou e a figura do próprio José Luís Silva eram mistérios que davam à existência do livro um peso ainda maior de lenda.

Na orelha, havia uma foto em preto e branco de um homem sisudo de pele clara, usando óculos e metido num terno, com os dados biográficos do autor. Na verdade, a foto era de um famoso educador dos anos 50, pró-americano, Plínio Seixas, acompanhada de informações sobre sua vida e obra.

Outras edições foram publicadas ao longo dos anos. Edmo chegou a folhear três ou quatro delas. Todas inferiores à sua.

Depois de 1975, nunca houve uma edição revista, atualizada. E já haviam se passado doze anos.

Era possível encontrar trechos ou o livro inteiro nas brechas da Rede, até em outras línguas.

Edmo se ajeitou na poltrona e foi direto para a página vinte e um, capítulo dois: O *Apoio Decisivo, ou e deus mandou os americanos para nos ferrar.*

Havia trechos sublinhados e anotações nas margens:

Com o fim da 2ª Guerra, ainda em 1945, Stálin se apressou em estabelecer a expansão do comunismo pelo mundo. Comunicou-se com seus embaixadores, espiões e PCs em vários países. A ordem era dar o suporte necessário para a Revolução do Povo onde houvesse condições. No caso do Partidão, clandestino e perseguido por Vargas havia mais de uma década, o entusiasmo superou o bom senso. A direção afirmou que os dissidentes do Exército e, principalmente, o povo da Terra de Brás estavam prontos para o levante das massas. O espião russo Vladimir Kirov, mandado por Moscou para supervisionar as atividades comunistas no país, colocou seus interesses pessoais acima da fidelidade ao Regime (afinal, ele adorava a vida por aqui e até teve filhos brasileiros, sem falar nos amigos do partido). Kirov deu o seu O.K. Moscou comunicou o fato a Stálin, que aprovou o Levante Tropical, alcunha dada pela burocracia soviética.

Contando com membros do Partidão e agentes comunistas estrangeiros, vindos de outros países latino-americanos, europeus, cinco russos e até um sobrinho de Tio Sam, num total de 196 pessoas, em 08 de outubro de 1945, o grupo executou ações nas cidades de São Paulo, Rio de Janeiro e Salvador. A expectativa era de que membros do Exército insatisfeitos somassem forças, num acréscimo decisivo de cerca de dois mil homens, com armamento pesado. O que não aconteceu. A população também não acompanhou o movimento, considerado coisa de burguês. Também fracassou a tentativa de tomar dois caças da Força Aérea Brasileira. Por seis dias, os comunistas e poucos dissidentes do Exército lutaram contra os milicos nacionais e os tiras. Com a chegada de três porta-aviões americanos, trazendo fuzileiros e caças, os vermelhos foram derrotados em dois dias.

Nos últimos anos, levantaram-se fortes suspeitas de que os americanos tinham um agente infiltrado em Moscou. Alexander Pietrovich Orodnik era um oficial e diplomata russo, que servira em embaixadas na América Latina e retornara à pátria mãe durante a 2ª Guerra, assumindo um alto cargo na GRU, a agência de inteligência soviética. Dissidentes russos na Europa Ocidental afirmaram, na década de 60, que Orodnik era um espião da Agência de Serviços Estratégicos, que depois da Guerra se tornou a CIA. Orodnik teria sido aliciado pelo exército americano com dinheiro em contas secretas e promessas de uma vida abastada nos EUA, depois da Guerra. Os dissidentes russos afirmaram que Orodnik tinha conhecimento da situação precária do comunismo na Terra de Brás. Mesmo assim, convenceu Stálin a autorizar o Levante. Orodnik morreu em Moscou, de infarto, em seu apartamento, em 1946.

※

A chuva continuava sem trégua. Edmo conferiu as horas em seu relógio digital. Não dava para esperar mais.

Foi até o quarto e pegou um envelope grande na gaveta da cômoda. Passou pela cozinha, indo atrás do guarda-chuva, na despensa.

Colocou o disquete dentro do envelope.

Pegou as chaves do carro, de casa e saiu, com o estômago doendo e a garganta seca.

3

"Você foi até lá tomar sorvete de chocolate? Não é esse o seu sabor preferido?", Max perguntou, sério.

"Eu adoraria arrebentar sua cabeça, agora mesmo", Zima disse.

Ela usava boné e uma camisa aberta por cima da blusa sem mangas. A camisa azul tinha um nome e um logo nas costas, de uma empresa de manutenção de TVs, videocassetes, CD players e aparelhos de som.

Max fungou. Sua expressão revelou uma ponta de ironia.

Os clientes do restaurante não ligavam para o trio sentado numa mesa dos fundos. Max estava à paisana. Era um restaurante de comida popular, numa quarta-feira. Não estava muito cheio. Já tinha passado da hora do almoço.

Sentado ao lado de Zima, MC estava em silêncio, também usando boné e uma camisa azul, mas com os botões fechados.

As mãos de todos estavam debaixo da mesa.

"Vocês dois vêm comigo ou pessoas vão morrer. A decisão é sua, soldado", Max disse, olhando para Zima.

Ela segurava a Glock, coberta pela camisa aberta. Com certeza, ele também tinha uma arma a postos. Quando Max apareceu, sentou do outro lado da mesa de um jeito estranho, mexendo demais os braços.

Ele vestia uma jaqueta jeans, mesmo naquele calor.

E o que dizer das luvas de couro? O que ele queria esconder, mãos biônicas?

E o que MC estava aprontando? Ou ele estava nervoso demais para conseguir raciocinar?

Muita coisa girava na cabeça de Zima, perguntas, especulações, ideias. Mas de jeito nenhum deixaria transparecer a confusão que estava em sua mente. Além do mais, precisava de foco. Sair viva dali dependia disso.

"Você será o primeiro a morrer", ela ameaçou, tentando manter a postura. Lembranças do seu passado com Max não atrapalhavam seu raciocínio. Pelo contrário.

"E você logo depois", ele rebateu, como se ela fosse uma total estranha. Os olhos e a boca não vacilaram, não saíram do roteiro.

Na verdade, o olho biônico dele estava lá, parado, igual a um olho de vidro. Assim como o de Zima, quando ficava em modo estacionário.

Ela estava doida para saber se tinha matado alguém que conhecia no bunker. Mas seria algo totalmente inútil. Max poderia dizer a verdade, mentir. Não importava. No final das contas, tornaria sua posição ainda mais vulnerável. Portanto, nada de perguntas apressadas ou idiotas. Aliás, melhor não fazer pergunta nenhuma.

Mas por que justamente Max estava ali, no comando daquela caçada?

"Você fez um belo estrago lá atrás", Max disse.

"Sinal de que sua turma não sabia o que estava fazendo."

"Continua treinando, se mantendo em forma."

"Sempre."

"Quer dizer que você reativou seu olho?"

"Sim."

"Deve ter custado caro. Aposto que isso é obra do maluco do Joe Túlio."

"Foi alguém de fora."

"Por que tudo isso, o roubo das informações, a correria, os tiros? É tédio por estar na vida de civil?"

"Você não entenderia."

"Só estou curioso."

"Cara, chega de papo furado. Por que você veio direto aqui pro restaurante?"

Max se voltou para MC. Zima virou a cabeça por dois segundos. Não queria tirar os olhos de Max. Mas foi o suficiente para perceber a fúria no rosto bronzeado do hacker, sem ferimentos graves, lavado da poeira do bunker e do túnel.

"Quem diria que uma sorveteria tão simpática abrigava em seu subsolo o covil de um terrorista. Agora tenho que reconhecer. O túnel que liga o bunker até esse restaurante, do outro lado da rua, é uma ideia da zorra. E pelo visto, bem executada. Vocês saíram onde, no banheiro masculino, no feminino, na cozinha, na despensa?"

Zima estava besta e revoltada com a canalhice de Max.

"Fale o nome dele", ela desafiou, apontando para MC, encarando Max.

"O quê?", Max reagiu.

"Fale o nome de guerra dele. Ou melhor, o nome verdadeiro."

"Hacker não tem nome de guerra. Hacker tem nick", MC se revoltou.

"Não interessa... Estamos esperando."

Max ficou sério.

Zima sorriu com os lábios grossos.

Então um garçom se aproximou da mesa.

"Já pediram?"

"Estamos aguardando uma pessoa", Zima respondeu, sem tirar os olhos de Max. Ele tentando conter sua raiva.

O garçom ficou em silêncio por um instante. Na certa, esperando que alguém da mesa contrariasse aquela mulher mal-educada, de fala ríspida, que nem se deu ao trabalho de olhar para ele.

Mas ninguém se manifestou.

"Quando quiserem pedir, é só avisar."

"Ok", MC disse.

Zima percebeu, com a visão periférica do olho bom, o garçom desaparecer. Ela não sabia direito qual era a relação de MC com o pessoal do restaurante. Provavelmente, o garçom não fazia ideia de quem ele era.

"Você caiu de paraquedas nessa missão, não foi? Você faz parte do exercitozinho particular da Omega ou é um buldogue da Força Especial?"

Zima se arrependeu na hora de ter feito essas perguntas, de ter quebrado sua promessa consigo mesma.

"Chega dessa merda. Vocês vêm ou não?"

Zima realmente não sabia como sair daquele restaurante. Ainda mais sem ferir ninguém. Isso não era mais um dilema. Era inevitável àquela altura. Ela estava carregando aquelas informações em sua cabeça por que mesmo? Para divulgar a verdade? E a verdade tinha o seu preço. Não apenas para ela, mas para as outras pessoas, para aqueles que não queriam acordar de suas vidas de fantoches empanturrados, que precisavam de um solavanco para descobrir as reais intenções de seus titiriteiros. Ela tinha sido um soldado. Combatera comunistas na Amazônia brasileira. Baixas aconteciam. Inclusive de civis. Fazia parte do plano maior.

Mas, mesmo que todo mundo à sua volta morresse, ela ainda não sabia como sair dali inteira. O que encontraria lá fora.

4

A chuva lavava o para-brisa do Fusca de Edmo. Os limpadores tentavam melhorar sua visão. Começava a fazer calor ali dentro. A potência do ar-condicionado era prejudicada pela necessidade de desembaçar os vidros. Motor, ar-condicionado e desembaçador produziam uma barulheira à qual Edmo já estava acostumado.

Ele seguia pela Avenida Bonocô, em meio ao trânsito lento.

O horário acertado com Marco poderia ter sido mais tarde, para evitar aquela aporrinhação, mesmo se fosse numa noite sem chuva. Mas se misturar aos motoristas que voltavam para casa era uma forma de camuflagem, de não levantar suspeitas. Evitava abordagens policiais cheias de perguntas e consultas no sistema via rádio. Pelo fato de ser negro, Edmo ficava apreensivo quando era parado numa blitz.

O cheiro dentro do carro era de papel úmido.

No chão do carona, onde repousava o guarda-chuva molhado, havia jornais e revistas. No banco, junto com o envelope contendo o disquete, mais exemplares da *View*, a revista semanal em que Edmo trabalhava. Em certo momento, além da chatice do trânsito e da expectativa pelo encontro com Rato, ele se lembrou de uma pauta que teria de cobrir no dia seguinte. Uma entrevista com um decorador sobre as melhores plantas para embelezar a casa. Isso o deprimiu.

Ele perdia horas e horas do seu dia cobrindo assuntos idiotas, que apenas serviam para os leitores passarem o tempo, sonharem em consumir produtos caros e inúteis, massagear o ego dos entrevistados e vender milhões de exemplares. Certa vez, um diretor da revista viera de Nova York direto para Salvador. Elogiara o trabalho da filial baiana, deixando os escritórios do Rio e de São Paulo putos de ciúmes.

Alguns não suportavam trabalhar ali. Mas a maioria sentia muito orgulho de ser parte daquele time. Contanto que todos cumprissem os prazos, os editores não davam a mínima se o pessoal odiava ou amava o que fazia.

Edmo estava na revista por causa da grana decente. O que permitia pagar o aluguel de um quarto e sala, contratar uma faxineira, matar a fome, ter um carro, comprar seus livros, discos, fitas de vídeo e cassetes e tomar algumas cervejas. O que os leitores do subversivo

Deom diriam se soubessem que o autor adoraria ter um Escort? E babava quando via um Maverick V8 na rua?

O fato era que não havia muita coisa que prestasse sendo publicada. A imprensa dita séria não passava de uma poderosa e articulada assessoria do Governo e dos interesses dos americanos. Mas já havia veículos falando bem dos japoneses, sobre o impacto positivo de suas empresas na economia brasileira. Para total revolta dos gringos.

A nova febre eram as próteses japonesas. Ainda eram caras, poucos tinham grana para adquiri-las. Mas logo se tornaram o sonho de consumo da classe trabalhadora, da classe média e dos ricos.

Eram mãos, braços, pernas e olhos mais resistentes, mais leves, com menos riscos de infecções e com manutenção mais barata.

O escândalo da doença da pele cinza foi um baque na imagem da Omega. O que só aumentou o interesse pelas próteses japonesas.

Trabalhadores braçais pagavam prestações por vinte, trinta anos para ter, pelo menos, um dos braços arrancado e substituído por próteses biônicas. Isso garantia mais chances de emprego, principalmente na indústria, mesmo com a ameaça crescente de as máquinas tomarem os postos de trabalho.

A classe média usava próteses para aprimorar o desempenho em áreas que exigissem precisão, como na medicina.

Apenas os ricos podiam pagar por corações, pulmões e rins artificiais.

Ainda havia aqueles que, por uma questão estética, filosófica, espiritual, pareciam mais máquinas do que seres humanos. Um dia, a revista pediu para Edmo entrevistar um artista plástico que tinha substituído braços, pernas e olhos por próteses biônicas. Mas, na última hora, o editor cancelou a entrevista por achar que as fotos e as descrições chocariam os leitores.

Na direção oposta a tudo isso, outros se recusavam a usar próteses, como escritores, atores, políticos e empresários da velha guarda, aderindo, no máximo, a chips de acesso.

Edmo nunca teve interesse nem coragem para ir além do seu chip, quando era analista estatístico, durante o serviço militar. Agora só existia uma cicatriz atrás da orelha.

A chuva continuava a castigar o para-brisa do Fusca.
Edmo conferiu as horas em seu relógio digital.
Estava atrasado e com fome.

5

Zima não conseguia respirar direito. A cabeça estava doendo. Os ouvidos zuniam.

O ar do restaurante estava tão denso, uma mistura de fumaça e poeira, que ela mal conseguia enxergar suas mãos pelo registro térmico do olho biônico, num branco esmaecido.

Ela tinha perdido a Glock.

Tossiu. O olho bom estava irritado. O olho biônico captava registros de quem estava ao redor. Sem tanta precisão, como se fossem fantasmas. Gente de pé, sentada, no chão. Alguns se mexiam, outros estavam imóveis. Sua audição estava comprometida, mas ela podia ouvir gritos e choros abafados. Tirou o boné, jogando-o longe. Depois a camisa azul aberta.

Onde estava Max? Onde estava MC?

Ela sabia que precisava se recompor rapidamente, colocar a cabeça para funcionar, mesmo com todo o sofrimento e confusão. De repente, alguém segurou seu tornozelo com força.

Zima gritou de dor.

"Puta!"

Era a voz de Max.

O registro fantasmagórico mostrava seu corpo deitado no chão.

Mesmo usando o olho biônico, como Max tinha certeza de que era ela?

Zima estava perto o suficiente para chutá-lo. Mas ela não conseguia sair do lugar, a pressão no tornozelo era demais, algo sobre-humano.

Quer dizer que o desgraçado tinha a mão biônica, provavelmente, as duas.

Max poderia apertar tanto o tornozelo a ponto de arrebentar carne e osso, quem sabe até separar pé e perna.

Então ela ouviu um tiro. Max gritou. O tornozelo foi liberado.

Zima puxou a perna com tudo, para se afastar o máximo possível de Max, mesmo sem enxergar direito.

Ela jogou o corpo contra uma parede. Tentava ficar de pé, apesar do tornozelo machucado, equilibrando seu peso na outra perna.

"Zima!"

Era a voz de MC. O miserável estava vivo. E parecia bem.

Ela logo conseguiu vê-lo à sua frente, o registro fantasmagórico andando, hesitante, com os braços meio estirados, segurando uma arma, ainda quente. Talvez fosse a Glock.

Ela olhou para baixo. Lá estava o registro térmico de Max, deitado no chão, mexendo-se lentamente, gemendo. O escroto estava vivo.

"Zima, cadê você, porra?"

Ela olhou para a frente, no susto.

Sua audição melhorava. Assim como a dor de cabeça. Mas estava morrendo de sede.

"Siga direto. Estou te vendo. E abaixe essa arma."

O registro fantasmagórico de MC obedeceu e começou a se aproximar dela.

Zima fechou o olho bom e passou o punho para aliviar a irritação, acompanhando com o olho biônico o avanço de MC.

"Mais dois passos", ela disse.

Ele seguiu adiante.

"Estou bem aqui. Agora me dê a arma."

Ela esticou o braço. Procurou no vazio.

"Toma."

Zima alcançou o cabo da arma, o pressionou, sentiu o peso da coisa toda. De fato, era a Glock. Pelo menos, uma boa notícia.

Depois segurou o braço de MC e o puxou. Ela podia vê-lo com o olho bom, todo sujo de poeira. Os ferimentos pareciam ser os mesmos de antes, nada grave. Ele não usava mais o boné. Ela nem quis saber como o infeliz conseguiu encontrar a Glock e acertar Max.

"Você está inteiro, cara?"

"Acho que sim." Ele tossiu. "A cabeça dói. Não consigo respirar direito. Tirando isso..." Tossiu novamente.

"Que porra aconteceu aqui?"

"Não tive escolha."

"Que merda você fez?"

"Agora a gente pode se mandar. De nada."

Zima tossiu. Aquela discussão era inútil. Ela precisava ser objetiva. "Qual o próximo passo?", ela perguntou. Foi um baque para seu ego.

"Tenho um carro lá fora, pronto para sair da cidade."

"Está perto?"

"Sim. Ao lado do restaurante."

"E ele não foi junto com toda essa destruição?"

"Não."

Ela não tinha escolha. Sua moto estava numa ruazinha mais distante. E, com o tornozelo machucado, não conseguiria correr até lá, muito menos pilotá-la.

"Quer dizer que você vai ser nosso piloto de fuga..."

MC sorriu.

A vontade de Zima era de dar um soco na cara dele, derrubá-lo no chão, pegar as chaves do carro e fugir.

Ela seguiu na frente, mancando. O corpo estava quente. A dor ainda era suportável.

"Está machucada."

"Nada demais. O puto do Max agarrou meu tornozelo."

"Por falar nisso. Tu conhece aquele cara. Ele era seu namorado?"

"As únicas coisas que você precisa saber são: ele tem mãos biônicas e vai com a gente."

"Ficou maluca?"

"Ele pode ser nossa única chance de chegar até o carro. Não sabemos o que tem lá fora. Quantos homens, usando que tipo de armamento. Precisamos dele como escudo."

Zima esperou mais alguma palavra de MC, que não veio.

Ela foi em direção à leitura fantasmagórica de Max, ainda no chão, mexendo-se pouco. Podia ouvi-lo gemendo, em meio a gritos e choros.

Num instante, a leitura térmica ficou mais fraca. O ar começava a se tornar menos denso. Ela podia ver Max cada vez melhor, apesar do olho irritado. Ela não sabia se aquilo era de fato uma vantagem.

Aproximava-se de Max, com a Glock apontada.

De repente, ele levantou a cabeça, encarando-a, como se já a esperasse. O olho bom cheio de fúria. Mas ele logo teve de fazer outra cara feia, de dor.

Onde MC o acertara? Não dava para perceber ainda.

Zima parou. MC também, logo atrás.

Ela estava numa distância segura. Max não conseguiria agarrá-la novamente, nem que reunisse suas últimas forças, nem que esticasse o braço ao máximo. Ele fez um tremendo esforço para levantar a cabeça ainda mais, o rosto vermelho, as veias saltadas.

Então sorriu.

"Você vai sofrer tanto na minha mão."

Depois, baixou a cabeça e bufou, como um derrotado.

O estômago de Zima revirou. Ela já tinha transado com aquele cara, já tinha sentido algo pelo puto.

Sua vontade era de dar um chute na cara dele.

Agora ela podia ver o sangue escorrendo da bota. Machucá-lo mais só iria dificultar sua fuga.

"Você tem duas escolhas. Ou se levanta e vem com a gente, e talvez viva. Ou continua deitado nesse chão, e com certeza toma outro tiro e morre."

Max ouviu tudo cabisbaixo.

Zima esperava por uma resposta. Na verdade, *a* resposta. Mas o que ela ouviu foi uma risada presa na garganta, constante e louca.

6

Edmo não podia enxergar. Por isso, ouvia tudo ainda com mais atenção.

Ele usava uma venda escura, coberta por óculos de sol, na noite chuvosa.

Nunca se acostumava àquele procedimento. Confiava em Marco. Mas a tensão era algo que não podia controlar. Estava à deriva.

Edmo nunca decidia se era uma boa ideia, ou uma grande idiotice não saber a localização do bunker de Rato.

Chegava a imaginar que, numa sessão de tortura, Marco fosse sofrer menos por ter uma resposta mais satisfatória, por dar uma informação concreta ao entregar Rato. Enquanto Edmo sofreria muito mais com sua falta de conhecimento ou meras suposições, até ser tarde demais e seus carrascos se convencerem de que ele estava falando a verdade.

Certa vez, de brincadeira, perguntou a Marco qual explicação ele daria caso uma blitz os parasse. O carona sofreria de que doença, acidente ou tragédia para convencer os policiais a deixá-los seguir ao encontro de um terrorista?

"Se algum dia, por alguma força maior, você tiver que tirar a venda, nunca mais se encontrará com Rato."

Quando Marco dissera essas palavras, quase um ano antes, Edmo ficara profundamente afetado pela solenidade do amigo.

Naquela noite, não perderam muito tempo no apartamento de Marco. Ele entendeu o atraso de Edmo, que logo matou a fome com um sanduíche de atum. Depois, foram para a garagem, no subsolo, onde estava o Monza de Marco. Ele colocou a venda e os óculos de sol em Edmo, às pressas.

"Está vendo alguma coisa?", Marco sempre perguntava.

"Nadinha", Edmo respondia, ou algo parecido.

Às vezes, Edmo sentia uma movimentação, uma corrente de ar, em frente ao rosto, como se Marco estivesse testando sua visão, seus reflexos.

Edmo realmente nunca via nada, então não podia reagir, defender-se. Preferia continuar calado.

Marco ligava o carro e eles partiam.

<hr />

"A chuva melhorou. Está mais fina", Marco disse.

"Deu para perceber. As gotas estão batendo mais fracas nos vidros."

Mas a chuva ainda dificultava o trânsito. O Monza avançava lento. O barulho dentro dele era mínimo. O desembaçador estava desligado. O ar-condicionado e o motor funcionavam suavemente. Nada de música. Edmo detestava aquele ambiente propenso a silêncios desconfortáveis, mesmo Marco sendo um velho amigo. Certas noites, seguiam para o bunker de Rato quase sem conversar.

Edmo não conseguia ver, mas especulava à vontade. Tentava adivinhar que caminho tomavam. Podia apostar que nunca mudava. O que não facilitava muita coisa.

Antes de entrar no carro, ele conferiu seu relógio digital, sem Marco perceber. Sempre ao chegar ao bunker de Rato, depois de tirada a venda, em média, tinham se passado duas horas.

No trajeto, pelos sons ao redor, dava para notar que eles nunca saíam da cidade.

Edmo tinha suas teorias.

"Não vai mesmo me contar o que tem nesse disquete?"

Edmo sorriu.

"Desta vez, você também precisa confiar em mim."

Marco deu risada.

"Ainda não acredito que Rato concordou", Edmo disse.

"Eu te falei na ligação. Ele aceitou na hora. Nem tive que dar muitas explicações. Está morrendo de curiosidade."

"Não sei o que o povo da Rede vai achar."

"Eles leem qualquer coisa escrita por Deom."

"Só uma minoria consegue diferenciar meus textos dos plagiadores de merda."

"Ainda assim, são centenas de milhares de pessoas, no mundo inteiro, em várias línguas."

Uma buzina nervosa, bem ao lado, assustou Edmo.

"Filho da puta."

"Foi uma coroa. Ela estava olhando para cá, assustada. Quase bateu no carro da frente."

Marco riu outra vez. Depois fez silêncio.

"Eu soube que duas edições de A Voz do Mestre começaram a circular", ele anunciou.

"Não me diga."

"E você continua sem ver um centavo dessas vendas."

"Paciência."

"Já te disse que a gente podia participar disso."

"Melhor não."

"O pessoal que conheço é de confiança."

"Melhor a gente mudar de assunto."

"Certeza?"

"Certeza."

Edmo sentiu um calor nas orelhas, cobertas pela venda.

"Algum dia essa redoma vai quebrar?", ele disse.

"Que história é essa?"

"A redoma que protege o puteiro mais querido do Paraíso na Terra."

"O povo daqui que não faz parte da bonança está cada vez mais cansado."

"Eu sei. Mas logo tudo é esquecido, enchendo a cara e rebolando. Fidel fez a revolução em Cuba porque os americanos abandonaram Batista. Acharam um Paraíso com muito mais puteiros para explorar. Nosso puteiro, a Joia do Nordeste, tem as mulheres mais desejadas, os cassinos mais luxuosos, minas de ferro, níquel, ouro, bauxita, não sei o que mais, e mão de obra barata para as fábricas gringas."

"Moralista de merda."

Agora foi Edmo quem riu.

"Quantas vezes já conversamos sobre isso?"

"Mas essa coisa de *redoma* é novidade."

"E nem estou bêbado."

"Depois que sairmos do bunker, vamos tomar várias Buds. Afinal, temos que comemorar. Deom está lançando material novo na praça."

"Deu até sede."

E, por um instante, Edmo esqueceu que sua vida corria perigo.

7

O Maverick V8 rasgava a Avenida Dom João VI, no bairro de Brotas, roncando seu motor, como se disputasse uma corrida com obstáculos, o que chamava a atenção de todos.

Três Kadetts pretos com vidros escuros, sirenes vermelhas girando no meio do teto e sem nenhuma identificação estavam mais atrás, também cortando o trânsito. Viaturas da Força Especial, os buldogues mais ferozes do Governo.

MC estava concentrado ao volante, usando luvas de couro e óculos de sol, objetos retirados do porta-luvas. Depois de algumas palavras quando entraram no carro, não disse mais nada, nem para xingar quem quer que fosse.

Era uma avenida estreita, mas o horário não era de pico.

Zima era uma passageira impotente. Ter que aceitar o fato incomodava mais do que a dor no tornozelo e pelo resto do corpo. Sua vida estava nas mãos de um hacker metido a piloto de rally. Tentava ficar calada, deixá-lo trabalhar. Caso enchesse o saco dele, poderia distrai-lo, fazer perder o controle da direção, então tudo estaria terminado. Só restava apertar a mandíbula, xingar baixinho e se manter firme. O cinto de segurança em v com uma faixa na cintura ajudava a prender melhor a bunda no assento, a amenizar os solavancos nas manobras abruptas e frenagens.

De repente, um entregador de pizza saiu de uma rua e entrou com a moto, a toda, na frente do Maverick.

O Maverick invadiu parte da contramão, passando entre o entregador de pizza, assustado, e o motorista de um Del Rey. Este puxou o carro para a calçada, buzinou e gesticulou para MC, que não deu a mínima.

Zima chegou a olhar para trás. O Maverick tinha os vidros claros. Ela viu o Del Rey parado com as luzes de freio acesas.

Ela aproveitou para checar Max mais uma vez, deitado no banco do carona, amarrado e com a boca tapada, tudo com fita adesiva.

O rosto de Max estava vermelho, suado, mesmo com o ar-condicionado funcionando.

Logo depois de entrarem no carro, MC disse a Zima, ainda sem o cinto de segurança, que tinha um rolo grande de fita adesiva no porta-luvas. Então Max foi obrigado a se imobilizar quase sozinho, com o Maverick em movimento. Ele executou a tarefa, sentindo dor, sob as ordens de Zima, ela com a cabeça virada para trás e o braço erguido, segurando a Glock. Primeiro, Max deu voltas de fita na parte inferior da cabeça, cobrindo a boca e prendendo o cabelo castanho da nuca. Em seguida, tirou a bota furada, a meia cheia de sangue e deu voltas de fita no pé, bem apertado. E envolveu os tornozelos. Com atenção redobrada, arma na mão e rolo de fita na outra, Zima prendeu os pulsos dele. Durante todo o tempo, Max a encarava cheio de fúria e lágrimas no olho bom.

Desta vez, não foi muito diferente.

Zima ouviu um som longínquo de helicóptero.

Ela esqueceu Max e tentou observar melhor o céu azul pelo para-brisa, tentou localizar o helicóptero, sem sucesso.

Ia comentar algo a respeito com MC, mas preferiu continuar calada.

O Maverick roncava seu motor, veloz, depois freava, queimando pneus, levantando fumaça branca, subia nas calçadas, assustando as pessoas, para acelerar novamente, encontrar brechas no trânsito, obrigar os carros na contramão a parar e dar passagem a MC, que buzinava, buzinava e buzinava quando achava necessário, cada buzina se misturando ao som das sirenes dos Kadetts lá trás.

Zima estava louca para xingar MC, dizer como ele era um cretino inconsequente exibicionista. Mas a verdade era que eles estavam progredindo.

Ela sabia para onde iam. Assim que partiram do restaurante, MC logo respondeu a sua pergunta, olhando para a frente, como um robô sem a voz metálica: "Igreja Matriz. Bonocô. BR-324".

O trajeto do restaurante até pegarem a estrada, para sair de Salvador, não era longo. Num dia comum, mesmo enfrentando o trânsito, as sinaleiras e qualquer eventual atraso, percorreriam o trecho em dez, quinze minutos.

Apesar de toda a tensão e as dores pelo corpo, no tornozelo, um resíduo na cabeça, as imagens da destruição no restaurante e na rua em frente, das vítimas lá dentro e lá fora, não deixavam Zima em paz. Mesmo apelando para sua consciência pragmática de ex-militar, lembrar aquele horror era inevitável e atrapalhava sua concentração.

Quando Max estava deitado no chão do restaurante, tinha dado um baita susto em Zima, com sua risada louca, como se tivesse uma carta escondida na manga. Mas a reação dele era um blefe, para irritá-la, ou um ato de desespero.

Ele queria viver. Então, aceitou os termos de Zima.

Ela fez MC procurar algo para servir de apoio para Max. MC obedeceu, contrariado.

Se Max fosse um civil, dificilmente se levantaria do chão. Mas ele era um cara treinado para aguentar a dor. Até certo ponto, óbvio. Mas Zima já o tinha visto suportar muita coisa.

MC surgiu com uma vassoura.

Max teve de se levantar sozinho, bufando e gemendo, com lágrimas no olho bom e baba escorrendo pelo queixo. Para ficar de pé, segurou firme na mesa onde estavam antes, virada de lado.

Ensaiou dizer alguma coisa para Zima, sisudo, mas acabou desistindo.

MC entregou a ele a vassoura, cauteloso.

Apontando a Glock, Zima obrigou Max a seguir na frente,

apoiando-se com as mãos na vassoura, mancando, devagar, o sangue escorrendo da bota, deixando um rastro. Ele estava ridículo. Andar daquele jeito era um peso maior à sua humilhação. Mas Zima só estava preocupada com que ele chegasse até o carro. Ela se mantinha às suas costas, mancando menos, a uma distância segura, que permitisse usá-lo como escudo e proteger-se de qualquer investida dele. Max poderia usar a vassoura como arma? Sim. Era um risco para ambos.

MC os acompanhava, bem próximo de Zima.

Enquanto caminhava, ela pôde dar mais atenção ao seu redor, ver exatamente de onde vinham os gritos e o choro que atormentavam seus ouvidos.

Clientes e funcionários estavam desorientados, feridos ou mortos. Gente sangrando, deitada no chão, escorada nas paredes, sentada em cadeiras e de pé. Havia corpos estirados, em posições artificiais, como se fossem manequins completamente vestidos, de sapatos, perucas e com pernas, braços ou pescoços tortos.

Zima teve de respirar fundo para não perder o controle. Nos tempos de exército, ela vira coisas piores. Mas, naquele dia, não estava preparada para encarar a cena. Acima de tudo, por se sentir responsável. Tinha dito a si mesma que, caso fosse preciso, mataria todos ali para escapar viva e inteira, para revelar a verdade. Agora não tinha tanta certeza do que estava fazendo.

Por um instante, chegou até a pensar em dar um tiro na nuca de Max, depois virar-se para trás, dar outro na cara de MC e finalmente colocar a Glock na boca e disparar.

Mas, em seguida, o instinto de sobrevivência, reforçado por oito anos de serviço militar, sacudiu sua cabeça. Que idiotice era aquela? Que papo era aquele? Foco, soldada, foco!

Zima levou um susto. Uma mulher saiu do restaurante correndo e chorando, com metade do rosto coberto de sangue.

"Você, pare! No chão!", um homem gritou lá fora.

Zima deu dois passos para o lado, a fim de ter uma visão melhor da abordagem, enquanto avançava junto com Max e MC. Um sacrifício a mais para seu tornozelo.

A mulher estava de pé, parada, trêmula. Mesmo sem ver seu rosto, Zima sabia que estava perdidinha.

"No chão! Agora!"

Então a mulher obedeceu. Com certeza, o homem tinha uma arma apontada para ela.

"Braços e pernas abertos."

Chorando mais e ainda mais trêmula, ela deitou na rua do jeito que mandaram. Forçou o pescoço para manter a cabeça longe do asfalto, na certa, quente.

Zima não conseguiu ver quem era o autor das ordens.

Boa parte da entrada do restaurante estava intacta. Porém no lugar das três janelas frontais agora havia um enorme buraco. Mesmo assim, não dava para ver nenhum dos homens de Max.

Ele estava prestes a sair dali de dentro, apoiando-se na vassoura, mancando, meio curvado, resmungando alguma coisa. Zima ia logo atrás. E pelo barulho dos passos no meio da destruição, MC a acompanhava.

O coração de Zima estava acelerado. A sede deixava um ranço na boca. Ela sentia calor. Sabia a localização do carro na rua. O passo a passo da fuga, acertado com MC, não era difícil de seguir, na teoria.

Depois de tantos anos, Zima voltou a sentir o aperto no estômago antes do combate.

———

A Igreja Matriz estava perto. Mas, pelo seu ângulo de visão, Zima não conseguia enxergá-la ainda. Havia prédios e comércios atrapalhando. A Igreja ficava à sua direita, a cerca de quinhentos metros, em frente a um cruzamento, sem sinaleiras.

Zima ouviu a sirene de um dos Kadetts perto demais. Então sentiu o impacto da batida no fundo do Maverick.

"Filho da puta", MC resmungou, alto o suficiente para Zima escutar cada palavra.

Ela se sentia na obrigação de olhar para trás, mas a intensidade das dores a fez desistir.

O trânsito na faixa deles estava fluindo, numa velocidade aceitável em circunstâncias normais, mas de jeito nenhum naquele sufoco.

MC passou para a contramão, aproveitando a pista livre. Mais adiante, um Chevette segurou o trânsito ao forçar a saída de uma vaga na rua.

MC acelerou. O Maverick roncou. Zima se retesou no assento, sentindo a gravidade jogar seu corpo para trás. Apertou os dentes. Pensou que fosse quebrá-los.

O Maverick estava agora cara a cara com o Chevette, este em movimento, os carros atrás retomando o ritmo.

Zima pôde ver nitidamente o espanto do motorista do Chevette.

Ele não tinha muito o que fazer, encurralado pelos carros estacionados de um lado, carros e um ônibus seguindo do outro, carros na traseira e o Maverick avançando com tudo, roncando, na contramão.

O motorista olhou para a calçada. Zima o acompanhou. Havia um espaço vazio em frente ao portão da garagem de uma casa.

"Não, seu imbecil, não", ela resmungou.

O motorista do Chevette acelerou e tentou encaixar o carro na *vaga*.

De repente, criou-se uma pressão dentro do Maverick.

Com sua visão periférica, Zima percebeu MC mexer as pernas com agilidade, reduzir a marcha para a primeira ou a terceira, girar o volante para a direita e puxar o freio de mão.

Desta vez, a gravidade jogou o corpo de Zima para o lado, para a esquerda. Ela foi obrigada a ficar observando MC, o puto, executar aquela loucura.

O Maverick rabeou, guinchou, fritou pneus, levantou fumaça, até a porta de MC bater na porta do motorista do Chevette.

Dois segundos depois, o Kadett na cola bateu de frente na lateral de Zima, entre a porta e o pneu.

Zima estava atordoada. A Glock tinha caído no chão. Ela precisava pegá-la de volta, urgente. O rosto doía, como se tivesse levado um soco. Mesmo grogue, ela procurou agir o mais rápido possível. Organizar as ideias. Colocar as prioridades em ordem.

Ela dobrou o corpo para frente, mas foi travada pelo cinto de segurança. Tinha se esquecido dele.

"Merda."

Às pressas, acionou o botão no centro do prendedor. Três tiras se soltaram. Uma ficou presa à circunferência cromada.

Afastou as tiras do corpo. Quase num ato de desespero, dobrou-se novamente, tendo o cuidado de não bater a cabeça no painel. Enquanto procurava a Glock, tateando o chão, frenética, virou para o lado.

Apertou o olho bom para enxergar melhor.

Dois homens de Max já estavam na rua, de pé, parados, segurando suas M4 à altura do rosto. Lá estavam eles usando suas roupas de assalto pretas e óculos de sol, sem capacetes, como na porta do restaurante. Mas Zima não reconheceu aqueles dois. Ainda não conseguia perceber se tinham olhos biônicos ou qualquer modificação corporal. O que estava visível se parecia com pele humana.

"O motorista! A carona! Saiam do carro, agora!", um cara barbudo gritou.

Os dois sujeitos tinham surgido das portas traseiras do Kadett, que ficaram abertas. Os outros dois carros com suas sirenes vermelhas girando pararam mais atrás.

Zima estava imóvel. Tinha encontrado a Glock.

"Saiam do carro, agora!"

Zima podia ouvir MC gemer, mexer-se no banco de couro, até xingar baixinho.

E o que Max estava aprontando, tão inerte, ausente? Ela conseguia ouvir sua respiração forte pelo nariz.

Zima queria verificar como realmente estavam. Mas os olhos continuavam fixos no desgraçado barbudo com ela na mira. A cara do sujeito estava suja de poeira e havia sangue seco na testa. Sem dúvida, consequências da explosão.

Pelo armamento e posição dela e dele, havia uma grande chance de ela morrer sem dar um tiro sequer. Seu olho biônico não servia para nada naquele momento.

Sua única vantagem era Max. Por isso, ela, MC e o Maverick ainda não estavam cheios de buracos de balas.

Mais cinco homens chegaram, apontando suas M4.

"Zima", MC disse, ainda sem muito vigor. "Vou ligar o carro."

Ela levou um choque. Foi do ceticismo à esperança ao ceticismo novamente em segundos.

"Tem certeza?", o tom era severo, ela não tirava os olhos dos homens de Max.

"Há um espaço. A gente não tem muita escolha."

"Último aviso! Saíam do carro, agora!"

"Tive uma ideia", Zima disse. "Quando eu gritar *Vai*, você arranca."

"Ok."

Zima percebeu Max se remexer no banco traseiro.

Ela decidiu que, se fosse viver ou morrer, seria à sua maneira.

Levantou o corpo devagar. Trocou a Glock de mão, virou a cabeça para trás e encostou a pistola na barriga de Max.

"Fique sentado."

Ele a encarava, pálido, todo suado, respirando forte pelo nariz, o peito subindo e descendo, como se fosse ter um ataque de raiva, apesar de sua condição debilitada.

Pela segunda vez naquele dia, os dois enfrentavam a mesma situação. Mas agora ele não tinha como rir.

Era humilhar-se mais um pouco ou morrer.

Então ele fez um tremendo esforço para, lentamente, erguer a parte superior do corpo. Até conseguir sentar, no meio do banco traseiro, com as pernas dobradas.

Zima continuava de olho nele. E não perdeu tempo. Pressionou as costas contra o encosto do assento, trocou a Glock de mão outra vez e a apontou para a cabeça de Max.

Em seguida, girou o pescoço com dificuldade. Ela queria a ver a reação do bando lá fora.

E não é que aqueles sujeitos metidos a fodões ficaram inquietos? Dois ou três até baixaram as armas alguns centímetros.

De repente, o cara barbudo levou a mão ao ouvido. Sem dúvida, alguém se comunicava com ele. Algum superior transmitindo novas ordens. Um observador privilegiado? Talvez acompanhando a operação do helicóptero? Zima não estava nem um pouco interessada em descobrir.

Ela se virou para MC, que estava sem os óculos de sol.

"Vai!"

MC girou a chave na ignição, mexeu nos pedais e no câmbio. O Maverick roncou, provocando uma tremenda barulheira num instante. Os pneus traseiros começaram a rodar e a cantar alucinadamente, mesmo com o carro parado, formando uma cortina de fumaça branca.

O Maverick teve uma dificuldade inicial, preso entre a lateral do Chevette e a frente do Kadett, mas conseguiu se soltar, ganhando velocidade.

"Fogo!", o cara barbudo disse e começou a atirar.

Os outros homens o acompanharam.

Enquanto o fundo do Maverick era atingido, o vidro traseiro estourado, o carro passou no espaço que havia entre o próprio Chevette e o ônibus na outra faixa.

Zima pensou que o Maverick ia entrar com tudo numa locadora de vídeo. Ela tentou se segurar como podia, sem o cinto de segurança e com a Glock presa debaixo da coxa.

Então MC virou o carro para a esquerda e Zima não acreditou no que via. A faixa estava livre o suficiente para eles avançarem.

Quem estava na faixa já tinha ido embora. E os carros do outro lado estavam fazendo a volta para escapar da confusão. Isso deixou o cruzamento livre.

Não estavam mais atirando no Maverick.

"Se segura", MC disse.

O Maverick chegou à porta da Igreja Matriz e fez a curva em alta velocidade, passando pelo cruzamento, entre um Escort parado e um Opala pegando a pista contrária.

MC deu um gritou que assustou Zima. Uma comemoração que saiu do fundo da garganta.

Zima chegou a sorrir para si mesma. Agora eles podiam descer a ladeira que levava à Avenida Bonocô e à BR-324. Mas logo em seguida ficou séria. Ela ainda ouvia o som do helicóptero.

8

Acionar modo de gravação.

O Maverick corre pela estrada. Mas não dá o seu melhor. As batidas nas laterais e no fundo, os buracos de balas e o vidro traseiro estourado comprometem sua estabilidade.

Com certeza, você não vai entender tudo o que eu disser aqui. Em parte, essas palavras são para você. Em parte, para mim mesma. Enquanto o mundo pensa que estou em silêncio, eu falo.

Faz uns dez minutos que não ouço o som do helicóptero nem das sirenes vermelhas dos quatro ou cinco Kadetts.

Da última vez que virei para trás e usei a função telescópica do meu olho, aproximando a imagem de carros e caminhões, transformando quilômetros em metros, metros em centímetros, não havia nenhum sinal dos putos. Desculpe. Não vou xingar mais. Prometo.

Agora divido minha atenção em dois focos. O que não é uma boa ideia. A situação ainda é delicada. Ainda qualquer erro pode colocar tudo a perder. Mas, pela primeira vez, há uma pausa em toda essa loucura.

Eu devia ter gravado e te enviado essa mensagem antes. Mas, para mim, não teria o mesmo efeito. Pensei até na insana possibilidade de ficarmos cara a cara, depois que as informações estivessem na Rede. Eu devia estar bêbada ou drogada para não pensar melhor em todas as variáveis desse plano. Principalmente, aquelas contra mim. Acho que a adrenalina não me fez raciocinar direito. Nos tempos de serviço, eu tinha tanto autocontrole. Então, de certa maneira, podemos considerar que eu estava meio grogue durante essa missão.

Fiz besteira. Mais do que isso. Fiz coisas horríveis. Estou tentando consertar tudo. Na verdade, uma parte, o que já dá bastante trabalho.

Mesmo com meu tornozelo me matando, sentindo sede e fome, e outras dores pelo corpo, paro, respiro fundo e falo com você, não importa se tão distante. Falo agora, porque depois talvez eu não tenha tempo nem cabeça para organizar essas ideias.

Como eu disse, minha atenção está dividida. Entre o perigo e você.

Agora MC está quieto. Mas, minutos atrás, ele aproveitou o intervalo de nossa agonia para chorar o leite derramado. Não parou de reclamar como ele teve de incendiar seu bunker e, na sequência, explodir o carro estacionado na rua, nos fundos da sorveteria, na calçada oposta ao restaurante. Já na estrada, ele me mostrou a caneta retrátil transformada em detonador. Um clique para incendiar o bunker. Dois cliques para explodir o carro.

No caso do bunker, fora sua queima de arquivo. Provavelmente, ele também deve ter queimado alguns homens de Max, futucando suas coisas.

E lá se foram monitores, teclados, CPUs, mouses, placas de computador, cabos, caixa de ferramentas, furadeira, frigobar, engradados de refrigerante, garrafa de vodka, pílulas, aparelhos de ar-condicionado, gerador, prateleiras, cadeiras, mesas, saco de dormir, roupas, sapatos, walkman, fitas cassetes, CDs, televisão, videocassete, fitas de vídeo, aparelho de som, pacotes de fritas e de biscoitos importados, material de escritório, de limpeza, livros, papéis, anotações... Mandei-o calar a boca. A dor no fundo da minha cabeça estava doida para fugir de controle.

Mas MC continuou.

Para ele, o pior de tudo foi perder seus HDs com informações pessoais e de clientes: textos, fotos, mapas, desenhos, gráficos, planilhas... Mandei-o calar a boca de novo.

Joguei na cara dele que ou tudo estava salvo em centenas de e-mails, espalhados pela Rede. Ou, mais provavelmente, em outros HDs, guardados num lugar seguro, um plano B.

Ele ficou em silêncio.

Assim que saímos de Salvador, virei para trás, a fim de checar o estado de Max. Mas acontece que não havia mais respiração forte pelo nariz, nem peito subindo e descendo, nem o olho bom encarando, cheio de fúria. Estava tão imóvel quanto o biônico. O corpo, coberto por cacos de vidro, sofria os solavancos da estrada sem nenhuma resistência.

"Max está morto", eu disse.

MC balançou o carro, num vacilo momentâneo ao volante.

Tentou se virar para conferir o fato consumado, mas logo desistiu. Percebeu que a movimentação de cabeça e ombros para lá e para cá era inútil.

Mexeu no retrovisor interno para tentar ver novamente. O que também não o satisfez.

Fiquei observando a cara sem vida de Max. Depois, passei o olho pelo seu corpo, balançando, comprimido no banco traseiro.

A fita adesiva envolta no pé estava empapada de sangue.

Havia uma poça de sangue nas costas, emporcalhando o banco de vez.

"Parece que ele levou tiros na lateral da barriga."

"Já foi tarde", MC resmungou.

Virei para ele, atento à estrada.

Mas fiquei na minha. Não havia nada convincente a dizer.

Ainda não conseguimos nos livrar do corpo de Max.

Estava claro que ele se tornara um peso morto assim que seus homens começaram a atirar. Alguém com a devida autoridade avaliou que aquela caçada tinha ido longe demais. Precisava de um fim imediato. Mesmo considerando os prejuízos. A perda de um agente valioso e a impossibilidade de fazer um interrogatório decente com os terroristas, que pudesse esclarecer qualquer ponta solta do vazamento de informações.

A ordem agora era destruir tudo relacionado ao caso, inclusive o motivo de toda essa correria. Os dados em minha cabeça.

Na certa, você está se perguntando por que fiz isso. Por que joguei uma carreira promissora pela janela. Por que virei as costas para a oportunidade de, quem sabe, com muito esforço, lealdade e competência, fazer parte dos quatro por cento que comandam Salvador, e todo o estado, já que o um por cento, o topo, pertence aos americanos.

Você já tinha notado algo estranho e fazia perguntas a respeito e eu sempre inventava desculpas. A melhor resposta que posso finalmente te dar é que comecei a sentir uma coceira dentro da minha cabeça. Um mal-estar que foi crescendo aos poucos e chegou a um nível insuportável. Um sentimento que eu até lutava contra, porque sabia que podia me arruinar, em todos os sentidos.

Todo mundo na Omega pensava que eu estava doente, o que não deixava de ser uma verdade. Você sabe que eu tinha fama de incansável, de ser uma gerente de qualidade que exigia demais. E que tinha de enfrentar algumas merdas sérias... Desculpe... Alguns problemas sérios para que minhas decisões fossem respeitadas em certos círculos, apesar das promoções e prêmios. Tudo porque eu era considerada uma negra metida.

Você sabia o que eu passava. E entendia quando eu sumia por uma manhã de sábado, uma tarde de domingo ou até o final de semana inteiro. Quando eu descontava minha raiva em horas de treinamento e tiro, afastada da cidade. Mesmo assim, isso não evitava alguma briga nossa a partir de bobagens.

Comecei a sentir aquela insônia, falta de ar, ataques de ansiedade, crises de choro. Sei que você tentou me ajudar. Queria eu procurasse médicos amigos seus, que me tratasse. Mas a idiota aqui achou que a melhor solução seria ir embora. Sua preocupação me irritava.

Eu lutava contra mim mesma para que meu rendimento no trabalho não caísse, que a falta de concentração e o raciocínio turvo não arruinassem minha posição. O que faria a festa dos meus inimigos. Tive conversas com meus superiores. Eu os convenci de que não era nada grave, era um contratempo passageiro, contornável.

Passei a ficar com medo de chegar perto de uma garrafa de vinho ou de um frasco de comprimidos.

Eu não sabia mais o que fazer.

Então, um dia, por acaso, encontrei um velho amigo, dos tempos de serviço, no supermercado, no corredor de massas e molhos.

Vou chamá-lo de Júlio.

Conversamos um pouco. Trocamos telefones. Ficamos de manter contato.

Acabei ligando. Marcamos para nos encontrar para tomar uma cerveja.

Eu não queria transar com o cara. E sim, falar com ele, desabafar alguma coisa. Nada que pudesse me comprometer. Mas, para minha surpresa, foi ele quem contou tudo. Do desespero que sentia antes. Da ideia de se matar.

Fiquei estimulada a falar mais. E, ao final daquela conversa, pela primeira vez em muito tempo, senti certo alívio no peito. A gente se encontrava sempre. Conversávamos sobre todo tipo de coisa. Até ríamos, relembrando o passado.

Os meses seguiram. Pude me concentrar mais no trabalho. Só que o mal-estar não foi embora, apenas se escondia. E, às vezes, retornava para me derrubar com tudo.

Uma tarde, Júlio disse que eu estava pronta para o próximo passo. Começou a me emprestar livros proibidos. Depois, discutíamos sobre eles. Uma ou outra pessoa aparecia em alguns de nossos encontros. O que me deixou nervosa no início. Acabei me acostumando a ouvi-las falar sobre assuntos que estavam por aí, na boca do povo, mas com interpretações que me intrigaram. E, finalmente, Júlio me apresentou a MC. Então, pude conhecer o mundo subterrâneo das brechas na Rede.

Meu reencontro com Júlio foi mesmo por acaso? Não importa. Nunca pensei muito sobre isso.

Seis meses depois, eu tinha voltado ao *normal*. Principalmente, no trabalho. Para total tranquilidade de meus superiores e frustração dos... infelizes de lá.

Voltei à minha rotina. O mal-estar estava em níveis controláveis. Eu conseguia dormir e tomar decisões com segurança novamente.

Mas algo dentro de mim tinha mudado. Não via mais as coisas ao redor do mesmo jeito.

Botei na cabeça que o mal-estar só passaria de vez quando eu fizesse alguma coisa concreta de fato.

Você pode achar que exagerei na minha decisão, no grau da minha atitude.

Talvez.

Fiz preparativos, tomei precauções. Hesitei. Mas acabei seguindo em frente.

Conseguir as informações não foi tão difícil. Elas estavam lá, ao meu dispor. Meu nível de acesso permitia ver e copiar cada arquivo.

MC topou encarar comigo essa missão.

Realmente não tinha como esconder por muitas horas o vazamento. Meu espanto foi terem me encontrado tão rápido. Eu sabia que para mim não tinha volta. Que só me restava sair da cidade, talvez do país. Mas não era minha intenção expor MC.

Já estavam me vigiando? Alguém da Omega tentou me dar uma chance de desistir até o último instante? Alguém me ajudou a cumprir minha extração lá dentro? Ou essas especulações não passam de pura fantasia?

Caso façam uma conexão entre mim e você, duvido muito que mexam com alguém tão importante.

Eu não iria colocar as informações nas brechas da Rede. E sim, nela inteira. Para qualquer um acessar, mesmo que por pouco tempo. Seria o suficiente para tudo se tornar público. Um impulso para que a roda do caos girasse.

Quando MC reestabelecer os contatos dele e eu tirar esse material da minha cabeça, você terá a chance de vê-lo, pelo menos, em parte. Então talvez me entenda.

Mas nem mesmo sei se você vai querer ouvir essas palavras.

Estou escutando o som do helicóptero. Preciso ir. Desculpe por qualquer coisa.

Encerrar modo de gravação

A GOTA D'ÁGUA
Daniel Grimoni

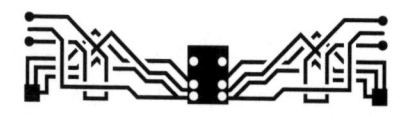

Tudo sempre teve um antes, mesmo o nada. O presente, de todas as divisões temporais, nos é a mais alheia. Nossa consciência tem afeto pelo que já passou: não se pode entrar num mesmo rio duas vezes, mas vá lá convencer alguém disso. O Milton viu o telejornal de terça-feira com as sobrancelhas quase pegadas uma à outra. E quarta-feira foi vender seus guarda-chuvas, que as nuvens anunciavam o almoço de quinta. Desde que se lembrava por gente assim havia sido. Pensar dois dias à frente era um excesso, a vida o levasse pela metade e o tempo tão pensado se perdesse; o que então? Isso o tinha feito avesso a compromissos, a encomendas pelo correio e a sonhos de vida. Ainda assim, conseguira ter para si uma esposa, Sílvia, uma casa modesta e um filho. O menino chamava-se Pedro José e tinha uns olhos que ninguém deveria ter. Miopia, astigmatismo, estrabismo, as pessoas em maioria não sabiam ao certo o que tinha, e quando o rapaz dizia, com nomes e graus, parecia uma equação complexa de números fracionados e tristes.

Naturalmente, à medida que a medicina expandiu seus domínios, surgiu a silenciosa questão de por que não melhorar a visão de Pedro José. Um teco ali, um tico aqui, o menino veria de novo, talvez até melhor do que teria visto se não houvesse nascido com problemas. Dependesse de Milton, tanto fazia. Não tinha opinião sobre os limites entre o humano e a máquina, sobre as implicações éticas de intervenções biotecnológicas dessa maneira. Preocupava-o mesmo quando não chovia por tempo demais. O menino brincava bem. Só tinha uns dois fundos de garrafa pegados à cara.

Já a mãe, Sílvia, foi de um fervor assustador quando negou mais de vez qualquer vaga possibilidade de colocarem metais nas córneas de seu filho. Na minha criança, jamé, nunca, não é possível nem noutro universo. Ela trabalhava numa vendinha de bugigangas usadas, em um dos tantos camelódromos da cidade. O que via de ferro indo e vindo todo dia era de cansar as vistas, mas sempre se perguntava que é que acontecia para ter tanta peça de implante transitando por sua tenda. Não perguntava nada a cliente, era seu lema, mas perguntava a si, em segredo.

Não era nem isso apenas o motivo de suas objeções. Eram tantas coisas mais, na verdade, que só mesmo Sílvia chegava perto de entender-se. Tinha medo de que o filho se viciasse nas facilidades, depois de seu esforço em prepará-lo para a vida, como muitos faziam e paravam já muito fora dos prévios limites, em lugares tão estrangeiros; tinha medo de erro médico, espionagem; tinha medo de que Pedro José jamais sentisse satisfeito com seu corpo da maneira que era novamente; temia, enfim, que algo se perdesse, impossível de recuperar.

Ao menino nunca perguntaram, nem ele mesmo disse sobre o assunto. Passava os anos ainda poucos de sua vida como toda criança passa. Tinha um amigo que mancava, outro que ouvia só do lado esquerdo, e mais um punhado que nada aparentavam de desregrado, mas às vezes davam a cair numa emoção, arrastados, e ninguém conseguia tirá-los dali. É assim a maneira das gentes, onde quer que se vá, e suas dores são como sinais de nascença, uns apenas tardando a vir.

Chegou então Pedro José numa tarde com uma ferida no queixo e os óculos rachados. Milton olhou-o demoradamente por cima de uma caneca de mate fumaçante. O menino não cedeu, manteve-se fechado em si, ensimesmado como fizesse birra, mas não: criança a fazer pirraça olha pelo canto das vistas todo o tempo, querendo saber a reação, querendo ver se dá efeito o que ela faz; Pedro José olhava firmemente os sapatos parados em seus pés, desolado de dar dó. Estava triste. Sílvia não sabia o que dizer, fazer, o que sentir, a qualquer momento poderia bem entrar em explosão espontânea, assim parecia. Meu filho não é disso. Coisa ruim aconteceu.

Os pais conversaram em reserva: vai ver é o óculos quebrado, disse Milton, pegaram o menino na porrada por seu defeito, vi muito

disso na minha época de colégio. Defeito é o cacete, meu filho é perfeito, respondeu-lhe a mãe. Mas sim, vai ver é isso.
– Pedro, vem cá.
O menino, arrastado vindo lá do outro lado da casa, demorou século, postou-se diante da mãe e não olhou em seus olhos:
– Eu fiz alguma coisa?
– Isso você me diz. Que é isso no teu queixo, o óculos, que foi? Brigou no colégio?
– Não, não.
– Bateram em você?
Aí o menino já não falou. Desviou mais ainda o olhar, quase o pousou bem no rosto de sua mãe, de tanto que o evitava.
– Foi por causa dos seus óculos? – disse Milton. Pedro José negou no pescoço.
Milton não perguntou mais, ficou apenas olhando o menino. Esse jeito que lhe dava de olhar os outros às vezes dava pra sentir na pele, igual tivesse um toque nesse olhar, um sufoco de esmiuçar a pessoa até que ela desembuchasse. Pedro José não aguentou. Encolhendo-se mais ainda pra dentro de seu pequeno corpo:
– Eles disseram que eu nunca vou ter jeito porque meus pais são favelados. Aí eu não deixei e bati, mas aí bateram em mim. Desculpa – disse, já quase chorava.
A mãe deu-lhe um abraço, um copo de água e botou o menino pro quarto. Sentou-se à frente de Milton e suspirou toda sua alma de uma só vez. O marido deu um gole em seu mate. Nada podia fazer.
Dia seguinte fez muito sol, nuvem nenhuma havia no céu. Milton não saía de casa a trabalho em dias como esse, e, como Pedro José estudasse e sua mulher estivesse na feira, o homem chapava o traseiro na cadeira do computador para resolver seu mais novo abacaxi. O censo havia proposto uma mudança, nada menos que natural, a quem tivesse olhos de ver: pegar todos os números identitários, o cpf, o rg, carteira de motorista, tudo, enfiar tudo na nuvem, no banco etéreo de dados, e respectivar a cada cidadão um número de endereço ip a localizá-lo em rede global. Como é com as boas máquinas. A vida ao alcance de 128 bits, para até alguns quintilhões de quatrilhões e mais de números possíveis. Havia quem até achasse

preciso nova nomenclatura para dizer-se, outro epíteto específico: um homo facio, para o homem que faz e não mais apenas sabe. Mas isso a muitos importava muito pouco. O bafafá era mesmo sobre a atual obrigatoriedade da coisa, com prazo e tudo. Dizia-se: era assunto para filósofos, guerrilheiros, tudo quanto fosse gente emitir seu juízo a respeito. E respondia-se: nada, que nada, já tem o suficiente, mesmo, sobre quem for em dimensão virtual; os reacionários é que não admitem.

Milton tinha cor demais na pele e dureza demais no rosto. A primeira coisa fizera dos anos da vida dele um grande estar atento, pisar com cautela – e ainda assim espetar-se, a todo instante, de formas que nem mesmo ele sempre percebia. A segunda coisa disto havia nascido, e junto a ela sua precoce cabeça branca e um grande esgotamento de tudo.

Não falava nada sobre, de modo geral pouco falava, como tantos que lhe compartilharam esta vida. Educava Pedro José por arredores de fala, dizendo que viu, que conheceu. À sua mulher falou no começo muitas juras de amor, disse do cinema, da geografia, do espaço sideral, mas nunca nunca falava sobre si, realmente sua dor e sua verdade, assim. Por muito tempo ela insistiu, palmeando aqui, ali. No dia em que seria gerado Pedro José, embora nenhum dos dois soubesse ainda, Milton acordou com peso de quem precisa testemunhar. Olhou firmemente para os sapatos parados em seus pés.

– A verdade é que eu fui saber que era preto quando me disseram isso, com muita raiva. Quando bem moleque eu mais olhava era o céu, e daí diante precisei olhar com as costas e desviar a vista pro chão. Essa verdade descobri tantas vezes na minha vida que meu corpo quis me fazer branco, mas parou pela cabeça.

Fizeram amor como jamais. Dela parecia partir pedido de desculpa, abraço firme no corpo; nunca mais tocou no assunto. Daquela noite, como se fosse a maneira de Sílvia posicionar-se a respeito, surgiu Pedro José em seu ventre, saído nove meses depois, preto como noite estrelada. Milton, no dia seguinte, não falava mais. Já tinha dito.

Poderia ter se lembrado dessa noite sentado ao computador, quando seus olhos encaravam sua identidade, estado civil casado, Milton Soares da Silva Corrêa – às vezes é preciso dizer uma pessoa inteira para melhor ela ajeitar no mundo. Mas não lembrava. Sua cabeça, desde que foi obrigado a pensar em si mesmo depois de tanto tempo, corria por outras linhas, labirintos. Tinha os olhos ali onde dizia casado. Nunca antes tinha ocorrido a Milton que ele era casado; ainda mais com sua Sílvia. O filho ele compreendeu bem quando pôs os olhos mesmo no bebê, lambuzado de placenta; achou-o muito mais bonito do que ele, Milton, jamais poderia ter sido, mas era tão certamente sua cria, tão inegavelmente engendrado por Sílvia a partir de sua semente, que se lhe via nas caras chorosas o mesmo choro. O momento fez Milton cair com os pés no chão depois de muito tempo flutuando; mas limitou-se a isso, estar um pouco mais, pisar um pouco mais pisado.

Seu casamento era diferente. Casara-se porque era natural se casar, principalmente quando se tem filho. Foi um ato como respirar, inconsciente, reflexo, não o registrou. Passou pelo momento como quem atravessa uma rua, e agora, encarando a identidade, perdia a sensação de chão mais uma vez, sentia-se estranho em sua própria casa, olhando seu próprio nome lia algo forasteiro. Que coisa é essa aqui dita de mim? Tudo sobre si Milton não mudaria nada. Sabia-se todo, de que era composto, ainda que não pensasse muitas partes suas.

É comum nascer em vez de acordar, levantar-se da cama recém-sido. Toda gente nasce mais de uma vez, embora preste-se atenção mesmo à primeira. Uma das vezes que o vendedor de guarda-chuvas veio ao mundo foi quando, sem nem saber, viu cantar Milton Nascimento, de sua mesma pele e seu mesmo nome. Nunca chegou a perguntar a seus pais o motivo de seu batismo nestas seis letras, mas fosse esse homem não estranharia, tanto se assemelhavam em, talvez, alma; ele não sabia. Sentado no sofá de um amigo, olhos vidrados na televisão, grato aos céus pela invenção da fotografia, não conseguia acreditar. Rebentava a voz naquele homem como uma manifestação de Deus, vibrando-lhe os lábios grossos, envolvendo-lhe a alma, fechando seus olhos, e frente a esse espetáculo humano Milton arrepiou-se tanto, todo, por inteiro.

Seria matéria de boniteza apenas, coisa carnal? Não sabia, mas o calafrio permaneceu em seu corpo, carregou-o Milton pelas ruas. Perdidamente apaixonado, não sabia como poderia ser possível ferver o sangue por um e por outro, por ele e por ela. É que já havia

Sílvia a esta época. Dela muito gostava, jamais desertou, mas aquele homem o havia colonizado, e Milton passou o resto de seus dias atento à sua semelhança pelas ruas, desejando em secretas luxúrias. Assim casou, assim teve filho.

Chegado o dia: atendeu ao cartório, no horário agendado, para transformar-se em computador. Ou assim era como. Um número ip, além de dizer de si coisa virtual, é único em todo o mundo. Isso disse o atendente a ele, meio a um punhado de explicação. Sentiu-se feliz neste ponto, até. Queria dizer que não haveria outro dele próprio, e isto o tornava especial demais na terra, único, veja só, se existiam tantos homens, tantos vendedores de guarda-chuvas, tantos maridos e pais, mas ele, ah, ele era. O atendente pediu-lhe os documentos:

– Identidade, cpf, carteira de habilitação, certidão de nascimento, casamento, carteira de trabalho, comprovante de residência, passaporte, caso tenha, pelo menos um exame sanguíneo, comprovante de conclusão do ensino fundamental, médio e superior, caso tenha, é isso, fora o que o senhor já me entregou.

Milton passou adiante toda a sua vida ao atendente, folhas tantas, olhando-as conforme eram sugadas pelos feixes luminosos da fotocópia. Ele não era muito velho, mas sentia-se deslocado. A tecnologia, de certa forma – em sua difusão brilhosa, em sua ascendência serial de modelos após modelos maiores e melhores, em suas pontas-de-linha, enfim, desde a impressão 3D aos implantes biotecnológicos, à engenharia genética, desde mesmo a história da Apolo 11 e as pegadas na lua, coisa antiga – sempre lhe havia sido marginal, ou ele a ela, como parentes distantes. Tinha celular, computador, um ou outro autômata simples a seu serviço, do tipo vem programado e liga sozinho, mas raramente teve tempo ou recurso a aprofundar nessas coisas. Não cabiam, dentro dos corriqueires, a vendedores de guarda-chuvas, bem como à maioria da gente. Mesmo nos dias em que não chovia.

Assim sendo, quando o atendente, em sua contínua ladainha explicativa, disse-lhe que agora todas essas informações estariam em nuvem, e que Milton não mais precisaria se preocupar caso perdesse nenhum desses papéis, o pobre homem olhou ao céu claro de olhos apertados e desgostosos. Talvez perguntasse ao atendente como alcançá-los ali em cima se a oportunidade não se roubasse a ele: porque o murmurinho que ali corria, típico de repartição pública – indistinto antes há pouco, quase como o ventilador ou o tec-tec-tec dos teclados – aconteceu de explodir. Arremessaram um sapato contra a cabine de uma atendente, onde resvalou, e antes de alcançar o chão já não se podia entender mais nada, eram gritos e empurra-empurra e as pessoas todas amontoando para ver o quiproquó, os seguranças humanos olhando sem entender, os dispositivos de segurança mecanizados analisando sem pontuar. Saiu um homem da fila, raivoso e com um sapato a menos nos pés, e foi-se embora mancando. Os atendentes é que continuavam tranquilos, blindados por fora e por dentro.

– Seu endereço é este aqui, seu Corrêa – e Milton pegou um cartãozinho amarelo com chip, onde se lia, apenas, em fonte corporativa, seu ip, nada mais, esta uma coisa, e o atendente continuou –; caso haja o extravio do cartão, a segunda via será gratuita em qualquer cartório, basta informar o número que o senhor leu agora; caso haja novamente o extravio do cartão, o senhor deverá procurar o guichê de terceiras vias e pagar uma multa, a ser calculada conforme sua renda mensal, caso seja fixa, caso contrário será feita uma média a partir das suas doze últimas declarações; caso o senhor não se lembre de seu número nem possua maneira alguma de informá--lo a uma autoridade, o senhor será submetido a um processo penal. Tenha uma boa tarde, e por favor avalie o atendimento na saída.

Milton caminhou a passos pequenos em direção à saída. Esquecera sua bolsa no chão. Avaliou em cinco estrelas seu atendimento. Pensou sobre renda fixa mensal.

Chegado a poucos metros de casa, com a cabeça superpovoada e o corpo cansado, viu sua esposa estourar pela porta da frente gritando que havia sido a gota d'água. Passou por Milton dizendo coisa atrás de coisa e sumiu sob o sol forte das três. O homem coçou as barbas ralas e entrou em casa. Pedro José olhava pela janela. Disseram oi.

– Que houve com a sua mãe?
– Ela tá chateada.
– Com você?
– Acho que sim.

Milton olhou em pergunta. Dessa vez o menino nem se demorou, já tinha resignado.

— A gente foi fazer um lanche e na hora da oração eu pedi pra ganhar olhos novos, que nem o pai do Toninho ganhou a perna robótica dele lá. Aí a mãe apertou minha mão forte, mas não disse nada. Não deu um segundo do amém e ela levantou da mesa e foi embora falando um monte de coisa.

Suspirou, sentou-se à mesa e mordiscou o sanduíche largado pela esposa. Só falando com os céus mesmo, se fosse saber onde ela teria se metido agora; mas seu coração pesava pelo que ouvira.

— Pai do Toninho, é?

— Isso — disse o menino, que já se tinha distraído olhando pela janela. — Ele perdeu a perna num acidente há uns dois anos, mas aí ele fez uma cirurgia e colocaram outra perna nele. O Toninho me disse que tinha um outro jeito também, de reconstruir a perna dele pra ficar uma perna normal, mas que isso levava bem mais tempo. É um negócio bonito de ver, pai, faz um monte de coisa aquela perna nova.

Milton olhou o filho e ele sorria, animado por inteiro. Combustível para qualquer um, sorriso desses, Milton e sua esposa tanto andavam cidade adentro todo dia não era à toa. Logo entanto morreu o sorriso. Pedro José espaçou os lábios, buscando as palavras certas nos espaços da carne macia.

— Pai, me leva no hospital pra ver se lá eles colocam olhos também? Por favor. Só pra gente saber mesmo.

— Levo, mas nunca sua mãe vai saber disso.

Cada pessoa poria a mão no fogo, nadaria de Portugal às Índias, mentiria no juízo final de pés juntos e mão no coração por uma coisa neste mundo; a de Milton era seu filho. Pergunta idiota, esta do menino que levaria nas costas até o horizonte se pedisse. A coisa é que Milton já sabia a resposta. Comeram o lanche, cobriram as cabeças e saíram porta afora.

Na rua o trânsito transtornado como era costume. Milton tinha Pedro José de mão dada. Existia um hospital não muito longe de onde moravam, do outro lado do viaduto, ir a pé não cansava; mas existia também uma fila de gente neste dia que contornava quarteirões. Em pé ficaram, pelo tempo que foi necessário a chegarem à recepção do complexo hospitalar. Ali, a atendente, de alguma maneira, antecipou-lhes qualquer palavra e já saiu entregando os respectivos formulários de informações e custos, os exatos que necessitavam. Milton os analisou, impassível. A funcionária tinha os dois sob seus olhos. Lidos os papéis, virou-se para seu filho e deu-lhe as informações mastigadas. O menino perguntou se isso era muito dinheiro.

– Mais do que seu pai e sua mãe jamais poderiam pagar nessa vida – respondeu Milton.

A mãe talvez dissesse de outra forma; mesmo a atendente, detrás do abismo emocional que impunha, necessário ao tipo de função sua, não se negou a ouvir a frase surda e sentir-se um pouco, querendo poder e tendo as mãos atadas às costas. O filho, entanto, entendeu bem. Engoliu seco, limpou os óculos e tomou a dianteira do pai em direção à saída. Não queixaria as dores a ninguém.

Chegaram a casa era já noite criança, uma estrela ou outra no céu, a lua brilhando alta. Não havia ainda sinal de Sílvia. Ela só foi dar as caras quase uma hora depois, largou a bolsa no sofá da sala e pegou para si um pouco de café com leite; era de seu hábito, nos dias puxados, uma caneca de café com leite. Beijou a testa do filho quando o menino veio abraçar, sentou-se ao lado do marido e puxou conversa entre os goles pequenos.

– Hoje tinha um punhado de gente na rua, cê viu? Teve até confusão séria na feira.

– Séria?

– Tentaram roubar um caminhão que carregava um monte de galão de água, né. Mas os caras; ah, sim, eles tinham uma picape dessas grandonas, queriam encher ela; mas aí eles rapidinho se escaldaram com a atenção que atraíram e meteram o pé. Só que antes disso eles fizeram o quê?

– O quê?

– Derrubaram o caminhão, né. – Milton até desligou a televisão. – Isso tudo me contaram, eu só vi mesmo aquele monte de gente amontoada entrando no furdunço de mão vazia e saindo com um galão.

– Caramba. – E digeriu, por uns segundos. Daí: – Hoje eu fui resolver a história da identidade.

– E aí?

– Agora eu sou esse número aqui, olha só – e mostrou –; mas lá no cartório também teve caso, voou sapato na cabine, gritaria e tudo mais.

Milton meditou um pouco as próximas palavras, pesando.
— Ainda vi uma fila enorme pela rua, ali perto do hospital — disse.
Sílvia fechou, igual tranca. Levantou sem dizer nada, andou sem pés nem pio até a porta do quarto de Pedro José e olhou; o menino jogava algum videogame; voltou igual, puxou um banquinho à frente de seu marido e olhou-o bem.
— Sobre isso: o negócio tá ficando complicado, Milto. Sabe que fila era essa no hospital? Era gente esperando socorro pra tratar de implante biônico que deu problema. Os caras cobram teu rim no hospital, aí você vai pra um médico, chamam de extraoficial, né, e ele faz bem mais barato; o negócio funciona, sempre deu certo; mas ultimamente dá umas semanas, uns meses, primeiro a parte para de responder, depois teu corpo começa a rejeitar, né, é que nem transplante de órgão. E se não tiver atendimento médico, bem, é o fim de uma vida.
Os dois pensaram em seu filho, ternamente, mas à sua própria maneira, que só mesmo a longa linha do passado explica. Sílvia olhava o cartão quando Milton se pronunciou.
— Esse cartão, você já fez o seu?
Parecia mudar o assunto, mas não.
— Não fiz e nem vou fazer — disse ela.
— Mas por que não?
— Nem eu nem muita gente que conheço. Se liga, Milto, isso dos implantes ruins, a informação que corre pelas ruas é que isso veio aí do alto, do governo, né, das cadeias hospitalares, mandaram um lote ruim de propósito, pra sabotar o mercado ilegal e pra ganhar dinheiro em cima dos tratamentos, mandando pra vala quem não pode pagar como efeito colateral. Acha que eu vou pegar tudo que sei da minha vida e mandar pra eles, os mesmos, colocarem numa nuvem? Nuvem tem que ficar no céu cheia de água, isso sim, como Deus fez.
— Posso concordar — gracejava.
— Viu, é isso. A gente também, meu bem, como Deus fez. Aí veio nosso filho pedir pra enfiar esses negócios nas vistas, Milto? O menino enxerga mal, mas pelo menos ele vive. Imagina se eu ia ficar quieta? Fui pra rua resolver a situação na mesma hora, você só não veio comigo porque ainda chegava, senão eu te arrastava pelo braço.

Essa fala última de Sílvia retumbou na cabeça de seu marido, fez ecos infindos, voltou à língua; e disse a língua, apalpando as letras: tem caroço nesse angu.
— Calma aí, calma lá. Que história é essa, Sílvia? — Sua mulher caía lentamente em si, percebendo-se os excessos. — A informação que corre pelas ruas? Desde quando você sabe o que corre pelas ruas, Sílvia? Que muita gente você conhece, Sílvia, você nem conhece gente! Agora chegou tarde da noite em casa, falando de implante, de conspiração? Onde você foi hoje à tarde? De onde vieram essas coisas que você me disse agora?
Os momentos revelatórios de uma vida se passam num tempo diferente, dentro da pessoa que leva esta vida, que carrega-se nela. É o fenômeno de que muito se fala na língua cotidiana, quando se diz ver a vida passar diante dos olhos. Sílvia pensou em muito diante àquelas perguntas. Nem mesmo ela entendia o que lhe passava, mas soava muito como um bater de pé, fosse para Milton ou para ela própria. Nunca, antes, impusera opinião em seu marido, acima de qualquer outra pessoa. Agora, arrastá-lo, foi o que disse? Ergueu os ombros e o nariz, inspirando ar, expirando as tripas.
— A verdade? Eu saí pra resolver as coisas. Nem sei onde fui parar, homem, mas sei como, e foi por ter colocado nosso filho num mundo que era pra ser todo dele, e não pra fazer dele um infeliz, meio homem meio coisa, odiando quem é. Não botei filho no mundo pra isso. Tem muita gente que não gosta nem um pouco dessa história toda. Esse cartãozinho aí que você fez? Por conta dele a gente vai pôr abaixo um galpão essa sexta-feira.
— Quem é a gente?
Sílvia levou a mão à testa, gesto de cansaço. Parecia transformada de dentro para fora, outra Sílvia.
— Não sei como você pode se importar tão pouco, Milto. Ou você não viu o que teu filho pediu pra gente? Ou você não reparou há quanto tempo não chove?
— Olha, tenho mais coisa na minha cabeça, é só isso.
A mulher ficou irritada, raivosa toda. Outra-outra Sílvia.
— Que coisa que você pode estar fazendo de importante, mais que isso? Trabalho não é, é o que então? Coisa importante nada. É comodidade que você tem.

– Pela primeira vez, veja você – começou, e apontou à mulher um dedo –, pela primeira vez em muito tempo o que me importa sou eu.

– Como assim, Milto?

– Eu não amo mulher, Sílvia.

Ela falava nada, nada esboçava.

– Faz anos eu levo um frio no estômago por causa disso e só agora, Sílvia, só agora vi por que meu sangue não é que nem o de todo mundo, vermelho, só agora lembrei de mim. É porque eu me perdi lá atrás, entende? Dando muito ouvido, sempre, sempre. Parece que eu fui empurrado no escuro pela vida quase toda sem nunca meu coração bater mais forte. Acho que não dá mais.

– Benza-me Deus.

Levantou-se da cadeira, ruborizada, vermelha nas bochechas e nos olhos de tanto que sentia nem sabia o quê, raiva, dores de amor, um desespero.

– Só me faltava essa mesmo, te amei a minha vida inteira e você era viado? E você sabia e nunca disse nada? Ou não sabia? – Olhou, tremia toda. – Isso é mentira, Milton, que você me disse a minha vida toda, era mentira que saía da sua boca e nada além? Você já me amou de verdade? Ou nunca fiz teu coração bater mais forte? Nunca esquentei teu sangue, não?

O vendedor só pôde olhar.

– Não, não fala nada. Quem importa é você, né. Vou sair por essa porta, fazer o que precisa ser feito, e só volto se você for me buscar.

Saiu, a porta já ia quase fechada quando abriu-se novamente, devagar, e por ela entrou apenas uma voz, sem corpo nem calor.

– Você me perguntou antes quem era a gente. A gente já foi nós dois.

E sumiu, sob o céu seco. Milton sentia-se encharcado, todo, mas era de suor, era de reação corporal, espasmo do sistema nervoso. O dia, mesmo, foi seco como talvez nunca tivesse vivido um igual. Ele estivera tão absorvido na questão de si mesmo que desatentou ao seu ganha-pão: os dias passaram sem que chovesse na época de mais frequentes chuvas e quando isso lhe caiu foi como os extintos relâmpagos. A chuva tinha parado. Não se precisava mais de guarda-chuvas.

Qualquer otimista falaria em El Niño, efeito borboleta, massas de ar continentais se deslocando pela região, coisas passageiras, mas Milton estava convicto, opinião profissional: não choveria mais. Julgava seu ofício nobre e necessário, na medida em que a água que caía dos céus era sempre, inevitavelmente, há bons tempos, corrosiva, sulfúrica em cada gota. Seus guarda-chuvas eram muito bons, protegiam a vida das gentes, e sempre que o céu anunciava ele estava ali, como um soldado de guarda. Justo agora, que recobrava uma parte de si, perdia esta do outro lado, como balança, numa jogada suja de toma lá dá cá por parte da vida. O desalento tomou-o por inteiro. Deixou-se cair sobre os ossos dormentes, recostado à cadeira, não maria-mole não, milton-mole; e, sobre si, o peso de estar no mundo assim, sem sentido nem direção. O desespero irmana muitas vidas, mas disso não sabem. Levantar não fazia sentido. Apodreceriam os guarda-chuvas, as conspirações, o céu, ele próprio, tudo comida de traça.

Foram horas até sentir fome, alta madrugada. A fome colocou força nos seus músculos suficiente para que levantasse. Tateou pelo escuro sem fazer questão de acender as luzes por onde passava. Perto do final: tudo reduz a um só pontinho piscando no espaço. A câmera aproxima-se do protagonista. O ruído todo some; resta um ranger da porta, um vai-e-vem das árvores, um silêncio telefônico. Assim é.

O tempo arrastou-se. Muito havia no noticiário, desde a manhã seguinte à saída de Sílvia, sobre a seca. As pessoas culpavam as gigantes transnacionais agrícolas: primeiro teriam feito a chuva queimar, visto que apenas seus plantios resistiam ao ácido; então teriam, por fim, descoberto como levar as lavouras sem chuva alguma, ainda mais convictas em seus intentos de tornarem-se indispensáveis ao povo. Culpava-se a redução da vegetação nativa, da mata ciliar, as alterações na acidez dos oceanos, o aquecimento global, os maus hábitos dos imigrantes, Deus. A população queimava junto aos carros nas ruas da cidade. Começou a faltar água nas casas, a energia das hidrelétricas escasseou. Em nada contribuíram os primeiros conflitos judiciais acerca do cartão de identidade – eram os chipados, assim se dizia, você perdia seu cartão, esquecia o imenso número e passava um pé ao outro lado da margem social. De fato, nada de nada contribuiu; a coisa assomou aos poucos e de súbito. Onde teria sido o primeiro levante?, quem apontou primeiro?, se sabia?, não, mas ali estava o resultado, soma e multiplicação das desordens.

Milton enfim saiu de casa, nesse cenário. Era sexta-feira. Não levava consigo opinião alguma. Pedro José, o deixara com a tia, no bairro vizinho. Disse apenas que já voltava, ele e mamãe; que cuidasse bem da titia, lembrasse de sua visão ruim e fosse gentil. Pedro José assentiu de corpo e alma. Dava-se bem, de verdade, era com sua tia, cegueta como ele próprio. Riam-se de não enxergar a televisão, comiam cuca de banana.

Chegado ao lugar onde a esposa armava a barraca, todos os dias, para vender suas bugigangas, ali mesmo a encontrou, sentada sobre o meio-fio, recorte estático da paisagem urbana. Ela o olhou com sincera surpresa. Perguntou por que tinha vindo. A resposta muito simples: somos casados, ou não, disse Milton, e apontou-lhe a aliança que trazia, ainda, no negro anelar.

– Então vem comigo – disse ela, muito se sorrindo, pegando o homem e levando-o a algum lugar, mão trêmula em mão trêmula.

Entre rua e rua chegaram os dois a uma casa pequena, de muro coberto por heras. Sílvia pegou o telefone, discou um número, pediu que abrissem a porta. Abriu-a o padre Everaldo, que conduzia a missa todos os domingos desde o tempo de vovô menino, e nem ele nem Milton esconderam surpresa, não havia como. Ficaram ali, olhando-se. Quem costurou a brecha no tempo foi o padre: disparou, rápido, um sorriso acolhedor, aprendido no ofício de tocar as almas perdidas.

– Filho, como me sinto feliz em recebê-lo aqui. – Pediu que entrasse, afastando do caminhozinho a bata sagrada.

E Milton reencontrou-se com a inteiritude da igreja ali, e o buraco ia cada vez mais fundo, e logo estava de joelhos como na missa dos domingos, rogando ao santo pai o perdão aos homens por brincarem de Deus e buscarem modificar sua divina criação, dizendo de tudo um pouco em latim, em português, sendo abraçado e aplaudido por abraçar a causa, mesmo até por Sílvia, que ecoava cada nervo daquele fervor, transpassando a Milton motivações de uma força que o homem desconhecia até então; enquanto o vendedor de guarda-chuvas só fez, mesmo, para estar ali, foi fazer as juras de companheirismo do matrimônio.

O padre deu início a uma procissão, e todos em seu encalço, conspirando em latim, escondendo armas e ferramentas em mochilas, e máscaras de gás, rádios. Não encontraram alma pelo caminho, mesmo na situação atual da cidade. É Deus que nos abre as frentes, dizia padre Everaldo. Atravessaram a avenida que cortava a cidade de ponta a ponta, andaram, mais quilômetros de cruzada, chegaram ao tal galpão. Era um armazém de tudos hospitalares, ficou sabendo Milton, enquanto assistia estarrecido a padre Everaldo cortar o cercado de ferro com um alicate. Utensílios, maquinário, descartáveis, mesmo sangue, órgãos, outras biocoisas por ali transitavam em algum ponto de sua existência. Um golpe – não de misericórdia, porque isso não tinham eles ali, nem golpe final, pois a humildade é uma das mais valiosas virtudes, mas um grande golpe, sim – de Deus ao escuro novo futuro dos homens. Só Ele, mesmo, pode dar e tomar, lembrava padre Everaldo, e nós por suas mãos, mas isso aqui, isso não.

A procissão passou pela grade. Dois homens mantinham guarda à frente de um enorme portão. Um dos seguidores de padre Everaldo, um homem que sempre se sentava ao lado de Milton na missa, por coincidência saía agora também de seu lado para agarrar o padre pela bata e avançá-lo pelos metros, uma pistola apontada à têmpora sacerdotal. Gritou que ia encaixotar o padre se a porta não abrisse agora, que ia ter pedaço santo pra todo lado.

Os guardas parados, mãos entre coldre e rádio, parados, instantâneos. O restante dos revoltosos avançou passos na luz, fizeram-se notar. Mesmo o vento parou. Sílvia chegou-se a seu esposo. Ele esticou a mão em sua direção à sua, mas ela, apenas, disse em seu ouvido: amor, eles não vão abrir. E saiu à frente, sacou um revólver sabe ninguém de onde, apontou-o em direção ao céu, disparou, disparou, todos abaixaram, mirou-o certeiro em um dos guardas, o outro sacava já o rádio, Milton enfiou-se entre e no meio de tudo, desarmado, destinado, convicto a um amor que nem sabia mais se era o seu, pensou no seu filho, divertindo-se longe de tudo aquilo, pensou no homem que viu cantar e pelo qual seu sangue ferveu, pensou que não fazia ideia de qual era seu número de identificação, e foi então que o céu rasgou numa trovoada.

O vento saiu da inércia, passou pelas peles, arrepiante. Outro trovão se seguiu. Ninguém podia mais se mexer, o chão era cola, os corações motores elétricos. Gotas precipitaram-se do céu claro, nuvem nenhuma havia, mas se precipitaram, fetos de dilúvio, refazendo a face do mundo. No final, as luzes apagaram. A chuva percorreu a parede lisa dos prédios, as labaredas nas ruas, os olhos e narizes da gente. Não ardia. Dessa vez, desde há tanto, não sulfurou. Ao contrário: tudo ela lavou, carregou para dentro das ranhuras da terra sedenta.

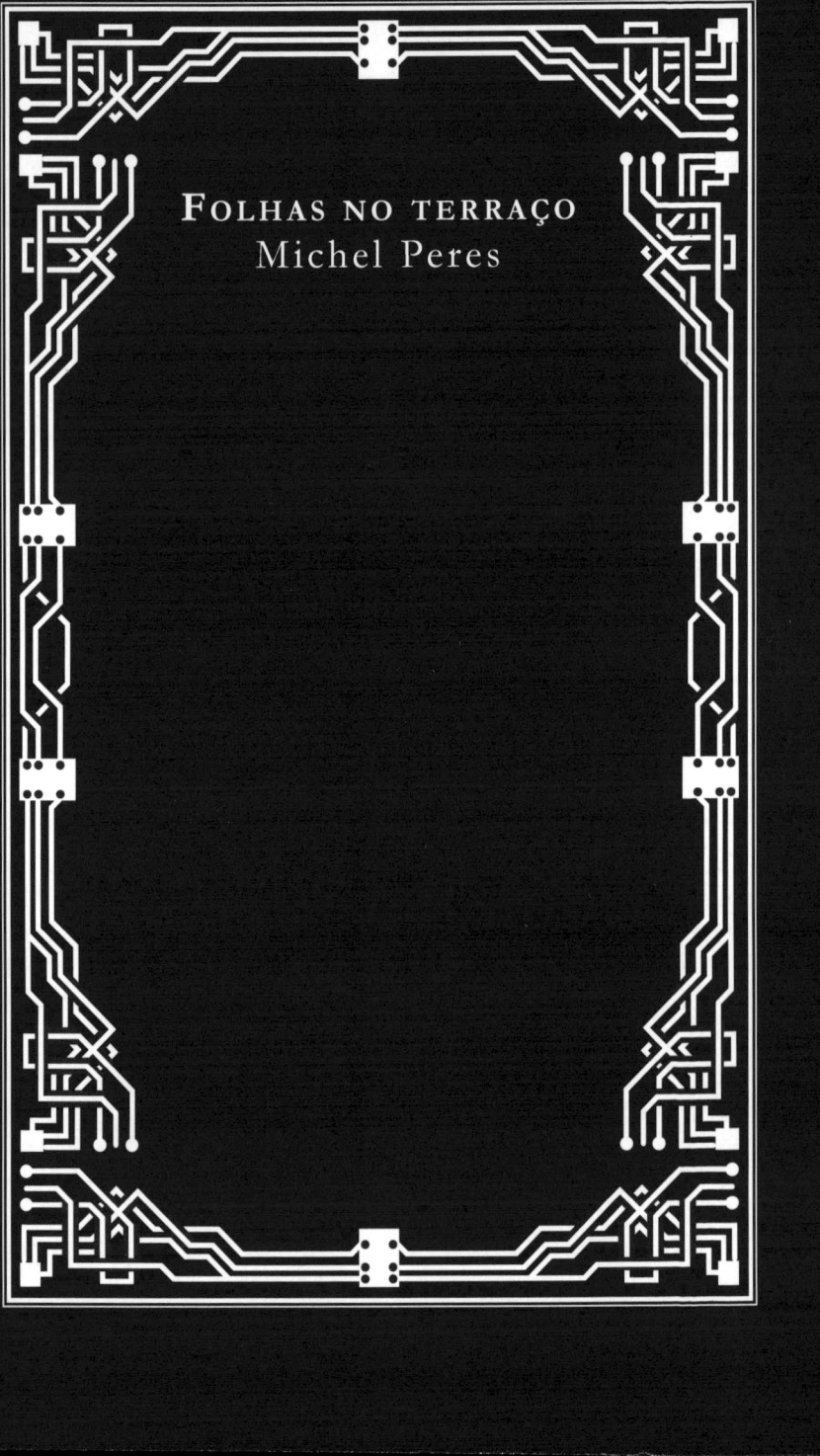

Folhas no terraço
Michel Peres

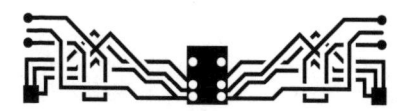

A MANSÃO NA RUA James Norton era cercada por palmeiras como uma ilha tailandesa. Grande, ela parecia uma fábrica transformada em casa, a cabeleira das plantas que escorriam do telhado formando uma cortina de folhas no terraço.

Eu tinha acabado de estacionar o Jensen do outro lado da rua. Fazia quarenta graus e eu tentava descobrir se o zumbido que escutava vinha dos mosquitos ou do drone que me acompanhava desde o momento em que eu passara pela guarita na entrada da rua.

"O senhor não vai sair do carro?" uma vozinha disse.

Virei para a janela. O drone tinha uma carcaça amarela, leitores de DNA e tranquilizantes acoplados nas laterais. Ele flutuava na altura do meu rosto, e pude ver sua câmera me analisando.

"Terminando o cigarro," falei, e voltei a encarar o para-brisas.

"O senhor tem dois minutos para sair."

Soltei um muxoxo. Caxangá era mesmo um lugar fascinante. Difícil dizer se era um bairro rico ou pobre. Ao mesmo tempo que havia mansões, havia casebres caindo aos pedaços; via-se, de um lado, um Ford Tundra saindo da garagem e, do outro, um carroceiro se despedindo da esposa, pronto para catar lixo pelas ruas. Mas essa fachada de harmonia social tinha um porém: a entrada de pessoas de fora era vigiada e todas as linhas de ônibus ou de metrô que chegavam até lá tinham sido cortadas. Para se ter mais controle, diziam. Como em outras regiões de Recife, as pessoas em Caxangá temiam a violência. A diferença era que, aqui, os moradores ricos tinham meios de se precaver. E a guarita na entrada da rua era o maior exemplo disso: servia apenas àqueles com obtinham a renda mensal "necessária".

Quando finalmente saí do carro, o zumbido se tornou mais forte. O drone deu uma gingadinha no ar, parando dois metros à minha frente, bloqueando a passagem.

"Senhor, preciso verificar se o senhor ainda é o senhor."

Ergui uma sobrancelha. "Mas você não desgrudou os olhos de mim."

"Eu sei, senhor."

"Bom, e por acaso me viu ingerindo, injetando, inalando alguma coisa?" O infeliz devia estar pensando que eu portava um daqueles B-G.

"Não, senhor, mas é praxe." Havia uma pitada de contentamento em sua voz. Um braço longo e fino como pata de mosca saiu do drone. "Língua pra fora, por favor."

"Espero que tenha pelo menos esterilizado esse negócio," falei, abrindo a boca. A pata de mosca tocou minha língua. Ouvi um barulho como algo cauterizando.

"Só um momento..." Um rastro de luz percorreu a carcaça do drone. "Tudo certo. Obrigado pela cooperação."

"De nada," respondi, dispensando a guimba e atingindo o drone. Ele fez um voo torto e desceu a rua de volta à guarita.

Sentindo a língua anestesiada, caminhei até a mansão. O portão e o muro eram altos e transparentes, o que dava ao lugar a aparência de um feudo exposto. A campainha fez um barulho, como a suspirar. Aguardei. Um Bugatti Vienetta entrava na garagem do vizinho e o motorista me olhou com desconfiança.

Um droide apareceu do outro lado do portão. Da tela em sua cabeça apareceu o rosto de um homem; ele me fitou como quem se depara com uma testemunha do Jaguar de Judá numa manhã de sábado.

"Juarez Flaiano," me adiantei, abrindo o distintivo. O droide aproximou a cabeça. Ainda assim não pareceu satisfeito. "A senhorita Miragaia me ligou."

"Ah, sim... o tal detetive," o homem falou através do droide. "Entre."

Assim que o portão se abriu, segui o droide. Caminhamos por um jardim que creio ter levado meia hora para atravessar. O calçamento era feito de cascalho e, nas laterais, gerânios e glicínias enfeitavam o caminho. Vi um canteiro com girassóis sonoros. Abrigados à sombra, eles estavam em silêncio, suas delicadas pétalas brilhando como folhas de ouro.

Havia uma fonte localizada entre o jardim e o pórtico que levava à mansão. Dela jorravam água e figuras de luz, enquanto jardineiros borrifavam fungicida nas plantas. Assim que passei pelo pórtico, escutei o que pareceu ser uma tosse. Veio do terraço, mas não consegui enxergar ninguém por trás da cortina de folhas.

Um sujeito de bigodinho azul surgiu de dentro da mansão. Era o mesmo que me recebera usando o droide. Atarracado, ele parecia o personagem da propaganda de cotonetes, seu bigode desconfiado como o de um gato.

"Venha," ele disse, levantando o queixinho redondo, cheio de empáfia.

O interior da mansão parecia uma continuação do jardim. Uma árvore espraiava-se no meio do hall de entrada, as escadas que levavam ao segundo pavimento correndo em paralelo; grudadas à árvore, havia várias almofadas ao redor. Eram na verdade nódulos de câncer brotando do próprio tronco, porém, geneticamente cutucados para virarem assentos macios e caros.

Seguimos por um corredor de tijolos, a divisória de vidro temperado nos separando duma réplica de jardim japonês. Um enorme gimo estava ali, relaxando num furô. Seu corpo era cinza, a pele grossa como a carapaça vulcanizada de um rinoceronte. Gimo de sexo, com certeza. Alguém naquela casa gostava de coisas pesadas.

"Não deve ser fácil controlar o grandão ali," comentei.

O homenzinho olhou por cima do ombro. "*Amigu*," ele falou numa voz pastosa, "você não conhece a senhorita Miragaia..."

Ele me conduziu até o terceiro andar. Droides limpavam uma sala que fazia o saguão de espera do Guararapes parecer um quartinho de despejo. À medida que íamos passando, o homenzinho fazia um sinal, desarmando o sistema de segurança dos droides. Tinha pena do ladrão que entrasse ali.

Paramos diante de uma porta de jacarandá. Ele pediu que eu esperasse e sumiu porta adentro. Atrás de mim, os droides continuavam sua faxina, e um espirro lá embaixo fez as paredes da mansão tremerem. O gimo-rinoceronte devia estar dodói.

"Ela está esperando," bigodinho azul disse assim que retornou. Deixou a porta aberta. Eu entrei.

Fui logo arrebatado por um perfume, um odor morno e caro.

Duas telas na parede pareceram me imitar, adequando formato e cor. Arte ecopráxica, pensei. Aos pés duma cama desarrumada, havia um banquinho onde descansava um prato com restos de comida. No chão, embalagens de cigarro, cartelas de comprimido, duas garrafas vazias de Pol Roger, pantufas e um brinquedo de pelúcia. O umbral à minha frente dava para o terraço.

"Aqui fora," disse uma voz de garota.

Segui a voz. Após o umbral, o entardecer em Caxangá. Gases de poluição pairavam ao longe, dando ao céu o aspecto de água oleosa. Alguém tossiu à minha esquerda.

Virei o rosto para me deparar com uma pessoa encolhida numa cadeira de rodas. Ela vestia uma espécie de toga e não pude definir se se tratava de um homem ou de uma mulher. Havia algo estranho em seu rosto. Era como se faltasse alguma coisa, algo que não pude identificar de imediato. Seus olhos, tristes e vermelhos, observavam em silêncio o jardim logo abaixo.

"Senhor Flaiano?"

No lado oposto do terraço, uma garota estava sentada numa cadeira de vime. Bronzeada, ela usava óculos Buddy Holly, seus cabelos crespos presos num coque. Ela pescou um cubinho de queijo na mesa à sua frente.

"Vejo que já conheceu meu irmão."

"Não fomos devidamente apresentados ainda," falei.

Ela riu sem vontade e indicou uma cadeira.

"Espero que não tenha tido problemas para achar minha casa."

"E por que eu teria problemas?" perguntei, enquanto sentava.

"Os endereços daqui de Caxangá não aparecem nos mapas," ela respondeu, silenciando-se por um momento. "Pelo menos a maioria deles. Por segurança."

"Sim, percebi isso," falei, batendo a ponta de um Marlboro no maço. "Mas não se preocupe. O drone de segurança não deixou que eu me perdesse."

Ela me olhou com curiosidade. "Ah... e foi muito incômodo?"

"Nem um pouco. Mas não precisa me oferecer seu queijo. Não vou sentir nenhum gosto mesmo."

"Uma pena," disse ela, pescando outro cubinho. "Queijo de leite de smilodon. Iguaria sem igual."

"Quem sabe outro dia." Acendi o cigarro e traguei, torcendo para que não fosse outro caso de adultério. "Muito bem, senhorita Miragaia... Em que lhe posso ser útil?"

"Preciso que encontre alguém para mim. Um criminoso."

"Criminoso... E que tipo de crime esse criminoso cometeu?"

Ela moveu o queixo para frente. "Deixou meu irmão naquele estado."

Olhei por cima do ombro. O sujeito na cadeira de rodas continuava na mesma posição.

"O que aconteceu com ele?"

"Deixou de ser humano."

"Desculpe...?"

"Quer dizer, tecnicamente ele ainda é humano," ela disse. "Noventa e oito por cento, segundo os médicos. Mas deve ter reparado que ele está um pouco... diferente. Digo, para um humano."

"Seu irmão por acaso é reducionista?", perguntei. Sempre havia malucos que buscavam descartar o DNA humano com remédios e outros procedimentos. Não seria a primeira vez que me deparava com um deles.

"Não," ela disse, afastando a ideia com a mão. "Meu irmão sempre gostou de ser gente. Acontece que alguém fez isso com ele."

"Entendo... Bom, dinheiro é sempre bem-vindo, mas você não acha que seria o caso de chamar a polícia?"

"A polícia não quer investigar este caso. Disseram que, como meu irmão pagou pelo serviço, não podiam fazer nada."

"*Pagou pelo serviço*? Mas você acabou de dizer que seu irmão sempre gostou de ser gente."

"Sim, mas aconteceu algo estranho dessa vez," ela disse. "Não foi um espancamento como os outros."

Deixei aquilo cair. O rosto dela não moveu um músculo.

"Um espancamento..." repeti.

"Sim," ela ajeitou os óculos.

"Então não foi a primeira vez que isso aconteceu com ele?"

"Sim... Quer dizer, não. Não da forma como aconteceu." Percebendo a confusão em meus olhos, ela continuou. "Meu irmão, senhor Flaiano, tem gostos peculiares. Deve ser de família, eu acho."

"Certo," falei, apontando para o homem na cadeira de rodas. "E ele por acaso lhe disse quem fez isso com ele?"

"Noventa e oito por cento, esqueceu? O máximo que meu irmão consegue fazer agora é grunhir."

"Acesso ao celular dele. Você tem?"

"Roberto estava sem celular havia quase duas semanas. Já até contratei um advogado para pedir a quebra do sigilo telefônico e descobrir quais foram as últimas ligações que ele fez."

"E...?"

"Nada ainda."

"Certo... Tem ideia de quem possa ter sido?"

"Provavelmente um daqueles garotos que o Roberto contratava."

"Entendo... Tenho só mais uma pergunta."

"Sim..."

"Se a polícia não pretende fazer nada, o que acha que eu posso fazer se encontrar o cara que deixou seu irmão assim? Prendê-lo na minha cozinha?"

"Não, senhor Flaiano," ela disse, suas bochechas acendendo. "Quero que traga ele para mim."

Ajeitei-me na cadeira. "Desculpe a curiosidade, mas, se eu trouxer essa pessoa aqui, o que pretende fazer em seguida?"

"Acho que isso, senhor Flaiano, já não interessa a você."

"Não, não, senhorita Miragaia. Está redondamente enganada," falei. "A partir do momento que firmarmos um contrato, eu serei a ponta a ligar toda essa história, do início ao fim dela. Meu nome ficará lincado a tudo. Portanto, sim, isso interessa a mim com certeza."

Ela cruzou os braços e olhou para o outro lado. Não devia estar acostumada a ter seus pedidos questionados.

"E então?", perguntei.

"O que acha que vou fazer?", ela disse, o cenho fechado. "Se a polícia vai cruzar os braços pra essa história, eu mesma vou dar um jeito no sujeito que fez isso com meu irmão."

"Sinto muito, mas dessa forma eu não trabalho."

"Por quê?"

"Porque não sou jagunço, senhorita Miragaia. Não é meu tipo de serviço."

"Pago o que for necessário."

"Dinheiro não é o problema," eu disse. "É meu nome que está em jogo."

"Seu nome..."

"Pode chamar de princípios, se quiser."

"Me diga uma coisa, senhor Flaiano," ela inclinou para frente, "desde quando vocês pegê têm princípios?"

"Talvez devesse perguntar a um pegê. Há anos que saí da polícia."

"Muito bem. Está certo... E o que o *seu* nome lhe permite fazer?"

"Encontrar a pessoa que fez isso com seu irmão," falei. "Entregá-la à polícia."

"Isso se a polícia aceitar."

"É um risco que vamos ter de correr."

Ela espetou outro cubinho de queijo. Por um momento pensei que fosse me vazar um olho. "Tudo bem," ela falou, sua voz dizendo claramente o contrário. "Seus honorários?"

"Cinco mil. Metade agora, metade após o final. Mais uma diária de cem para despesas esporádicas. As diárias você pode pagar quando eu terminar."

"Certo. Um segundo..."

Senti um skincon. Mensagem do banco. *Depósito Leda Miragaia, R$,2500,00.*

"Perfeito... Onde seu irmão estava quando ele pagou pelo serviço?"

"No apartamento dele, por quê?"

"Gostaria de começar por lá."

"Pegue a chave com o Emílio."

"Bigodinho azul?"

"O próprio."

Eu assenti, me levantando da cadeira. Antes de atingir a porta, ela me chamou.

"Quando chegar lá embaixo," ela disse, se abanando, "fale para o Rino subir."

⚜

A retroescavadeira apitava ao dar ré; o motorista, rosto suado, gritava para alguém. À frente dele, escombros de concreto rosa do que algum dia fora um casarão colonial.

"Tá aí," o homem da barraquinha disse, colocando a tapioca com presunto sobre o balcão.

"Uma Tsingtao também," falei, apertando a chave entre os dedos.

Bigodinho azul havia me dado a chave do apartamento de Roberto Miragaia e o endereço. Ficava em Quatro Cantos, bairro boêmio de Olinda.

Enquanto esperava a cerveja, mordi a tapioca, observando o prédio do outro lado da rua. Deve ter sido um dos primeiros arranha-céus construídos no bairro. Sua fachada agora parecia um cupinzeiro a desmoronar.

"Muito movimento aqui?", perguntei. O dono da barraquinha inclinou o rosto. "Normal..." ele disse, abrindo a cerveja.

Dei um gole. Estava gelada.

"Sabe algo sobre o crime que aconteceu naquele prédio quinta passada?"

Ele ergueu uma sobrancelha. "Por que quer saber?"

Mostrei o distintivo.

"Detetive, hein?", ele jogou um paninho sujo sobre o ombro. "Bem, sei muita coisa não... Só que aquele rapaz vivia levando gente pro apartamento dele."

"Que tipo de gente?"

"Homens, na maioria das vezes." Ele tossiu em seguida.

"Garotos de programa?"

"Deve ser..."

"Sabe mais alguma coisa?"

"Sim. Ele sempre me dava gorjeta."

Forcei um sorriso e terminei de comer em silêncio. A retroescavadeira derrubava outro pedaço do casarão.

O apartamento de Roberto era um loft no décimo quinto andar. Assim que entrei, fui recebido por um robô de brinquedo. Ele mexia as rodinhas, seus olhos se curvando.

"Olá," ele disse ansioso. "Vejo que tem a chave."

"Vai pra lá, coisinha," falei, sem dar atenção a ele. O som de rodinhas se distanciou de mim.

Passei os olhos pelo loft. Metade dele parecia ser tomado por uma cobertura de fungo e sílica que crescia do teto e descia pelas paredes até o assoalho. A outra metade era cinza e propositadamente desprovida de acabamento; era como se os pedreiros houvessem desistido daquele pedaço no meio do caminho. Havia um único sofá ali, de frente para a cobertura de fungo.

Comecei a procurar por pistas. Fui até a cozinha e encontrei uma geladeira vazia, não fosse por uma embalagem de pizza e dois vidros de champignon; espalhados na bancada, garrafas de álcool hospitalar, sprays, luvas de borracha, rolos e mais rolos de papel toalha e algumas tesouras. Não havia nada no lixo e a pia estava limpa.

No quarto, a cama estava arrumada. Um painel na parede exibia fotos, fotos que mudavam a cada dez segundos, mostrando um mesmo homem (com certeza o próprio Roberto) em diversos locais: num restaurante em Milão, num museu em Tóquio, nas Cataratas do Iguaçu, no Sears Tower em Chicago... Em todas as fotos, ele aparecia sozinho.

Abri o guarda-roupas: estava recheado de ternos e outras peças de aspecto caro. Na segunda gaveta vi uma série de dilatadores retais. Eles estavam metodicamente organizados por ordem de tamanho.

Os dilatadores deviam ser apenas um dos divertimentos do senhor Miragaia, pois vi pendurados nas paredes chicotes, algemas e o que um mais inocente acharia ser um traje de mergulho. Uma enorme bola transparente estava jogada no canto e algo me dizia não se tratar daquelas de pilates.

Tais objetos apenas me falavam um pouco sobre a intimidade do irmão da minha cliente, mas nada sobre quem teria feito aquilo com ele. Um espancamento não dissolveria o DNA de uma pessoa. Alguém provavelmente obrigara Roberto a ingerir um daqueles comprimidos de redução e, até onde me lembrava, esses comprimidos ainda eram proibidos.

Sentei-me no sofá logo na entrada, pensando no que havia acontecido naquele apartamento. O fungo na parede exalava um cheiro suave.

Escondido atrás duma bancada, o robô de brinquedo me observava atento.

"Ei... vem cá." O brinquedo arrastou suas rodinhas. Sua tela-rosto acendeu esperançosa.

"Sabe o que aconteceu aqui na quinta-feira passada?"

"Papi deu uma festinha," o brinquedo disse.

"E ele trouxe algum amigo ou amiga?"

"Papi sempre traz amigo pra suas festinhas."

"E quem visitou papi naquele dia?"

Ele fez que não com os olhos. "Papi me desliga quando tem festinha. Diz que podem me hackear."

"Papi esperto," comentei.
"Mas papi deixa eu ver o trabalho dele."
"Mesmo? O que ele faz?"
"Papi é artista. Quer ver o trabalho dele?"
"Claro," respondi. Não estava fazendo nada mesmo.
"Olhe pra frente."

Acomodei-me no sofá. A parede de fungo começou a se contorcer. Era como um enorme pedaço de pele sendo dobrado, espirais amarelo-rosadas se torcendo. Figuras começaram a surgir em alto-relevo. Homens. Homens sendo espancados, homens caídos, cordas amarradas em seus corpos, jogados em posição de submissão. Eles desfilavam e sorriam, seus dentes rilhando em fúria e gozo. Era como observar um friso dedicado à miséria humana e à dor. O que realmente impressionava era a resolução da carne do fungo: era possível ver em detalhes os músculos se movendo por baixo da pele de mentira das figuras, e suas feições pareciam ter saído das mãos de algum mestre renascentista.

Uma das figuras tinha uma cara de cavalo, seu focinho projetado para frente. Ele espancava um homem, e o homem era o mesmo das fotos do quarto. Seria um *take* do último serviço que Roberto pagou?

Levantei do sofá para ver melhor. Tirei uma foto da figura com cara de cavalo e, em seguida, liguei para Leda.

"Sim?"

"Acabei de enviar uma foto para você," eu disse. "Mostre-a pro seu irmão e me diga qual a reação dele. Eu espero."

Houve um silêncio na linha. Pouco depois, ela voltou.

"Onde você está?"

"No apartamento do seu irmão."

"E está fuçando no trabalho dele?", ela disse. Parecia ofendida.

"Estou investigando o caso para o qual você me contratou, senhorita Miragaia... Me diga, qual foi a reação dele?"

"Ele... Ele se assustou... Mas isso não quer dizer nada."

"Por que diz isso?"

"Porque esse painel faz parte de um projeto em que Roberto estava trabalhando em segredo. Ele não o mostrou para quase ninguém."

"Entendo... Mas e o homem da cara de cavalo, reconhece ele?"

"Não. Acha que ele fez aquilo com Roberto?"

"É possível," respondi, me despedindo em seguida.

Foi quando percebi, atrás do homem da cara de cavalo, uma figura que pensei ter reconhecido.

Tratava-se de um rapaz de cabelos longos. Nu, ele assumia a posição de um boxeador vitorioso, seu rosto magro observando o infinito. Era um bandidinho chamado Milan. Cometia furtos para sustentar seu vício, mas não representava perigo algum. Sem nenhuma pista concreta, pensei que valia a pena fazer uma visita a ele.

Afastei-me da parede de fungo e as figuras desapareceram como que sugadas. Percebendo que eu ia embora dali, o robô de brinquedo se aproximou.

"Senhor."

Me virei. Por um momento, pensei ter visto terror naqueles olhos de mentira.

"Por favor, senhor... Me desligue."

Fiquei um tempo a encará-lo. Quem imaginaria que até essas IA vagabundas podiam sofrer com solidão. Busquei o painel em suas costas e o desliguei.

A figura da esfinge tinha uma cabeça que mais parecia uma tampa de garrafa e, do seu peito de animal, uma aldrava ficava pendurada. Um homem empurrava um carrinho, vendendo coco gelado. Olhei de volta para a estátua. Nunca entendi por que uma esfinge precisaria de uma aldrava.

Cinco da tarde e eles já começavam a surgir na praça Treze de Maio. Encostados nas árvores, sentados em bancos, garotos se ofereciam. Havia gimos de ganho também, que vinham até aqui para trabalhar para seus donos.

A maioria desses garotos se prostituía para sustentar o vício em heroína de sapo, ou heroína verde. Obtida a partir das secreções da rã dos olhos vermelhos, essa droga tinha virado uma febre em Recife.

Ciente disso, comprei três papelotes ainda em Quatro Cantos. Diziam que a heroína dali era uma das mais puras da região, e os sapinhos se matavam por um pouco dela. Para lidar com eles, não havia poder de barganha melhor.

Deixei a esfinge para trás e entrei no parque. Pairava um silêncio no ar, e a única coisa que se ouvia eram as cigarras e o homem do coco. Um rapaz se aproximou de mim sorrindo e o repeli com um dedo dizendo não.

Fui encontrar Milan próximo a um grupo de árvores retorcidas que pareciam saídas do canto XIII do Inferno. Ele estava sem camisa, desenhos de raios queimados em seu peito, e conversava com um rapaz de short jeans. Me aproximei dos dois e Milan fez uma careta.

"Ah, puta merda...", ele resmungou. O rapaz ao lado dele olhou para mim com curiosidade.

Milan e eu havíamos tido nossos desentendimentos quando eu ainda era inspetor da Polícia Genética. Ele trabalhara para um sujeito chamado Fisq, vendendo pílulas cozidas, e eu cansei de apreender sua mercadoria. Depois de se viciar em h-verde, Milan acabou sendo expulso do bando e, com um vício a sustentar, logo começou a se prostituir. Esse era o destino da maioria dos garotos que se envolviam com sapo.

"Relaxe, Milan," falei, notando o quanto a pele dele havia esverdeado. "Não sou mais pegê, lembra?"

"Eu num tenho nada aqui, visse?"

"Eu só quero conversar."

Ele olhou para o rapaz e de volta para mim. Seus lábios arquearam de nojo. "Tu tá gordo."

Tirei um papelote do bolso da camisa. Os olhos deles pareceram salivar.

"Mentira, Milan," o outro disse, então virando para mim. "Moço, tu tá *ótemo*. Magrinho, tá lindo!"

"Vamos conversar," falei.

Procuramos uma mesa de pedra onde os velhos costumavam jogar gamão durante o dia. Os garotos se sentaram à minha frente, os rostos ansiosos. O do jeans colocou um pratinho sobre a mesa. Eles realmente carregavam essas coisas pra cima e pra baixo.

"O que sabem sobre Roberto Miragaia?", perguntei.

Eles olharam um para o outro.

"Nossa, assim no seco," ele disse. "Não muito."

Sem tirar os olhos deles, abri um papelote devagar. Eles lamberam os lábios com ansiedade. Coloquei um pouco da heroína de sapo no pires. Era um pozinho branco, mas chamavam de heroína verde porque o usuário ficava da cor de alga após anos de uso.

Milan levava uma mochila a tiracolo e tirou uma espécie de pistola de duas pontas de dentro dela. Ele aplicou uma ponta no próprio braço e no do colega. Houve um barulho e senti o cheiro de carne queimando. Com a outra ponta, ele buscou um pouco da heroína no pires e a aplicou na área queimada, fazendo o mesmo em seguida com o colega. Eles respiraram relaxados.

"Muito bem," comecei, assim que eles retornaram a si. "Roberto Miragaia. Conhece?"

"Sim," Milan disse, suas pupilas começando a dilatar. "Ele vem aqui às vezes. Mas geralmente tá atrás dos brutos."

"Brutos?", perguntei.

"Aham," o do short jeans disse, dando murrinhos na palma da mão. "Os que ganham dinheiro pra dar porrada. Tem nego que só goza assim."

"E, mago, esse Roberto adorava isso," Milan completou.

Olhei para o tórax de Milan. Magro como um cachorro doente, era possível ver o relevo das costelas e as queimadas de picos de heroína nos braços finos. "Acredito que você não seja um desses brutos," comentei.

"Eu? Eu não," Milan disse. "Quer dizer, já quiseram me pagar pra isso. Mas num curto não."

"Vi uma imagem sua no apartamento desse Roberto."

"Deve ser do dia que ele me chamou para posar praqueles fungos dele." Ele tremeu os ombros como se tivesse sentido um calafrio.

"Ele me chamou uma vez pra ir lá também," o outro disse. "Não fui não. Fiquei com medo de ele me bater."

"Ih, nem preocupa, Quiqui. Aquele ali só gosta mesmo de apanhar," Milan disse e então olhou para mim desconfiado. "O que tu foi fazer no apê daquele cara?"

"Investigando um caso," falei, evitando detalhes. "Imagino que vocês conheçam um desses brutos que use uma máscara de cavalo."

Milan espremeu os lábios e fez que não com a cabeça. "Não, não..." ele disse, dando uma coçada no nariz. Joguei mais do papelote no prato e dessa vez os dois cheiraram.

"Ahn... Sim... Cara de cavalo... Deve ser o Getúlio," ele falou e olhou para o outro. "Né?"

"Cara de cavalo só tem ele," short jeans concordou.

"Onde eu acho esse cara de cavalo?"

"Ele tá sempre no Hiber Nation."

"É o nome duma boate lá na rua das Ninfas," short jeans completou.

"Mas, assim," Milan disse, "ele fica com cara de cavalo só quando tá com vontade."

"Só quando tá com vontade?"

"Aquilo que você viu não é uma máscara, é a cara dele. Esse Getúlio fez uma operação, um remelexo na cara. Assim, ele tem a cara normal, sabe, mas, quando quer, bota aquele focinho pra fora."

"Coisa horrorosa. Mas tem nego que só goza assim," short jeans disse.

"Outra coisa," falei, "esse Getúlio, ele gosta de reduzir pessoas?"

Milan fungou. "Como assim?"

"Reduzir," repeti. "Tirar o DNA."

"Ah, ele tá falando do outro, aquele homi esquisitíssimo que anda com o Getúlio," short jeans disse, tomando uma cotovelada de Milan. "Ai! Que foi?"

"Ficaquêto," Milan sussurrou.

Encarei os dois. Eles olharam para baixo.

"*Homi?*", perguntei. "Que homi?"

"Hã?", Milan disse, fingindo não ser com ele.

Tirei o outro papelote do bolso. Os olhos de Milan cresceram em cima. "Que *homi?*"

Os dois pareceram tentados, mas ainda assim não disseram nada. Mordendo um lábio, tirei o terceiro e último papelote, minha cartada final. Agora os dois pareciam babar.

"Me dá!", Milan gritou, tentando tomar os papelotes da minha mão. Seu rosto tinha assumido um aspecto quase demoníaco.

"Que... homi...?", eu disse, balançando os papelotes no ar.

Short jeans se jogou sobre a mesa de pedra. "Vai dar os papelotes pra gente?"

"Só me dizer quem é esse *homi*..."

Os dois trocaram olhares; seus peitos arfavam.

"É um tal de Borracha", Milan disse finalmente. "Parece que o sujeito foi policial. Tá sempre com o Getúlio."

"E como eu acho eles?"

"Já falei: Hiber Nation. Acha o Getúlio que tu acha o outro."

Olhei pra short jeans.

"Juro que não sei mais nada," ele disse.

Milan suplicava com os olhos. "Também não sei. Agora dá esse negócio pra gente."

Hesitei por um momento e então joguei os papelotes na mesa. Eles se engalfinharam como dois gatos a brigar e correram para longe dali em seguida, desaparecendo entre as árvores de Dante.

Borracha, pensei. Havia algo de familiar nesse nome.

Alguém gritou alguma coisa atrás de mim. O homem do coco passava ali perto.

Cheguei em casa por volta da sete da noite. Era uma casinha que eu tinha alugado de uma senhora que se mudara para o Ceará depois do casamento do filho. A casa era pequena, mas tinha um quintal espaçoso onde Dum-Dum podia correr e brincar.

Tirei a camisa e fui até a cozinha, pensando em preparar uma caipirinha. Precisava relaxar, refletir um pouco sobre todas as coisas que ouvira ao longo do dia, mas aquele nome simplesmente não saía da minha cabeça. Borracha. Deixei os limões cortados sobre a pia e peguei o Jensen.

Meu escritório ficava na Ilha do Leite. Fazia quatro anos que eu alugara aquela sala, um ano depois de ter saído da PG. Dividia o andar com um laboratório DIY, um ateliê de roupas cultivadas e um grupo de garotas que usava uma das salas para ensaiar com sua banda. Elas diziam tocar *interior music*, mas nunca ouvi um acorde saindo dali.

Assim que entrei no escritório, fui direto para o computador. Era um Syber Flexigene, modelo antigo, mas eu havia realizado tantas ampliações nele que poderia abrir uma pequena firma de clonagem. Todo esse poderio biodigital tinha um porquê: Mendes.

Mendes havia sido um dos melhores policiais de sua época. Durão, desbocado, era um daqueles lobos velhos que, mesmo perto da aposentadoria, era odiado por rivais e admirado pelos amigos – os poucos que tinha (dentre eles, eu). Ao longo de quase quarenta anos de departamento, Mendes já tinha passado por quase tudo que um policial poderia passar: facada, tiro, sequestro, dois parentes assassinados. Teve até uma vez em que ele quase afogou no cumprimento do dever (foi durante a Operação Gordos Baianos. Uma das pistas havia nos levado até Itaparica, e o pobre diabo do Mendes caiu da lancha). Mendes. Sujeito era uma lenda na PG. Ninguém acreditou quando uma simples ervilha o fez morrer engasgado.

Pouco antes da sua morte, haviam feito o upload da sua consciência para o SicaCon – o Sistema de Cadastramento de Constructos do Departamento de Investigação da Polícia Genética. E quando eu pulei fora, pedi ao Moreira que fizesse uma cópia do Mendes para mim. Isso era, digamos, algo incomum, mas eu não me importava; a ajuda de policial mais experiente era sempre bem-vinda. Ainda mais para alguém que estava iniciando em uma nova carreira como eu.

A tela do computador exibiu uma mensagem de boas-vindas e eu acionei o Mendes. Era para o rosto dele abrir sobre a tela vermelha do constructo, mas algum engraçadinho o havia trocado pela foto de uma ervilha. A ervilha parecia zangada. Como sempre.

{Tu até hoje não tirou essa ervilha, né, caralho?}

"Oi, Mendes."

{Filhadaputa, vou te denunciar pra porra do departamento, visse?}

"Vá em frente," falei. "Mas essa aqui é sua única versão aberta. Diferente da do departamento. Lá não entra nem mais uma lembrancinha."

{Filhadaputa..}, ele disse. Em vida, Mendes soltava seus palavrões com gosto e prazer em cada sílaba. Agora, os mesmos palavrões vinham acompanhados por ruídos de vidro sendo arranhado. Efeitos da censura, eu acho. {Quê que tu quer agora?}

"Preciso de informações sobre um sujeito conhecido como Borracha."

{Borracha, Borracha... Sabe quanto vagabundo por aí tem esse apelido? Preciso de mais detalhes.}

"Camarada parece ter trabalhado pra PG," falei. "Alguma coisa relacionada com reduções de DNA."

{Ah, esse Borracha... Famoso contador Aull humano. O que tem?}

"É o que eu quero de saber. Qual é a história desse sujeito?"

Mendes soltou um suspiro. Era estranho pensar que esse costume, tão típico dele quando vivo, era agora apenas um amontoado de zeros e uns.

{Esse Borracha foi um coitado da polícia de Jaboatão. Foi selecionado prum projeto do Exército chamado Estrela do Nordeste, um projeto experimental. A ideia era criar um policial capaz de detectar substâncias ilegais apenas com os sentidos. Olfato, toque da mão, essas coisas...}
"Me lembro de ter ouvido essa história antes... O que houve então?"
{O que geralmente acontece em projetos experimentais: merda.}
Acendi um Marlboro e deixei um pé na mesa. "Seja específico, Mendes."
{Hã? Krishna! Não!}
Franzi a testa. "Que foi?"
{Eles voltaram! Tira eles daqui.}
"Ah, merda, Mendes... De novo?"
{Morcegos!}
"Mendes, não tem morcego nenhum aí. Tu tá morto, esqueceu?"
Lembro de uma vez ouvir que policiais das antigas ou viravam filósofos ou ficavam loucos. Era fácil perceber em qual dos casos Mendes se encaixava.
"Mendes...? Tudo bem?"
{...}
"Mendes?"
{Foram embora.}
Ainda bem, pensei. "Vamos lá. E quanto ao Borracha?"
{Sim... O experimento deu errado. A genética do infeliz começou a desmoronar. Epidermólise aquosa, algo assim. Sujeito vai andando e deixando pedaços pra trás. Tipo Borracha, entendeu?} Ele deu uma risada. Era como ouvir estática debaixo d´água.
"Hilário... E então?"
{E então que ele agora precisa sugar DNA das pessoas pra continuar humano, pra continuar vivo... Quer dizer, ele ainda está vivo, não está?}
"É sobre ele que estamos falando, não é? E como ele faz para sugar o DNA das pessoas?"
{Não faço ideia. Mas imagino que não deve ser uma coisa bonita de se ver... Sei que o Exército sempre escondeu a história. Esse experimento foi o primeiro e o último... Que eu saiba.}
"Você disse que ele era policial..."
{Disse.}

"PG?"

{Exato.}

"Bom, isso explica a—"

{Ganesha da riqueza! Eles voltaram!} A ervilha gingou como num jogo de Pong.

"Mendes?"

{Morcegos!}

"Ah, qual é... Tchau, até mais," falei, desligando o constructo. A tela vermelha desapareceu.

Terminei o cigarro, encarando pensativo a tela do computador.

Se o Exército estava mesmo envolvido nisso, dava pra entender por que a PG não estava investigando o que aconteceu com Roberto Miragaia: o caso envolvia segredo dos milicos. E, como a PG sempre bateu continência pra eles, ninguém lá dentro moveria uma palha para resolver esse caso. Essa falta de autonomia foi uma das razões que me fizeram largar a PG. Uma delas.

Restava saber se Roberto Miragaia era ou não a primeira vítima. Pelo que Milan e seu amigo deram entender, não parecia ser o caso. E, com os milicos envolvidos nessa história até o pescoço, o mais sensato seria devolver o dinheiro à senhorita Miragaia, abandonar esse caso e voltar para os de adultério.

Mas só tinha um problema: eu estava enfarado de casos de adultério.

E eu também nunca fui muito sensato.

"Vai chover gosma cinza," Morera disse assim que me viu passar pela porta. Tinha novas mesas no departamento da PG e a única janela que dava para a rua estava bloqueada com tijolos.

"O que houve com a janela?" perguntei.

"Aquilo? Nada demais," ele falou. "Dia desses, um maluco no prédio ao lado resolveu atirar em todo mundo aqui dentro."

"Alguém se feriu?"

"Só o Machado. Acertou ele na testa."

"Espera. Machado está morto?"

"Não, tá vivinho da silva... Só que agora ele usa uma placa que faz ele ter dor de cabeça dia sim, dia não."

"Ele deve estar um doce..."

"Pior do que quando você estava aqui," Morera disse. "Cinco anos, hem, Juarez? O que te traz de volta?"

Apontei com o queixo para a sala do Machado. "Falar com o homem. Ele tá lá?"

"Tá." Morera abriu um sorriso cínico. "Ele vai adorar te ver."

"Isso eu duvido."

Antes mesmo de chegar à porta da sala de Machado, já pude ouvi-lo aplicando um corretivo em alguém. Esperei. Vi um DOPO entrar no departamento. Ele vinha sozinho, levando um suspeito para a sala de interrogação. Cinco anos atrás – quando eu ainda era inspetor da PG – era obrigatório a todo droide ter um parceiro humano. Hoje dispensam essa formalidade. Dizem que diminui a eficiência dos DOPOs.

Um caipora saiu da sala, cabisbaixo. Pela fresta da porta, Machado esticou o pescoço e fechou a cara ao me ver. Sorri em resposta. Era sempre bom rever velhos amigos.

"Está um pouco escuro aqui," eu disse, entrando. "Posso abrir as cortinas?"

Ele riu com desprezo, a risada saindo pelo nariz. "O que você quer, Flaiano?"

"Perguntar algumas coisas." Olhei para ele e a cadeira à sua frente.

Ele coçou o queixo com o dedão. A barba fez um som de fósforo raspando em lixa. O tal tiro devia ter sido pior do que imaginei, pois Machado agora usava um olho biônico. O olho girava. Com certeza estava lendo minha frequência cardíaca, a temperatura do meu corpo e procurando por movimentos milimétricos em meu rosto. Típico de Machado, querer estar sempre dois passos à frente. Apesar de nossas desavenças, isso sempre foi algo que admirei nele.

"Senta," ele disse, virando-se para o computador.

Puxei a cadeira. Por atrás da mesa de micélio, Machado parecia um boi entalado num carrinho bate-bate; comparados à sua mão, os objetos na mesa tinham a aparência de brinquedos, inclusive a Browning doze milímetros, menina dos olhos dele e que Machado deixava sempre destravada no coldre. Ele digitava alguma coisa. Seus dedos eram como salsichas desbotadas.

"E a vida de detetive?", perguntou, olhos fixos na tela. "Muita esposa infiel em Recife?"

"Demais...", falei, encarando as unhas. "Esposa, marido, namorados."

"Então o dinheiro está entrando."

"Menos do que eu gostaria."

"Que pena... Então, solta o jangal."

"Estou trabalhando num caso novo."

"Mesmo?", ele disse, com duas gotas de entusiasmo na voz.

"Mesmo. Um espancamento que aconteceu quinta-feira passada, lá em Olinda."

Seus dedos congelaram no ar. Ele virou o rosto e suas sobrancelhas peludas se moveram como taturanas, as narinas dilatando. "Olinda, Flaiano?"

Assenti. "Quatro Cantos. Sujeito chamado Roberto Miragaia. O nome diz alguma coisa?"

Ele raspou a garganta. "Talvez."

"Foi encontrado pela própria irmã. Estava caído no chão, completamente nu. Nenhum indício de assalto. Estranho, não?"

"Bem estranho."

"E sabe o que é mais estranho, Machado?"

"Não. Me diga."

"Pois eu lhe digo: o mais estranho é que nem a polícia de Recife, nem a de Olinda quiseram investigar esse caso, um caso que aconteceu aqui, debaixo do nariz de todo mundo. Isso não é normal. Não na época em que eu trabalhei aqui."

"As coisas estão diferentes hoje em dia, Flaiano. Estamos mais ocupados aqui. Não dá pra mover o departamento todo sempre que um garoto de programa resolve espancar seu cliente."

"Ao que parece também não dá pra mover o departamento nos casos de redução. Não é?"

Machado deu de ombros. "Cidade tá um saragaço de gente se envenenando com essas porcarias de pílulas. O que quer que eu faça? Congele tudo pra catar esses doidos?"

"Você disse pílulas? Ajuda aí, Machado. Sabe muito bem que não se trata disso. Pelo menos não nesse caso."

"E do que se trata então, Flaiano? Conta pra mim."

"Estrela do Nordeste," falei, fitando o rosto dele. Seu olho biônico pareceu fazer o mesmo. "Militares."

Machado acomodou o corpanzil na cadeira, que adernou com

todo o peso. "Se tu sabe disso, Flaiano, sabe muito bem como esse jogo funciona."

"Sei. Sei que você está de mãos amarradas. Essa porcaria de vínculo entre a PG e o Exército não te deixa fazer muita coisa, acertei?"

"Bingo."

"Mas me responda, Machado: por que, então, os rapazes lá do BPE não fizeram nada a respeito ainda?"

"E como vou saber, Flaiano? Talvez nem eles saibam onde diabos está metido esse mocorongo que eles criaram."

"Acho difícil. Existem rastreadores de DNA espalhados por toda a cidade: ônibus, metrôs, drones. Ninguém consegue ficar escondido assim tanto tempo."

"Parece que o velho Flaiano não sabe de tudo então," Machado disse. Percebi quase o esboço de um sorriso, algo que em quinze anos de PG vi raras vezes.

"Sou todo ouvidos," falei.

Ele cruzou os dedos, as salsichas despencando para os lados. "O indivíduo que você está procurando é quase um camaleão genético. Reorganiza seu DNA quando quer. Nenhum rastreador desses consegue pegá-lo. Nem os antigos leitores de face."

Puxei um Marlboro do maço com os dentes. "Como sabe disso?"

"Estou amarrado, mas não estou morto, Flaiano. Ou acha que só você faz suas papiradas?"

Acendi o isqueiro; antes de levá-lo ao cigarro, Machado apontou para a plaquinha: não fume. "Mais alguma coisa?", ele perguntou.

Respondi que não. Antes de ir embora, deixei um cartão com meu número em sua mesa.

"Pra que isso?"

"Pro caso de você se lembrar de mais alguma coisa," falei. "Ou se precisar de alguém para dar uma checada na sua esposa."

Machado abriu um sorrisinho. "Some daqui."

Na saída, encontrei com Morera.

"Como foi?"

"Quase nos abraçamos," falei, acendendo o cigarro. "Escute, pode me fazer um favor?"

"Diga aí."

"Estrela do Nordeste."

"Que isso?"

"Projeto dos milicos. Acha que consegue descobrir alguma coisa? Arranjar o contato deles?"

"Provável. Só isso?"

"Só." Agradeci e me virei para a porta.

"Ei," Morera disse. Me virei. "E o gêmeo do Mendes?", ele sussurrou. "Funcionando beleza?"

"Deitando e rolando. Só falta fingir de morto."

"E ele por acaso ainda...", Morera imitou asas com as mãos.

"Não."

"Não?! Como você fez?", ele perguntou. Morera era o responsável por todos os constructos do departamento. Ficou dois anos num divã cibernético com o Mendes, mas nunca conseguiu curá-lo daqueles malditos morcegos.

"Não foi difícil," falei. "Quer saber o segredo?"

"Claro," ele disse ansioso.

"Então preste atenção: antivírus."

"Anti– só isso? Mas o Mendes é um constructo! Ele não–"

"Tchau, Morera," eu ri, caminhando em direção à saída.

※

Estacionei o Jensen perto do cruzamento da Rua das Ninfas com a Manuel Borba. Era noite de sexta e o lugar estava lotado de gente. Uma aura soturna pairava no ar, como se as flores exalassem uma fragrância de sexo e violência.

A Hiber Nation ficava logo na esquina. Localizada num casarão pós-colonial, a boate tinha a fachada composta por placas de aço corrugado que lhe davam a aparência de uma caverna. Podia-se ver o letreiro de algas ao longe, sua luz verde escorrendo pela fachada como um rio invertido.

Homens se apertavam numa fila do lado de fora. Procurei entre os rostos algum que tivesse um focinho mais avantajado, mas não vi nenhum. Vi dois sujeitos que pareciam saídos de alguma animação coreana e um rapaz de rosto reptiliano e pele translúcida; ele bebia energético de mendelina e pude ver nitidamente as veias por onde seu sangue corria. Fora esses, só humanos no sentido clássico da palavra. Ninguém ali com cara de cavalo.

No interior da boate, uma orquestra de frevo; batidas ensurdecedoras, acompanhadas de painéis com centenas de lâmpadas que piscavam como as sinapses de um esquizofrênico. Entre assovios e gritos de êxtase, a atração da noite se apresentava no palco: uma garota, maquiagem egípcia, peruca fluorescente e shorts de couro humano cultivado em que se lia a palavra "fetiche". Como que saída de um vídeo de rock setentista, ela cantava e apontava o microfone para a plateia, manuseando-o como uma adaga, seu séquito de admiradores enlouquecendo.

Fui até o bar e pedi uma dose de Gordon´s. O atendente, um morfo sem camisa, meio homem, meio urso, me deu as costas e começou a preparar a bebida. Apoiado sobre o balcão, uma mulher magra e de olhos miúdos me observava. Ela bebia vermute e abriu um sorriso enorme para mim. Seus dentes brilhavam como césio.

O atendente voltou com o gim.

"Estou procurando um homem chamado Getúlio," comentei.

Ele olhou desconfiado. "Esse *Getúlio* tem sobrenome?"

"Não que eu saiba. Mas uma cara de cavalo sei que tem."

"E o que tu quer com ele, hein, samango?"

"Hã?"

O atendente colocou as mãos no balcão. Pareciam duas patas de fila brasileiro. "E o que *tu* quer com ele, *hein, samango?*"

"Samango? Não sou policial não, camarada," falei. "Estou só atrás de um serviço."

"Conheço esse tipo de serviço, *samango.*" Ele empurrou o copo para mim. "Bebe logo esse gim e chispa daqui."

Inclinei-me sobre o balcão, mas antes de cometer alguma deselegância, notei um grupo de morfos se juntando perto de mim; todos como o atendente, meio homem, meio urso, pelos por todo lado e braços como toras de madeira.

A mulher com dentes de césio parecia se divertir com a cena. "Acho melhor tu vazá daqui, mago," ela disse com uma voz rouca. Deu uma piscada e sorveu do vermute.

Persuadido, virei meu gim e saí da boate. Mesmo passados cinco anos, ainda não tinha conseguido me desfazer da minha carranca de policial. Tinha que treinar mais no espelho.

Fora da boate, desci a rua das Ninfas. Alguém me seguia. Para despistar, entrei num boteco e pedi uma Tsingtao e um maço de Marlboro. De olho no vidro da prateleira de garrafas, vi uma mulher entrar no bar. Era a mulher dos dentes de césio. Ela se acomodou numa mesa e pediu uma dose de vermute.

Olhei para ela disfarçadamente. Não parecia, mas ela podia ser algum militar disfarçado. Sem dúvida a essa hora eles já sabiam do meu envolvimento com o caso Miragaia. Talvez até mesmo Machado tivesse cantado a pedra para eles. Se dentes de césio fosse mesmo milico, com certeza haveria mais uns dois com ela, no velho método do ABC.

Chupitei minha cerveja sem pressa. Na segunda, paguei por tudo sem que ela visse. Deixei um maço vazio sobre o balcão e fui ao banheiro. Dei a volta pela cozinha e saí pela porta dos fundos do bar.

Esperei na esquina. Sete minutos depois, dentes de césio apareceu do lado de fora do bar, olhando para os lados. Ela escarrou na rua e seguiu por uma viela paralela à rua das Ninfas. Enfiei a mão no bolso e fui atrás dela.

"Continue andando," falei, assim que a alcancei.

Ela olhou por cima do ombro. "Cuidado com esse cano aí, mago."

"Anda mais e chora menos."

Levei ela até um beco e paramos perto duma caçamba de lixo que cheirava a latas de cerveja e comida podre. Um vira-lata que estava ali perto se aproximou com olhos curiosos e ficou a nos rondar.

Com o revólver em punho, comecei a revistá-la. Encontrei só chicletes, cartões de presente e uma carteira de motorista. Nada de arma, nem carteira do exército.

"Por que estava me seguindo?", perguntei, guardando a arma. Ela roía uma unha.

"Te vi na Hiber", ela disse e cuspiu uma lasquinha.

"E...?"

"Nunca te vi lá. Primeira vez?"

"Estamos perdendo o foco aqui, dona. Por que estava me seguindo?"

"Tu tava perguntando sobre o Getúlio, né não?"

"Exato. Sabe onde posso encontrá-lo?"

"Não, mas posso te arranjar o número dele."

Olhei para ela por um tempo. O sorrisinho de césio brilhava no lábio entreaberto, olhos sem vida como os de um gafanhoto. Eu podia confiar numa mulher como essa? Provavelmente não. Mas, no ramo em que eu trabalhava, às vezes era necessário ser mais flexível se quisesse andar com um caso.

"Quanto quer?"

"Qualquer cenzinho serve."

Tirei duas notas de cinquenta. Ela buscou um pedaço de papel do bolso e anotou um número.

"Conhece um homem que anda com o Getúlio?", perguntei, sem entregar o dinheiro. "Um tal de Borracha?"

"Dizem que eles são... Amiguinhos, entende? Andam juntos por aí," ela falou, com um sorrisinho mole. "Esse Borracha às vezes acompanha Getúlio nos serviços."

"E como ele se parece?"

"Faço ideia não, mago... Esse tipo de curtição não me chega."

Estendi as notas no ar. "E se eu for mesmo um samango?"

"Caguei quilos," ela respondeu.

Dinheiro e papel trocaram de mãos.

Satisfeita, dentes de césio enfiou as notas no bolso e andou sem pressa para fora do beco.

Olhei para o papel. Agora eu tinha um contato. Ou tinha apenas jogado cenzinho fora.

O vira-latas latiu.

"É... Eu sei", eu disse.

※

Liguei para Getúlio assim que cheguei em casa; chamou, chamou, mas ninguém atendeu. Quase resignado por ter jogado dinheiro fora, tomei um banho e fui para a cama.

Tentei de novo na manhã seguinte. Havia acabado de preparar um café e estava com a caneca nos lábios quando atenderam a ligação.

"Quem é?", alguém rosnou do outro lado.

"Getúlio? Meu nome é Fábio. Eu queria—"

"Cala a boca. Tu só fala quando eu mandar...", ele disse. "Como conseguiu esse número?"

"Hiber Nation."

"Muito bem, cabrito. Qual teu endereço?"

Passei o endereço para ele. "Que horas você vem aqui?", perguntei.

"A hora que eu quiser."

"E essa hora pode ser hoje? Às seis?"

"Engraçado tu, hein? Seu merda. Tu num tem querer não, visse? Seu merda."

"Bom, é que eu–"

"Apareço aí quando eu quiser."

Desligou na minha cara. Sujeito simpático, pensei. Já começava o servicinho dele pelo telefone.

Reclinei no sofá e beberiquei do café.

Ia preparar outra caneca, quando senti um skincon. Mensagem do Morera. Acessei o modo de segurança e comecei a ler.

ñ foi tão fácil como eu imaginei q seria. esse servidor deles eh uma caca de q adianta agente ficar soh batendo continencia e ñ dividir informacao mas deu tudo certo fiz uma gambiarra com o codigo-fonte de 3 constr pra ter o acesso um dia te ensino

XD

Continuei a ler a mensagem. Havia um arquivo com detalhes sobre o Projeto Estrela do Nordeste: data, nomes dos membros da equipe de bioengenharia, local e uma ficha técnica da cobaia: Abdias Caires Silva, trinta e dois anos, um metro e setenta e sete, sargento classe dois da PG de Jaboatão. Desquitado, sem filhos. Ao lado da ficha, uma sete por cinco de um rapaz de nariz largo, testa proeminente e olhos que pareciam questionar pouco.

Havia mais duas fotos, as duas dele deitado numa maca. As fotos estavam lado a lado, e imaginei se tratar de um antes e um pós-operação. Não dava para perceber grandes diferenças entre as duas fotos. Apenas uns pontos avermelhados na pele dele, que parecia mais clara e havia ganhado um aspecto gelatinoso. O rosto continuava o mesmo.

No final da mensagem, três endereços de e-mail com terminação ponto-mil. Dois eram de mulheres do departamento de bioarmas e o outro de uma comandante do 4º BPE, provavelmente a responsável pelo projeto.

Pousei a caneca na mesa. Um número de telefone seria mais útil para o que eu tinha em mente, mas esses e-mails teriam de servir.

Getúlio foi aparecer quase uma semana depois. Pela câmera da varanda, vi um homem alto e calvo, dois bolsões escuros debaixo dos olhos e brincos na orelha esquerda. Ele usava jeans e um abadá de carnaval de três anos atrás, os braços musculosos pendendo ao lado do corpo. Imaginei que fosse ele pelas marcas esbranquiçadas ao redor da mandíbula: eram típicas de quem editava o próprio corpo. Seu olhar era o de alguém decidido e preocupado, e notei uma versão retrô de um Opala estacionada na rua da minha casa.

Era minha chance. Saí pelo quintal. Dum-Dum, achando que eu queria brincar, veio em minha direção; fiz um sinal para ele continuar deitado.

Contornei a casa, tendo o cuidado para que Getúlio não desse por mim. Ele já esmurrava a porta. Parecia ser um sujeito que se irritava fácil. Aproveitando sua distração, me aproximei do Opala.

O interior estava vazio. Algumas embalagens de fast food espalhadas no assoalho, uma bolsa de academia no banco de trás, alguns papéis e mais nada. Se Borracha estivesse ali, só se escondera no porta-malas.

Getúlio voltou para o carro. Fingindo ser um entendido, me aproximei dele.

"Que máquina, hein?", comentei. "Modelo mil novecentos e oitenta e sete... Acertei?"

"Oitenta e oito.... E desencosta daí, porra," ele disse. Seu focinho havia começado a se projetar para fora.

"Tudo bem, capitão", falei, cedendo espaço.

De cenho fechado, ele entrou no Opala. Foi embora cantando pneu, mas não escutei nenhum ronco. Retrô e elétrico. Não era a mesma coisa.

Enquanto o carro virava a esquina, tirei o celular do bolso e ajustei o rastreador. Agora era fácil saber onde ficava o estábulo daquele potrinho.

Após dois dias, constatei que Getúlio sempre deixava o carro no mesmo lugar: Água Fria, um bairro de classe média baixa na zona oeste. Já tinha resolvido alguns casos por lá: cozinheiros de pílulas, venda de embriões metabolizados, gimos fugitivos... O básico.

Dirigi pensando que tipo de negócio Getúlio e Borracha mantinham, por que os dois estavam juntos – aquela mulher da boate dera a entender que os dois eram amantes. Pensei na senhorita Miragaia também, e no seu irmão, entrevado naquela cadeira. Havia ligado para ela na noite anterior, adiantando parte do que eu já sabia sobre o caso. Quando contei a ela sobre Borracha e sobre a ligação da PG com os militares, ela perguntou o que eu faria.

"Getúlio eu posso levar pros rapazes da Civil sob a acusação de agressão física."

"Agressão física? Contra quem? Meu irmão?"

"Não," respondi. "Contra mim."

"Está sendo sarcástico..."

"De maneira alguma, veja: se eu chegar na casa desse Getúlio, ele não ficará nem um pouco feliz e vai com certeza querer brigar."

"Certo, mas e o outro?"

"Vou chamar os donos dele," respondi. Era a única coisa a se fazer.

Assim, mandei mensagens para os três endereços de e-mail que Morera tinha me enviado. Eu não podia prender Borracha, e Machado e o pessoal da PG estavam amarrados. Talvez os milicos se interessassem em pegar seu bichinho de volta. Se é que ele estava mesmo em Água Fria.

Só havia um jeito de descobrir.

Chegando lá, estacionei o Jensen a duas quadras de onde o rastreador indicava estar o Opala 1988 de Getúlio. Saí do carro. Além da pistola, levei comigo um canhão de lodo portátil, relíquia dos tempos da PG. Algo me dizia que só um taser não daria conta do mocorongo dos milicos.

A ruazinha em que entrei era de terra e repleta de poças d'água que refletiam o sol de quase quarenta. Casas de tijolo sem reboco pareciam me encarar; pelas janelas, pessoas modorrentas em aparelhos de RV e ventiladores. Entrei numa viela.

Havia uma movimentação de mulheres e homens na calçada. Duas e vinte da tarde e eles estavam do lado de fora dum bar, virando copos de cerveja e assando linguiças na carcaça abandonada de um droide. O cheiro de carne impregnava a rua toda, a fumaça do churrasco espiralando diante de um telão que transmitia uma partida de futebol. Alguns dos homens ficaram a me encarar, desconfiados. Eu assenti e segui em frente.

A casa de Getúlio ficava a poucos metros dali. Ela tinha um muro de azulejos azuis e, por uma fresta no portão da garagem, vi o Opala; ele estava estacionado ao lado de um armário velho com várias quinquilharias. O portão estava trancado, mas percebi uma entradinha no corredor lateral que separava a casa dele da do vizinho.

Caminhei pelo corredor, atento se alguém me observava. Pulei um muro chapiscado, lançando-me no lote de Getúlio.

A porta da frente estava entreaberta e escutei o som de uma tevê. Havia uma passagem entre o muro e a casa. Segui por ela.

A passagem me levou até o quintal, onde se via um pé de carambola. O chão estava cheio delas, amarelas, podres, bandos de varejeiras voando ao redor.

Havia um buraco próximo ao muro no fundo da casa. Ao lado dele, uma pá estava fincada na terra. Escutei sons de algum animal se alimentando.

Era um gato. Ele mordiscava algo grande.

Um corpo.

Um corpo acinzentado e seco, como se houvessem chupado toda a vida dele. A boca estava aberta e não parecia haver nada ali. Era como se estivesse oco por dentro.

"Daqui a pouco a gente olha isso," alguém disse numa voz rouca. Me escondi atrás do pé de carambola. O gato também tratou de sair dali.

Getúlio veio de dentro da casa. Ele usava a mesma roupa da última vez que o vi. Segurando uma garrafa, ele resmungou alguma coisa antes de apanhar a pá.

Pensei ter ouvido grunhidos vindos da casa. Getúlio bufou e começou a enterrar o corpo. Assim que terminou, jogou a pá no chão, pegou a garrafa e engoliu quase metade dela.

"Pronto, satisfeito?", ele gritou para a casa. Balançou a cabeça e voltou por onde veio.

Esperei um tempo. Então, com o canhão de lodo engatilhado, segui o rastro dele.

A porta deu numa cozinha pequena. Havia vasilhas e formigas na pia. Empilhadas num canto, quase uma dúzia de garrafas de conhaque vazias.

O grunhido novamente. Me aproximei, caminhando na ponta dos pés. Foi então que os vi.

Getúlio estava sentado num sofá, assistindo à mesma partida de futebol que aquelas pessoas do bar. Beiçando a garrafa, ele não dava ouvidos a um sujeito que estava no que me pareceu ser uma espécie de banheira; não consegui definir ao certo o que era aquilo, mas estava mergulhado até a cabeça em um líquido dourado.

O sujeito na banheira grunhiu.

"Fommm..."

"Cê já comeu hoje, que porra," Getúlio disse. "Deixa eu ver o jogo agora."

O sujeito na banheira imergiu no líquido. Era espesso como mel. Getúlio virou do conhaque.

Tirei uma foto e, em seguida, ergui o canhão devagar e apontei para ele. Antes que eu pudesse prendê-lo numa bolha de polilático, senti algo caindo sobre mim. Uma gosma dourada.

"Que merda é essa, Abdias?", Getúlio disse. Ele também havia se sujado. A coisa na banheira apontava para mim.

Tive tempo apenas de me defender com o braço, a garrafa espatifando no chão. Getúlio pulou do sofá. Tentou me acertar com o joelho, mas a cotovelada que lhe dei no ombro o levou ao chão.

"Quem é você, seu merda?", ele perguntou, massageando o ombro. A coisa na banheira começava a deslizar para fora.

Getúlio se jogou em cima de mim; caímos os dois pela janela, atingindo a parte da frente da casa. O canhão de lodo escorregou da minha mão, mas consegui afastar aquele homem de cima de mim. Devia pesar uns cem quilos.

Getúlio investiu de novo. Abaixei as mãos e dei um passo para o lado. Aproveitei toda a energia que ele gastou naquela corrida a meu favor; bastou um rodar de dedos para derrubá-lo.

Ele tropeçou para frente. Sua testa foi de encontro ao muro chapiscado e pude ouvir um grito.

Busquei o canhão que havia caído perto do Opala. A coisa, o que sobrara de Abdias, se aproximou de Getúlio. Uma poça de sangue se formava no chão.

A pele da coisa começou a secretar uma espécie de sebo; ele se abraçou ao corpo desfalecido de Getúlio, e pude escutar um chiado vindo do seu corpo.

Parecia chupar o corpo de Getúlio. Mole, ele era como uma

gelatina ao Sol, esparramando-se enquanto um cheiro nauseabundo subia no ar.

"Larga ele!", gritei, apontando o canhão de lodo.

Ele não deu atenção; seu corpo fazia um barulho úmido, enquanto ele sorria com dentes bambos.

Atirei com o canhão, mas o polilático foi absorvido por aquilo – o que quer que fosse – em que Abdias tinha se transformado. O cheiro forte quase me fez vomitar.

Foi quando ouvi um estrondo e o portão da garagem se abriu. Com um joelho no chão, vi entrarem cinco homens em uniformes. Eles me arrastaram para fora dali.

Na rua, uma confusão de moradores fazia burburinho. Eles estavam ao redor de um gigantesco Casppir verde-oliva. Eu olhei ao redor, zonzo.

Alguém gritou "manda o quente!". De dentro do veículo, vi sair um homem levando uma mochila e uma mangueira grossa de metal. Ele entrou na casa. Pouco depois, uma chama verde e preta subiu nos ares, esgueirando-se pela parede da casa de Getúlio como uma serpente. O fogo queimou Abdias, que agonizou em um grito horrendo.

As folhas no terraço agitavam calmas ao vento. Tudo parecia mais suave em Caxangá.

"E como você fez para sair?" Leda perguntou.

Eu olhei para dentro do quarto. O gimo-rinoceronte roncava na cama sob as bênçãos do ventilador de teto. O pobre coitado parecia exausto.

"Nada," respondi, voltando a olhar para Leda. Ela usava um vestido hippie, colares de basalto no pescoço. Dessa vez, sem queijo de smilodon.

"Nada? Vai me dizer que os militares foram com sua cara e deixaram você ir?"

Dei de ombros. "Acho que Machado ligou pra eles."

"Quem é esse?"

"Não queira saber."

"Quer dizer então que... Os dois estão mortos."

"Quase. Um sofreu morte cerebral. Se os médicos o ressuscitarem, vai direto para a cadeia. Quanto ao outro... Bem, você viu a foto."

"Sim." Ela tremeu toda como se tivesse sentido um calafrio.

" Posso te mostrar de novo—"

"Não! Por Ogum, não."

"Tudo bem," falei, reclinando na cadeira de vime. "E quanto ao seu irmão? Alguma notícia?"

"Os médicos disseram que talvez consigam recuperá-lo. Ou parte dele. É um procedimento delicado. Vão ter de repor memórias também. Não quero pensar nisso agora."

"Eu compreendo."

Levantei-me para ir embora. Antes de sair, ela me chamou.

"Acha que eles fizeram isso com mais pessoas?"

"Quem? Os militares?"

"Não, aqueles dois em Água Fria... Você disse que viu outro corpo lá."

"Não se preocupe com isso, senhorita Miragaia. Concentre suas energias no seu irmão. Ele vai precisar de você."

Ela assentiu, virando o rosto bronzeado. Os gases do céu de Recife se misturavam às nuvens brancas.

Boca Maldita[1]
Claudia Dugim

[1] Inspirado na poesia trans de Patrícia Borges.

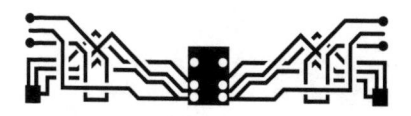

O TREM NÃO TINHA janelas, espiralava seu percurso. Fazia curvas longas pelos níveis da antiga pedreira que virou cidade. O circuito braquial de Hani piscou, as portas se abriram na estação N27. Hani saiu, apanhou um casaco comunitário um número menor. Um par de botas, maior. Vestiu as sobreluvas e encaixou a máscara no engate hidráulico do capuz. Tentou desviar a atenção das informações sobre o clima fora da Bolha. Era quase impossível não notar os grandes números brancos em fundo azul-cobalto se alternando no túnel de acesso. – 42° C, vento 30 km, umidade 10%. O braquial enviou o endereço do cliente para o casaco. Purgatório, Veia Inferior 5, seção 207S. Caminhou até o posto de saída, soltou as travas das botas para cravejar o gelo duro que cobria as ruas da cidade externa, Adora. Olhou para trás. O tecido vivo da Bolha respirava azul e opaco como os novos olhos de Hani.

O casaco tinha um rasgo. Uma lâmina fria avançou pelas roupas até encontrar sua pele. Não voltou para trocar, provável que não encontrasse outro em melhor estado. Puxou o engate do cinto e prendeu no cabo condutor que acompanhava a avenida principal de Adora. Ele evitava que o vento derrubasse os pedestres. Duas crianças, trinta metros à frente, brincavam de voar, soltavam as mãos da corda e davam pulinhos. Hani quis ser criança ou ter criança, nenhuma das duas opções era válida. Sua profissão pedia um corpo adulto, no seu conceito de liberdade não cabia a responsabilidade de outra pessoa.

– Posso passar, amores?

Elas gritaram e saíram correndo, faíscas de cores de suas roupas divinas adornadas de bordados luminosos. Os adoradores de tecidos celebravam sua religião nos enfeites, enquanto a cortina de gases os cegava. Os balitanes, inseridos na Bolha, eram mais pragmáticos e melancólicos. Hani era uma exceção feliz, poucas coisas tiravam seu bom humor. Tinha sorte por dar e amar incondicionalmente.

O Purgatório era um emaranhado de túneis de uma antiga mina. Mesmo com todos os aplicativos de localização, era fácil se perder. Ao chegar ao cruzamento da avenida, segurou o cabo que prendia o cinto à corda e hesitou. Tinha que virar à esquerda e escolher uma moto flamante no estacionamento para ir até o Purgatório. A avenida estava coberta por uma cerração que se misturava à fumaça das grandes chaminés. Um rebanho de ovelhas ectotérmicas dormitava num cercado no lado oposto da avenida, entre um prédio abaulado em ruínas e outro recém-assentado. A pastora, uma senhora pequena e enrugada, encarava Hani, ou era Hani que a encarava. Hani virou para o lado oposto. Soltou a trava da corda. Puxou a porta pesada do bar, que se fechou automaticamente atrás dele. Uns cinco minutos que perdesse visitando a moça dona do bar não faria diferença, e poderia pedir direções.

Pendurou o casaco no gancho do hall, com o capuz para dentro, para se lembrar de procurar um que não estivesse rasgado quando saísse. Os outros casacos, os cachecóis, as luvas, as calças, dobrou e colocou num banquinho. Odiava usar roupas, mas a tecnologia ectotérmica ainda não podia ser usada em humanos.

O bar Inoux era o lugar mais aconchegante de Adora. Olhou pela janelinha da segunda porta. O interior azulado parecia quente e úmido.

– Você não vem aqui só pela bebida, não é, balitane? Cinco vezes me paquerou e nada. É tímide, lindezu? – a bartender tinha seios enormes como um atrix.

– Sou. Que posso fazer? Desculpa, mas não lembro seu nome. Vou te chamar de Atrixxx, com três xis. Semana passada vi um filme com uma pessoa que era a sua cara enquanto o cliente me enrabava. Fiquei pensando em você, mas esqueci seu nome – Hani tirou a franja da cara, tentando parecer displicente. Queria mostrar os implantes novos para a moça.

– Acertou o xis, meu nome é Samox. Gostei dos olhos e dos seus

implantes novos. São de ouro? – perguntou ela, enquanto servia o drink preferido de Hani, pri-vodka com espuma gelatinosa e um peixe.
– Quem dera! São de aço mesmo. Adorei os detalhes na sua roupa. A minha é tão blasé. – Para que ela notasse o seu corpo, deslizou a mão da cintura para o quadril e sorriu. – Agora sim tô te paquerando, amor!

O vestido era transparente e mostrava muito mais que as curvas de Hani. Samox tirou a touca de lã e fios de ouro. Ela havia previsto que receberia uma visita importante e se vestira com o melhor. Debruçou o decote no balcão e mostrou os implantes, na testa e nos bicos dos seios.

– Os meus são de ouro.
– Uchi! Quero tocar, posso?
– Claro, pode me tocar onde quiser.

Hani entornou a bebida, a gelatina e o peixe de uma vez.

Samox puxou o decote do vestido de Hani para morder o pequeno chifre de unicórnio na ponta da orelha de balitane. Então, colocou a língua dentro da boca de Hani e retirou o peixe antes que fosse engolido. Cuspiu o peixe no copo vazio e despejou mais uma dose.

– E pode me manchar inteira de batom roxo, se quiser, lindezu – ofereceu Samox.

Hani bebeu o drink e encostou o rosto no de Samox. Trocaram ar e olhares.

– Do meu cu sai álcool, do meu pênis, porra. Da minha boca saliva e doce. Se eu não estiver muito cansade quando voltar do meu cliente, eu te procuro, Samox, com três xis.
– Quanto você cobra? Não tenho dinheiro.
– Não precisa, amor, me paga em boceta.

Samox sorriu e colocou a terceira dose. Hani bebeu e disse:
– Até mais, amor.
– Vou ficar esperando. Não vai furar comigo, né? Não sei o que tenho que afasto as pessoas, sabe? – disse a bartender.

Tentando não invocar desgraças, agarrou-se ao pano do balcão e pediu ao Deus Veludo que Hani não fosse como es outres. Que não sumisse sem dizer adeus, até logo, foi bom, você é uma adoradora inútil, doente, grudenta, sem noção. Alguém que não deixasse só silêncio como lembrança.

– Não mesmo – respondeu, e deu um beijo na adoradora, interrompendo os pensamentos negativos que ela incutia no pedaço de pano. Aproveitou para pedir direções. Puxou a manga do vestido para mostrar o implante braquial, novo, último lançamento. Apontou o endereço.

– Pode me dizer se este é o melhor caminho para a mina 207S na Veia 5? Direção dentro da Bolha é tranquila, mas no Purgatório já me perdi duas vezes.

O sorriso de Samox desapareceu.

– Vai ao Santuário dos Mortos? Não é um lugar confiável.

– Já fui a um monte de lugares no Purgatório. Não ligo para superstições. Não é uma crítica aos adoradores, respeito toda religião. Eu gosto do drama envolvido nas orações e cerimônias.

– Por isso odeio balitanes, exceto você. Não nos levam a sério. Para não errar o caminho pega a moto flamante no estacionamento em frente... Você já sabe, né? O truque é não passar as informações do seu braquial para o veículo. O seu implante é moderno, nossos flamantes são velhos. Digita o número e segura o S uns segundos, se não vai parar do outro lado.

– Ah! Tem que segurar. Por isso nunca dava certo. Obrigade, amor.

– Promete que vai passar aqui na volta, mesmo que seja para uma bebida. Se estiver cansado, a gente combina outro dia, mas passa aqui, certo? Posso ir te visitar na Bolha? Amanhã? Não gosto muito de ir lá, mas posso ir, se quiser.

Hani não estava certo de que gostaria que es amigues o vissem com uma adoradora. Não ligava a mínima para o que es outres pensavam, mas daria um braço para não encherem seu saco. A maioria era contra a integração das três colônias. Para eles, os balitanes pertenciam à Bolha, os purgues ao Purgatório e os adoradores aos seus tecidos, e assim devia permanecer. Os balitanes consideravam os adoradores esquisitos com seus casacos luminosos, seus enfeites de ouro. Nenhum deles tinha modos, falavam palavrões e brigavam quando queriam. Os adoradores pelo menos tinham uma moral religiosa para seguir, mas os purgues não tinham limites. A falta de limites era o que mais atraia e balitane. Gostava de ser paquerade abertamente. Libertar as baixarias que eram exclusivas de seu trabalho e proibitivas nas ruas. Ser menos hipócrita. Se fosse mais corajoso mandaria à merda es amigues.

— Promete que volta? - insistiu Samox.

— Ai! Os clientes não me tiram pedaço. Vai sobrar bastante Hani para você, não esquenta.

— Eu sei que não te conheço, que não devia parecer um desses perseguidores e...

Hani interrompeu.

— Relaxa, linda. Vou ficar bem. Passo aqui, prometo. Vou fazer só o trivial no cliente para guardar energias para você.

— E não dá trela para a pastora. Ela passou o dia todo em frente ao bar, acho que quer jogar uma praga em mim, não deixe que ela jogue uma em você. Acredita que nem pude sair lá fora hoje?

— Fez bem. O tempo está horrível. Até mais tarde, amor.

Pela janela interna, Hani observou Samox enquanto se vestia. Ela agarrava o pedaço de tecido e fazia uma oração. Não estava acostumade a ser objeto das preocupações de ninguém. Sentiu-se aquecide pelo gesto de Samox, mesmo depois que abriu a porta externa e uma rajada de vento o fez perceber que tinha pegado o mesmo casaco rasgado. Anoitecia. Atrás da imensa Bolha que resplandecia em azul, uma cortina de gases flutuava em verde e rosa. Luzes amarelas circulavam agitadas pela avenida, procurando alguém a quem iluminar. Duas lâmpadas correram até Hani. Uma porção delas acompanhava a pastora e suas ovelhas.

— Boa noite, amor – gritou Hani para a velhinha que se equilibrava no seu braço-cajado, provavelmente do tempo do hiperfuncionalismo. Como não acreditava em maledicência, resolveu conversar com a senhorinha desprezada.

— Vem cá, vem? Para eu ler seu futuro. Não vou cobrar nada – gritou de volta a senhora.

— Claro! Vou avisando que não acredito em nada, mas se te agrada, tudo bem. - A pobre havia passado o dia inteiro esperando alguém para jogar uma praga. Hani dava prazer a tanta gente, por que não para a pastora?

— Não sei se vai gostar do que tenho a te dizer.

Hani soltou o engate que acabara de prender no cabo guia. O vento havia arrefecido. A senhora estava em frente ao prédio abaulado, uma muralha negra contra o corpo brilhante e azul da Bolha. Hani estendeu a manga para que ela lesse o tecido do casaco. A velha retirou os óculos de proteção, seus olhos eram dois cristais negros e cegos, perscrutando Hani.

– Não este, que não é seu, moce. Preciso sentir o tecido colado à sua pele – disse ela, tirando as luvas da mão do seu braço não transformado. – Não se preocupe, minha mão está quente, não vou deixar este vento frio congelar você.

Os dedos brilharam fogo. Calculou a idade da mulher entre cento e cinquenta e cento e setenta anos, pelo azul e laranja que pulsavam nas veias da mão enrugada. Hani abriu a parte superior do casaco e afastou o cachecol, ainda havia cinco camadas de roupas. A velha foi tateando o caminho até o tecido transparente do vestido. O toque ardente da adoradora atravessou as fibras e encontrou a pele. Hani pensou em oferecer um pouco de sexo, então mudou de ideia. Ela queimaria seu cu ou seu pau.

– Se for ao Purgatório, será esquecido por todos e nunca mais sairá de lá. Depois de morto, seus ossos serão espalhados pelos túneis. Volte para a Bolha, moce.

Ela retirou a mão e voltou a colocar a luva. Hani esperou que ela dissesse mais alguma coisa.

– Eu agradeço a sua... premonição? Desculpa, mas não tenho o costume de furar com clientes, pega mal, reputação é tudo. A minha é impecável. Ou melhor, cheia de pecados segundo os adoradores – riu alto.

– Não se desculpe. Eu tinha um problema, agora o problema é seu.

Hani não soube o que responder de imediato. Sua mãe contava histórias de bruxes que viviam entre os adoradores, esperando que e filhe nunca saísse da Bolha, talvez fosse sobre isso que ela falava, das pessoas insensíveis. A velhinha se afastou, levando as ovelhas.

O braço-cajado estava gasto, e a pastora cambaleava. A pobre não tinha dinheiro para implantes modernos. Novos olhos, braços, antioxidantes. A senilidade da senhora não era motivo suficiente para que Hani se irritasse. Antes que ela se afastasse muito, Hani gritou:

– Boa noite para você, amor.

Saiu da rua para o estacionamento. Havia três flamantes disponíveis. Hani ligou as motos uma por uma e escolheu a que tinha rodas com mais queimadores funcionando. Digitou o endereço e segurou o S.

Neve suja cobria o carreadouro na manhã seguinte. Samox caminhava entre as montoeiras do ferro velho, aglomerados de restos cobertos de gelo. Os guindastes, empilhadeiras e brocas trabalhavam noite e dia, cavando o solo. Retirando tecidos, aparelhos, móveis que foram enterrados na neve quando a cidade que ali existia morreu. Os despojos seriam processados e vendidos. Para os adoradores, os tecidos e o gelo, o ouro remanescente da antiga mina. Transmutação para a fé. Ouro para sagrar os tecidos. Para os purges, utilidades domésticas e tintas. Para a Bolha, a estética da futilidade. Os protetores de ouvido de Samox abafavam o barulho das máquinas e robôs extratores.

Bateu na porta no conjunto de containers dos trigêmeos. Sandri tricotava uma nova colcha para o sofá, com fios de ouro e desenhos circulares. Ravri estava do lado de fora, cuidando da extração. Patri não gostava nem um pouco de Samox; colocou as gêmeas no colo e levou para o outro quarto. Quando Sandri abriu a porta, Samox viu, ao lado dos casacos pendurados, sentada num banquinho improvisado em uma placa plástica sobre dois pingüins embalsamados, a Praguejeira. Ela dormia com a cabeça apoiada no seu braço-cajado. Samox sentiu um calafrio na espinha.

– Não liga para ela. Se ela soltar uma praga na gente, ela morre. Nós temos fé. – Sandri se abaixou para passar pela porta interna. Assim como seus irmãos, ele era um gigante de dois metros e trinta e cento e cinquenta quilos. Guardou o tricô, ofereceu o sofá para Samox e foi pegar uma xícara de chá para aquecê-la.

– Sente-se. Qual é o favor? Com certeza não veio aqui ver suas filhas.

– Suas filhas, Sandri, vocês as quiseram e ponto. Sim, não é bem um favor, é mais um conselho. Como vão Patri e Ravri?

– Tô aqui dentro – respondeu Patri do outro cômodo. – Não quer saber de suas filhas, Samox?

– Ai! Outro. Não. São filhas do Sandri e do Ravri, não minhas. Só forneci meu forninho para assar os pãezinhos.

– De qualquer forma, vou avisando que elas estão bem.

– Bom saber. Passo aqui outro dia para brincar com elas e trazer um pouco de ouro, se quiser. Sério, falo sério. Não é que não ache as meninas... Estela e Silvia, né?... Engraçadinhas. Só não nasci para ser mãe, Patri.

— Você não tem coração, Samox.

Sandri interrompeu a discussão.

— Chega, os dois. Quer um conselho sobre o quê?

— Primeiro, quero saber o que aquela coisa ruim faz aqui?— apontou para o hall onde estava a Praguejadeira.

Sandri era o preletor da Igreja dos Veludos Azuis, Sini Barcate, a qual Samox seguia. Os pastores funcionais, como a Praguejeira, gostavam de premonições vagas. Assim podiam modificar seu simbolismo de acordo com a necessidade e obter o melhor de dois mundos. A obediência dos ignorantes e as benesses dos ricos. Mas a Praguejadeira tinha caído em desgraça com os seus por falar a verdade, então procurava abrigo com os sini barcates. Samox era o que os adoradores chamavam de sensitiva assertiva e desprezava as funcionais.

— Deixa ela prá lá. Veio entregar lã e mais tarde vai cuidar das meninas para a gente trabalhar. Fala logo da nova merda que aconteceu com você, Samox! Que quero terminar minha colcha.

— Ontem no começo da noite um paquera veio ao bar.

— Outro? Toma cuidado, Samox — a preocupação de Sandri era com o bem estar de quem se envolvia com a amiga, muito mais do que com a própria amiga.

— Não é da sua conta, mas... Espero que e balitane seja algo mais. Precisa ver que odara! Alte, picumã negro e comprido até a bunda, sorriso brilhante, barba rente, cintura fina numa barriga tanquinho. Deve levantar pesos. Oh! Cacete! Só falar que fico com um tesão da porra. Assim... disse que ia voltar prá gente ficar e não voltou. Bobagem, sei. A diferença é que senti que algo muito ruim ia acontecer... Muito ruim não, é... Senti dor e constrangimento.

— Dor e constrangimento podem caminhar do lado do bem. A linha precisa da agulha, a agulha fura e machuca o tecido, mas sem isso não há bordados.

— Puxa! Sandri! Não queria ser idiota como você. Sabe que te acho um idiota, não?

— Você acha todo mundo idiota, sua rota — Sandri riu.

— Seu roto, te odeio e te amo ao mesmo tempo. Tava dizendo...

Juro que queria um teco da sua sabedoria. Caralho! Sabe por que não deu certo entre a gente? Porque com você não tem meio termo, ou é tudo rosa ou é tudo verde. Ou você fala coisas lindas, ou vomita. Voltando ao meu assunto.

— Sim, voltando ao assunto do umbigo da Samox.

— Para! Caralho! Voltando ao meu assunto e não me interrompe. Seguinte, o negócio é que os tecidos me disseram que tenho que encontrar e balitane. O que acha?

Sandri tomou o chá devagar, Samox esperou que o amigo pensasse o que ela deveria fazer. Ela esvaziou a xícara de uma vez só como se fosse uma dose de tequichaça. O líquido desceu queimando a garganta.

— E aí? Que faço? — tossiu.

— Se está tão preocupada com e balitane, vá procurar no Purgatório ou na Bolha. Solta os ganchos das botas, menina!

Discutiram mais um pouco sobre a vida, e Samox aceitou o conselho de Sandri. Se abraçaram, e ela saiu agradecendo ao amigo e praguejando para a Praguejadeira. No caminho de volta ao bar, Samox parou numa das inúmeras montanhas de tecidos, a de veludos. Apoiou a mão no gelo. Cantou uma oração a Sini Barcate, o Veludo Azul.

※

O tecido vivo que recobria e dava nome à Bolha respirava, o calor em contato com o ar gelado criava um halo de vapor que contornava a cúpula onde veias de sangue azul desenhavam arabescos. O céu era preto, e parecia mais preto em contraste com a luz que emanava do tecido. A Bolha inspirava e se erguia emoldurando a meândrica de tubos e chaminés da Mina Purgatório. Pedaços de pele descartados de alguma manutenção da bolha enfeitavam as chaminés e se debatiam no vento, como anunciando uma nova Rainha. A Bolha expirava, a cúpula encolhia e os tubos e chaminés desapareciam na noite. Meta-ser vivo, a Bolha protegia quase um milhão do frio intenso na Colônia Antártica.

Hani demorou a apagar o flamante que dirigia. O veículo deslizou suas chamas pelo gelo até bater na grade em frente à rampa de acesso à Veia 5. O barulho da colisão alertou a polícia pinguínica.

Pelo menos cem aves imperiais cercaram Hani, assim como algumas ovelhas defeituosas e robôs em desuso que serviam ao bando. Hani tentou mostrar a manga do casaco com a permissão de acesso, mas as aves bicaram seus braços, os robôs seguraram Hani e conduziram ao distrito.

Samox vestiu sua melhor roupa azul-cobalto, bordada em cinco cores. Aquela que mostrava de onde vinha, o que fazia e contava do orgulho de ser quem era: uma sini barcate de Adora, uma fiel aos tecidos, uma transformada com circuitos de ouro nos dentes. E foi para a Bolha procurar ajuda. Fazia três dias que Hani tinha passado pelo seu bar e ido encontrar o cliente no Purgatório.

Na parede transparente que ocupava toda a frente do pequeno quarto onde Hani vivia ela leu suas atividades recentes. Clientes agendados com marcadores coloridos, um vídeo com amigues num bar. Referências de causas e modismos sob o símbolo do urso pensativo.

— Ah! Como os balitanes são idiotas! — falou em voz alta para si mesma.

Alguém mais a ouviu.

— Desculpe, adoradora. Respeito seu direito de expressão, mas não é legal ficar olhando a parede dos outros e comentando. Se não sabe lidar com paredes informativas e deixar a privacidade das pessoas em paz, não venha aqui. Você conhece Hani por acaso?

Samox não tinha que dar explicações para ninguém. Estivessem em Adora e e balitane teria tomado um toco. Dar uma bronca em alguém antes de dizer bom dia ou o nome era uma tremenda falta de educação. Samox ficou quieta, não queria arrumar uma briga dentro da Bolha de novo. Ter que conversar com aquele bando de humanos sem individualidade que era a polícia balitane.

— Bom dia — *sua amapô ridícula*, imaginou-se dizendo o resto da frase. — Meu nome é Samox — *que significa a guardadora da porra toda. Isso mesmo, eu engulo.* — Muito prazer — estendeu a mão enluvada.

— Não me leve a mal, Samox, não se cumprimenta as pessoas sem tirar as luvas.

— Tira as luvas para cumprimentar alguém lá fora e você fica sem dedos, linde — *se apresenta, sua balitane hipócrita!*

— Nossa! Que agressividade!

— Eles congelam e caem, nós não somos tão violentos assim para cortar seus dedos, amor — *queria mesmo era fatiar seu cérebro, balitane.*

— Ah! Por causa do frio. Entendi. Essa mania de chamar todo mundo de amor que Hani tem veio de vocês, né? Minha opinião é que é pura hipocrisia.

— Né? Sujeita "x", vou te chamar assim porque não sei seu nome. Hani combinou de sair comigo depois do cliente, dois, digo, três dias atrás. Já tentei contato e nada. Sou sini barcate sensitiva assertiva e acho que alguma coisa de errado aconteceu.

— Bom, eu não acredito nestas coisas de premonição dos adoradores, mas respeito. Sou amiga de Hani, nós trabalhamos juntos às vezes. Prefiro atender mulheres. Quer meu contato? Mas vai ter que vir aqui para eu te atender.

— Não... Obrigada, não gostei de você. O Hani costuma sumir assim? Porque tá marcando na parede ausente desde o dia que ele foi me ver em Adora.

A balitane coçou o implante frontal na careca rosada. Dois pompons amarelos cobriam seus ouvidos e uma capa vermelha aberta na frente não cobria nada. Na virilha ela tinha outro pompom, igual aos da cabeça.

— Eu vim procurar por Hani, também. Um cliente chamou por nós ontem e Hani não apareceu nem respondeu. Não é razoável, ele não costuma fazer isso.

— Sei que foi até o acesso. Falei com os pinguins e não me deixaram entrar. Talvez alguém tenha o contato do cliente e consiga permissão. Eu não posso, teria que dar um iceberg de explicações do porquê de querer entrar no Purgatório — mentiu.

— Eu não tenho clientes extra-Bolha, não sou tão pró-integração como Hani, mas posso te apresentar a outros amigues, mais tarde, se quiser.

— Claro, aceito. Só não sei onde esperar. Estou cansada, trabalhei até a madrugada. Conhece um bar com assentos confortáveis?

— Nos encontre aqui depois das cinco — a balitane apontou a imagem do bar na janela e abriu a porta do quarto para que Samox entrasse. — Pode ficar, Samox. Hani é super-afável, duvido que ele se importe de você passar umas horas no quarto dele.

– Obrigada. Qual é o seu nome?
– Até mais, meu bem.
– Até – *Esterco sem cheiro de transporco*. Não era nada pessoal com a sem-nome. A rivalidade era natural entre balitanes e adoradores. A diferença era que o povo da Bolha sabia como dissimular.

O quarto de Hani tinha vista para as plataformas ao Norte. Samox tentou localizar a estação N27. Acompanhou o caminho dos trens subindo a encosta espiralada, entre o apartamento de Hani e os quinhentos metros de fosso. Os balitanes viviam numa imensa barriga, protegidos do frio, dos gases, do esporádico contato com a Rainha, dona e protetora da Terra, enviada dos oráculos extraterrestres. Conheciam o mundo externo por análise de suposições, emitiam suposições como verdades. Aquele filtro espesso, amorfo, meta-vivo que cobria a Bolha e lhe dava nome era ou um tumor ou um útero. Talvez a Bolha fosse um útero, e os balitanes, o tumor.

– Queridinhos da mamãe, todos eles – Samox abriu a despensa de Hani e pegou uma barra de proteína.

O quarto estava bem arrumado. Almofadas com bordados de encantamentos, que Hani comprara em Adora, estavam penduradas como um móbile. Não era o uso correto para os enfeites, mas os balitanes gostavam de se apropriar da cultura dos outros e reduzir seu significado a um efeito decorativo. O aplicativo de maquiagem estava organizado em paletas de cores na pequena mesa ao lado do único lugar para sentar, a cama. Se Hani vivesse do lado de fora, moraria num dos apartamentos de dois quartos com vista para as montanhas e todo o conforto. A prostituição era considerada uma profissão banal na Bolha, mas os adoradores viam os profissionais do sexo como pessoas portadoras de amor divino.

Samox imaginou os dois juntos. Não como um casal, Samox desprezava monogamia. Como amigues, repartindo a vida e dividindo os gastos. Lendo o mesmo livro e comentando, escalando as montanhas no verão. Do topo das montanhas, os dois observariam a procissão dos icebergs se deslocando para o norte.

– Porra! Não estou tão solitária para virar uma romântica de boteco! Se bem que eu tenho um boteco – escolheu uma paleta de cores e aplicou em si mesma, olhou-se no espelho e não gostou do efeito, não combinou com seu tom de pele, mais escuro que o de

Hani. – Nós vamos nos dar muito bem, tenho certeza. Ai! Caraca! Tenho que parar com essa mania de falar sozinha e de fazer um melhor amigue de uma pessoa que nem conheço direito. – Fechou o aplicativo com um tapa. – E continuo falando com as paredes! Cala a boca, Samox!

Um policial bateu à porta para levá-la presa por invasão de privacidade e perseguição real. Samox saiu praguejando a armação da balitane.

✺

– Desculpe! Foi mal. Tem havido ataques. Ataques! Os ativistas contra integração. Bombas e bombas – o pinguim falava para o androide que traduzia para Hani enquanto destrancava a cela. – Bem-vinde ao Purgatório, de novo e de novo, senhore balitane de nome Hani Hanini. De novo e de novo, quantas vezes for. Desculpe de novo e de novo. Foi mal, mal de nossa parte.

– Tem nada não, só que agora estou atrasado e ainda preciso comer alguma coisa. Beijos para vocês, aves da lei.

Hani saiu do iglu-caverna que era o quartel, prisão, área de julgamento etc do Purgatório. Pegou um flamante para a Veia 5. Tinha um longo percurso até o cliente, mas precisava parar e comer, ou o ar saturado do túnel mexeria com a sua cabeça. Pegou o caminho que passava em frente à broca gigante, que havia três séculos não era mais broca. Fazia parte de uma escultura em forma de sol, nos seus dentes pessoas penduravam poemas e pedidos. Onde o aço fora corroído pela oxidação, artistas fizeram esculturas de bichos e gente e gente-bicho. Deixou um pedido e uma doação aos pobres. Havia uma boa toca de comida num dos andares do elevador 8. Pegou o elevador com dois homens-girafa e suas argolas cervicais e uma família de hereges que deixou de acreditar nos tecidos e vivia nua. O calor nos túneis era quase insuportável. Hani havia se despido das jaquetas, das calças e das botas e carregava as peças no saco que trouxera, mas mesmo o vestido transparente parecia roupa demais. Entraram mais pessoas no elevador e Hani apoiou o saco na cabeça para salvar espaço. Começou a suar. Fosse na Bolha, pediria desculpas por esfregar o sovaco na cabeça de alguém. Mas no Purgatório ninguém ligava.

Os passageiros paravam o elevador a toda hora para entrar ou sair de suas cavernas. Os purgues e os balitanes se pareciam na transparência, qualquer um sabia o que acontecia na casa de qualquer um. Os balitanes e suas grandes paredes de vidro e os purgues sem janela, porta ou qualquer coisa que impedisse alguém de bisbilhotar dentro de suas casas. Pessoas cozinhavam, tomavam banho, alimentavam a criação. Crianças brincavam com os bichos fluorescentes que iluminavam os túneis: escoranhas azuis, carrácaros do tamanho de uma laranja, que comiam os restos, o lixo de gente, de bicho e de gente-bicho. Mesmo com a eficiente limpeza feita pelos animais, o Purgatório era um lugar sujo, a água que vertia das paredes virava barro cor de grafite assim que tocava o chão.

Hani apertou o botão e o elevador parou uns sessenta centímetros abaixo do piso da lanchonete. Teve que apoiar a mão no barro para subir. Quase pisou numa escoranha. A cozinha, que pertencia à casa da mulher-alce, cheirava a sangue e gordura.

– Cuidado aí! Balitane! Não mate nossos bichinhos. Quer que a vigilância sanitária multe a gente?

– Olá para você também, Azuir – disse o nome que estava marcado a ferro na testa da purgue, ela também fluorescia. – Uma sopa muxitan pequena, por favor. E rapidinho, amor, que estou com pressa.

– Só tem com cogumelos, pode ser?

– Vá lá. Já estou meitonte mesmo. Vou chegar chapadone no cliente – riu.

Os cogumelos boiavam na sopa grossa de manteiga de ovelha. Os purgues faziam a melhor comida do mundo, segundo Hani. Tomou a sopa, elogiou, pagou a Azuir e prometeu passar de novo na volta do cliente. Agora tinha dois compromissos: nova sopa e a moça do bar.

O corredor 207 era inclinado e escorregadio. Correu para pular no bonde 207 que deslizava devagar pelos túneis. Hani admirava como os purgues conseguiam produzir desenhos e mais desenhos sem se repetir. De formas, texturas e cores diferentes. Nas paredes não havia lugar para novos entalhes ou pinturas. Dois garotos cinzelavam um dragão imenso, cujo rabo acompanhava os trilhos por pelo menos cem metros. Iriam transformar o dragão em outra coisa. Os fragmentos escapavam do contorno, o fluorescer intermitente dos insetos e das pessoas que caminhavam pelo túnel faziam parecer que o réptil se contorcia. Os entalhes dançavam, trocavam de cor e apontavam o caminho.

Quando o bonde estava chegando ao fim do percurso, ouviu alguém assobiando a canção *Não Morra na Veia 4*. Os abutres-pterodátilos dançavam no teto, iluminando sóis opacos e cheios de dentes. Deuses-cobras batalhavam contra um exército de gente-camevalos. O bonde parou e Hani desceu. Viu um camevaleiro vindo em sua direção com um machado de pedra e um estandarte azul-cobalto feito de pele da Bolha. Desviou da mulher que carregava um farnel na cabeça. O farnel era azul e pálido. Palidez e fluorescência, a raça dos purgues. A sopa fizera efeito, Hani alucinava. Entrou numa caverna, deitou-se na cama ao lado de um purgue adormecido e dormiu também.

Samox não foi levada ao distrito. Foi para Comatose, a prisão balitane. Amarrada a uma maca e conduzida à sala de julgamento.

– A adoradora infringiu o artigo 45A, o artigo 125B e o artigo 255G, senhora.

– Concorda com as acusações, adoradora de nome Samox Riniscabarte, residente e proprietária do bar Inoux na Avenida Principal, quadra 33, Adora?

– Não sei quais são as acusações! Tenho a mínima ideia do que os artigos dizem. Qual é o de perseguição?

– Como você vem nos visitar sem conhecer as leis? Posso incluir outro artigo? – perguntou o promotor à juíza virtual.

– Quero um advogado! – exigiu Samox.

– Advogados não existem na Bolha. Acrescentarei às acusações o artigo 75C.

– Que é?

– Ignorância Plena.

– Pode me soltar um pouco e devolver a função do meu braquial? Só para me comunicar com alguém. Se não me engano eu tenho esse direito.

– Não. Só balitanes têm esse direito.

Hani chegou ao cliente com quase duas horas de atraso. O corredor 207S se abriu numa caverna imensa. No centro do domo, uma rosa de ouro cravejada de pedras com a História de vinte gerações em suas pétalas. Raios partiam do teto para se transformar em colunas. Nos nichos entre as colunas, mosaicos feitos com ossos. Era a quinta ou sexta vez que Hani visitava o Santuário dos Mortos e nunca tinha notado que os ossos que compunham as estruturas, tanto as colunas quanto os nichos, tinham sido esculpidos com cenas eróticas ou fartos banquetes. Lembrando aos vivos os prazeres do pós-morte. Entre as piras funerárias, banhos quentes, para o consolo das famílias. Piscinas com água fumegante. A chama biológica das piras só tirava a carne dos restos. Ao vapor nas piscinas aquecidas juntava-se o fumo espiralado do incenso e a fumaça das carnes derretendo.

O cliente de Hani morava nos fundos do grande santuário. Zuzu, o separador, era quem se encarregava de escolher os melhores ossos, os que serviriam para a construção, arte ou adubo.

<hr>

A sala de julgamento era almofadada e branca, as lâmpadas cegavam Samox. Apertava os olhos, mas as pupilas teimavam em não se adaptar. Elas não tinham sido desenhadas para ambientes artificialmente solares. Mal distinguia o promotor que a acusava ou a projeção da juíza. A juíza que acompanhava o transcorrer do julgamento assistindo às gravações dos drones de segurança no seu braquial. Não era a primeira vez que Samox era presa pela polícia balitane, mas das outras vezes só recebera uma advertência simples e ficara impedida de entrar na Bolha por dois meses.

A maca foi colocada de pé. Tossiu. A tira superior apertava o diafragma. Respirou com força, mas o ar era espesso e tinha um gosto amargo. Era o mesmo ar que circulava nas veias de Purgatório. Metálico. Ferroso como sangue. As acusações estavam nubladas pela sua ignorância, como dissera o promotor. No cateter em seu braço injetaram o líquido prisional. Sentiu como se uma manta gelada fosse colocada nas suas costas. Samox viu a sala ficar amarela e entrou no estado de coma controlado a que os prisioneiros eram submetidos durante o cumprimento da pena.

– Não existe a análise de motivos. Tudo o que se vê e ouve, que foi armazenado na memória principal da Bolha, é a base da justiça para os balitanes. Por isso a justiça é simples, rápida e incoerente. Os condenados ficam presos entre o coma e o arremedo de circunstâncias que podem ou não mostrar a verdade.

– Então, o advogado não conseguiu nada, Sandri?
– Nem foi recebido.
– Vamos usar a força – diz Ravri, erguendo o braço de uma das gêmeas.
– Tô de acordo, precisamos de um agito. Não é mesmo, lindinha do titio? – Patri sacode a outra gêmea.
– Deixem as crianças com a Praguejadeira. Vamos resolver essa porra agora. – Sandri larga a mamadeira que estava lavando.
– Armas? – pergunta Ravri.
– Claro. Para que temos nosso arsenal? – Patri coloca a menina no chão e abre o alçapão no piso do contêiner. Na parte de dentro da porta do alçapão há um cartaz que circula entre os ferros-velhos, escolas, polícia e áreas públicas de Adora, Bolha, Purgatório e toda a Colônia Antártica, assim como os demais territórios da Rainha:

"No ano de 59, a Rainha, suprema governante das Colônias da Terra, declara que é proibido o porte, o uso, o armazenamento, a confecção, o transporte de qualquer tipo de arma. A pessoa que for flagrada praticando as atividades mencionadas pode ser condenada à perda da individualidade. Ao encontrar uma arma na escavação e exploração de recursos soterrados, entregar imediatamente a uma das células de reaproveitamento para que seja reciclada."

Quando o juiz os baniu da Bolha definitivamente, eles gargalharam. Havia outros meios para entrar, não tão "respeitosos", como diriam os balitanes. Afinal, os adoradores e os balitanes eram co-dependentes. Os irmãos precisavam fazer novos negócios e manter os antigos. Cobrar um débito. Recuperar um item vendido por um preço injusto para vendê-lo novamente a quem soubesse o que estava comprando. O cliente que encontrasse um veludo azul no lugar de um quadro ou um maquinário jamais reclamaria para a polícia. "É uma quase verdade que os adoradores têm armas" comentavam baixinho os balitanes, o que quase servia como um recurso de absolvição caso alguém os caguetasse para os trigêmeos.

Do lado externo, os três escalavam o paredão. O tecido da Bolha suava, o suor escorria e o gelo ao redor da redoma era liso e duro. Atrás da parede estava Comatose, a prisão dos balitanes.

Comatose fora construída sobre os alicerces dos alojamentos da antiga pedreira. Ponto mais alto da Bolha. A população pedira um mirante e os administradores construíram uma prisão em formato de iglu e sem janelas. Sandri, Ravri e Patri a visitaram quando eram crianças, numa excursão de caráter moralizador que a escola promovera. Não havia perigo nenhum, os criminosos dormiam o sono dos injustos nas fendas entre as almofadas, explicara a guia. Patri combinou voltar com uns colegas de classe para pichar as paredes imaculadamente brancas. Uma semana depois, os estofamentos ganharam desenhos dignos dos melhores banheiros públicos. As visitas a Comatose foram suspensas indefinidamente. Patri foi o primeiro dos irmãos a ser proibido de entrar na Bolha.

Nessa empreitada, os trigêmeos levavam uma serra de diamantes para cortar o tecido da Bolha e o bioconcreto da parede de Comatose. Pistolas automáticas, uma metralhadora e, por insistência de Ravri, um lança-míssil.

– Acha que a gente vai ter outra oportunidade de usar? Vai ser legal – foi o argumento que convenceu os outros irmãos.

Exagero. Os policiais balitanes eram humanos no estilo antigo, muito mais baixos e fracos que os trigêmeos, carregavam apenas armas de tonteio. Em caso de extrema necessidade podiam usar chama biológica, a mesma dos funerais purgues, mas era terminantemente proibido o uso em seres vivos. A punição era a expulsão da Bolha. Policiais balitanes não circulariam impunemente no Purgatório, que dirá em Adora.

— Uns cuzões, se borram de medo da gente — disse Ravri enquanto ligava a serra. O sangue jorrou da ferida para as máscaras e escorreu para o gelo do paredão. O tecido se contraiu e inflamou. Eles tinham poucos segundos antes que a cicatrização começasse. Sandri, o último a passar pelo corte, teve que brigar com os agentes coagulantes para que soltassem sua perna.

— Ah! Saco! Da próxima vez é melhor trazer uma serra para cada um. Os trigêmeos não encontraram a parede da prisão atrás do tecido. Crianças que brincavam num playground observavam, atônitas, os três gigantes mascarados no teto da escola primária. A prisão Comatose ficava ao lado.

※

— Por que a adoradora quer entrar no Purgatório? Eu perguntei o porquê. Responda simples — traduziu o robô.

— Então, ave da lei, senhor Pinguim... Não tenho um motivo, só uma desconfiança mesmo. Tenho unamigue perdide ai dentro. Ontem, Hani, é o nome de amigue, pediu explicações de como chegar num lugar dentro do Purgatório de que não gosto muito. O Santuário dos Mortos — sussurrou as três últimas palavras. — Combinamos de nos ver quando voltasse e não apareceu, nem responde às minhas chamadas. Hani não parece do tipo que faz iglu sem porta, se combinou tá combinado. Quero só saber se está bem. Posso passar?

O pinguim grasnou e o robô traduziu:

— Um passe para o Santuário.

O grasnar foi se espalhando. Os policiais pinguins repetiam a ordem e o androide repetia a tradução:

— Um passe para o Santuário, Santuário, passe para o Santuário, passe, passe, para o, o, o, o... — travou.

Samox esperou até que os pinguins decidissem se liberariam ou não sua passagem. O braquial piscou quando a permissão foi concedida. Samox tirou os casacos, enfiou na mochila e entrou na Veia 5S, dois dias antes da sua prisão.

O cliente de Hani era uma pessoa doce, que gostava de doces. Era tudo meio grudento na seção de separação. Zuzu trabalhava numa grande mesa oval com tampo iluminado onde se misturavam costelas e puxa-puxas, falanges e balinhas.

– Oi, amor. Boa noite. Desculpe o atraso.
– Hani!

Zuzu largou o maxilar que examinava e correu para Hani. Era baixinho, pesava uns duzentos quilos e suas pernas não tinham joelhos. Hani abriu os braços para receber o amigo. As mãos macias de balitane esfregaram a pele craquelada das omoplatas de Zuzu enquanto seu pênis roçava no umbigo do purgue. Zuzu também não tinha pescoço, mas seus braços eram longos e flexíveis, os dedos finos e próprios para o manuseio dos ossos. Usava um gorrinho amarelado no tom fluorescente de sua pele e mais nada. No geral, Zuzu parecia um ovo no qual uma criança colocou membros desproporcionais e desenhou dois olhos redondinhos e uma boca idem.

– Atrasei porque parei para tomar um muxitan com cogumelos, fiquei brisando nas esculturas e tirei um cochilo.

– Ha! Ha! Acontece sempre com não purgues.

– Em cada canto tem um artista aqui. Não é, amor?

Hani tirou o gorrinho que cobria a cabeça de Zuzu e beijou sua careca. Depois mordeu a orelhinha pequena, que estava meio perdida dentro da camada de gordura.

Zuzu passou a mão na cintura de Hani e desceu para o quadril. Seus dedos finos percorreram a bunda de balitane.

– Assim não, faz cócegas e me desconcentro. Vou chupar seu pauzinho enquanto você faz carinho no meu cabelo com esses dedos mágicos. Tá bom, querido?

Zuzu não disse nada, só suspirou.

Não foi difícil cruzar o estacionamento ao lado da escola e entrar em Comatose pela porta principal.

– Há nevascas que vêm para o bem. Se a gente tivesse entrado pela parede, o hall da prisão já estaria cheio de policiais e daria mais trabalho – observou Patri.

– Tem razão – concordaram os outros dois em uníssono.

Antes de chegar ao balcão da recepção, vestiram os óculos térmicos para protegê-los das luzes. Quando Comatose estivesse uma bagunça, eles conseguiriam distinguir onde circulavam os policiais e onde dormiam os criminosos.

— O horário de visitas já encerrou — disse a recepcionista para Patri, e tomou um tiro de pistola no ombro direito.

Outros dois policiais vieram na direção de Sandri e Ravri com as armas de tonteio em punho. Os irmãos sacaram as pistolas e dispararam. Não contra os policiais. Contra o teto. A destruição das paredes do corredor de acesso provocou uma chuva de penas e carrácaros. O alarme soou. Ravri e Sandri correram para o grande hall enquanto Ravri pegou a metralhadora e continuou disparando contra o teto do corredor. Sandri descarregou o cartucho da pistola nos dois guardas que monitoravam os computadores na área central. Ravri cobria a retaguarda, metralhando quem aparecesse. Patri jogou uma granada e explodiu o sistema de segurança, desligando o alarme. Mas eles sabiam que em minutos toda a força policial da Bolha estaria do lado de fora da prisão. Ravri jogou uma granada no corredor de acesso. Pedaços de bioconcreto se desprenderam do teto e das paredes, fechando momentaneamente a passagem, assim os irmãos teriam tempo de resgatar Samox.

Sandri atirou o gancho, que se prendeu acima da almofada onde estava a adoradora. Patri acionou o carretel e Sandri subiu num átimo até a fenda onde Samox dormia, colocou-a no ombro e desceu deslizando na corda. Um dos guardas feridos atirou um pedaço de bioconcreto nas costas de Patri. O que provocou uma gargalhada no adorador.

— Não fez nem cócegas — gritou na direção do pobre policial.

Patri apoiou o lançador de míssil em destroços no chão e apontou para a parede dos fundos da prisão.

— Torçam para o impacto furar o tecido, ou a gente vai se encrencar — disse, e acionou a arma. Ela travou. Era a primeira vez que a usava e o único manual que encontrara estava escrito em português arcaico. Não fazia ideia de que poderia usar o ombro como apoio. Tentou novamente, colocando força no gatilho, o que fez com que o apoio cedesse. O lançador tombou. O míssil fez uma elíptica, atingindo a área acima dos trigêmeos e de Samox. Corpos e cartilagens cairiam sobre os quatro. As penas vieram depois.

Do lado de fora, policiais usavam mangueiras com chama biológica para dissolver os escombros que impediam sua passagem. Acabaram por dissolver também os feridos e os mortos. O hall estava sendo liberado para o batalhão de polícia e suas armas de tonteio.

⛧

Zuzu deu um gritinho de alívio e prazer quando Hani tirou o pênis de seu ânus. O balitane rolou das nádegas do purgue para a mesa. Duas vértebras espetaram suas costas.
— Ai!
— Cuidado, queride! Machucou?
— Não foi nada, docinho.
Zuzu puxou um crânio cheio de balinhas e ofereceu para Hani.
— Não, obrigade, lindu, o muxitan ainda está dando voltas no meu estômago.
— Quer um remedinho? Tenho uma variedade para problemas de estômago. Chás, pós, pastilhas, emplastros, o que preferir.
— Precisa não, amor. Conta as novidades.
Não que fizesse parte das atribuições de Hani como prostitute ouvir os outros. Era antiético servir de travesseiro de problemas. Entre Zuzu e Hani existia uma certa cumplicidade de destinos. Lidar com a morte, inevitável e imprevisível, pesava tanto quanto lidar com os prazeres. O trabalho de Zuzu o lembrava constantemente de que amanhã poderia ser seu último dia, os clientes de Hani pareciam acreditar no mesmo. Zuzu se virou para o lado de Hani e apoiou a cabeça no braço, colocou três balinhas na boca e disse, enquanto chupava:
— Estive repensando esta coisa de integração. Você é a favor, eu sei. Eu também me inclino para isso, mas há algumas coisas que não tinha pensado.
— O quê? Fala, quero saber.
— Cada uma das unidades que compõem nosso lugar no reino criou sua própria cultura, seus próprios valores. Será que a integração não vai acabar anulando alguns desses valores e substituindo por outros?
— É o que acontece, Zuzu. Vai prevalecer o que for mais forte, o que não quer dizer que será o melhor.
— Isso me aflige. Tenho certeza que os funerais serão diferentes, mais simples. Sem todo o ritual, talvez até a escolha dos ossos

desapareça, e meu trabalho também. Você pode achar que é egoísmo da minha parte, que estou preocupado com meu trabalho, mas não. Eu não acho bonito o que os balitanes fazem com seus mortos, nem legal com a família.

— A cremação total?

— Por causa do ritual, é rápido, a família quase não participa. A pessoa passa um século e meio, até dois com seu ente querido, e depois, puff! Acaba. Aqui você tem os preparativos, os banhos, o tempo da despedida.

— Não acreditamos que haja qualquer coisa depois da morte, entende?

— Claro, mas não é por causa do morto ou da morte. A razão das cerimônias e das crenças é para consolar os vivos. Irreal e poderoso, como uma droga. O que você vai fazer logo depois que os seus morrerem, se entupir de remédios? Eu prefiro as cerimônias.

— Não tenho os meus, sabe como é ser balitane. A gente é meio que jogado no mundo quando faz quinze anos. Mas faz sentido — Hani havia pegado uma das vértebras que machucara suas costas e brincava com ela, jogando de uma mão para outra.

— Cada um dos ossos na mesa vai ter um destino especial, escolhido para ele. — Zuzu estica o braço e pega um osso. — Este fêmur em perfeito estado vai para construção, por exemplo. Aqueles dentes enfeitarão o colar de um parente. Estou usando este crânio para minhas balinhas, e quer saber? Parece que estou adoçando a morte desta pessoa. Sei que você não acredita nisso, mas eu acredito, é a minha verdade. Dá prazer pensar assim.

Hani acariciou o lugar onde deveria estar o queixo de Zuzu. Encostou o ouvido no peito do purgue para ouvir seus dois corações. O suor do cliente escorreu para sua orelha. Precisava ir embora, encontrar a moça do bar, tomar outra sopa, ficar chapado e com azia. Mas não queria. A companhia de Zuzu era quente, confortável, acolhedora.

<hr />

Samox desceu para o seção 207S. Os túneis estavam barulhentos e quentes. Para Samox, a comida dos purgues cheirava a bosta e carniça. Ela detestava o emaranhado de passagens. A despeito da guia do braquial, não reconhecia estar no caminho certo. Em Adora os prédios eram padronizados, as ruas retas, os quarteirões enfileirados. Pichações aconteciam no verão e logo eram cobertas pelo *frost*. Os grafites, esculturas e pichações dos purgues, ao invés de servir para indicar onde Samox estava indo, só faziam distrai-la. Se a integração acontecesse, imaginava que toda aquela confusão seria coberta com tinta cinza.

<hr>

Uma placa cartilaginosa caíra na cabeça de Sandri e o havia deixado tão desacordado quanto Samox. Ravri deslocara o ombro direito e sentia muita dor. Patri machucara a perna e, ajoelhado, tentava limpar a área ao redor do lançador de míssil.

— Acorda Sandri! Acorda! — gritava Patri.

O jato de chama biológica atravessou os destroços. Os policiais logo estariam no hall. Ravri tentou apoiar a metralhadora no braço machucado e proteger a retaguarda, mas a dor era intensa. Carregou as duas pistolas automáticas.

— Só isso de bala, não vai dar, Patri. O que eu faço?

— Sei lá, cara. Pensa aí. Se esses bostas não tivessem perdido a individualidade, dava para ameaçar um e parar o resto.

— Eles atravessaram os destroços! Corre com esse míssil, Patri!

Patri teve a ideia de colocar o lançador no ombro. Direcionou a arma. Os policiais invadiram o centro de Comatose. Ravri gastou os tiros das pistolas nos primeiros dez segundos, puxou a metralhadora e gritou para espantar a dor enquanto disparava:

— SEUS ESCROTOS MISERÁVEIS! AUTÔMATOS PAU NO CU! VOU COMER AS BOGAS DE VOCÊS TODOS!

Sandri acordou com os gritos de Ravri. A máscara estava encharcada de sangue. Patri atirou. O míssil atingiu uma área abaixo do que planejara. Não poderia saber se, atrás da cortina de penas, carrácaros, sangue e corpos que se formou, estava uma parede de gelo ou o tecido dilacerado da bolha.

— SANDRI! ATIRA AS CORDAS! SANDRI!

Sandri ainda estava zonzo. Os gritos de Ravri rodavam na sua cabeça.

— Caralho! Tem que ser eu, né? Quem dorme com um barulho

desses! – Samox puxou o visor térmico da máscara de Sandri e o atirador de cabos de seu cinto. Apontou para o lugar que o míssil atingira.

– Ravri! Vamos embora! Vamos! – gritou.

Sandri, Patri e Samox se penduraram na corda. Ravri ainda acertou cinco policiais antes de parar de atirar e juntar-se a eles. Os policiais atiravam pedaços de cartilagem e as armas de tonteio na direção de Samox e dos trigêmeos.

※

– Vocês, balitanes, se preocupam demais com o que as pessoas pensam! Deixa prá lá. Se quer passar um tempinho com a gente, passe. Não é de hoje que você vem falando que quer largar tudo e espairecer. Quantas vezes já conversamos sobre morar juntos no Purgatório?

– Querido! Não é tão fácil, tenho meus clientes, vou perdê-los se cancelar compromissos. Meus amigos já me acham esquisite por gostar desse lugar, imagina se ficam sabendo que resolvi tirar férias no Purgatório?

– Faça mais clientes aqui. Conheço uma porção de gente, gente--bicho. Vivos e mortos – riu Zuzu.

– Amanhã. Hoje, combinei com a moça do bar. Rolou o maior tesão entre a gente. Vamos fazer assim, vou arrumar minhas coisas por lá. Avisar meus amigues e volto.

– Seus amigues vão te convencer a não vir. Que este não é lugar para uma pessoa de respeito como você. Que você tem que se dar valor e blá, blá, blá. Escreve o que estou dizendo.

– Tem razão. O bar não vai sumir, nem a moça. Vou mandar uma mensagem para minha parceira de ménage. Tá tudo em ordem e limpinho na minha casa. Vou ficar aqui uns dias. Feliz, amor?

– Feliz! Feliz! Feliz! – Zuzu rolou para fora da mesa e caiu no chão, foi procurar um tanque vazio para tomar um banho.

Hani ficou deitado brincando com a vértebra. Na semana anterior, havia discutido feio com Xena, a sua parceira. Não era pessoa de discutir. Xena era radical anti-integração, mas até os radicais mereciam sua paciência. Hani sentia que estava certo em dar um tempo fora da Bolha, só uma ou outra visitinha esporádica não lhe dizia muito sobre o que era viver no Purgatório ou Adora.

Na próxima semana procuraria a dona do bar, de quem não lembrava o nome. Passaria uma semana com ela em Adora. Visitaria o templo dos Sini Barcates.

Foi fazer companhia para Zuzu no banho e um pouco mais de sexo, desta vez sem cobrar. Afinal, o purgue havia lhe oferecido a casa no Santuário dos Mortos.

Samox agarrou o pedaço de veludo que trazia. O Santuário dos Mortos era um lugar impuro, se Sandri soubesse que ela estivera ali, a expulsaria de Sini Barcate com certeza. O cheiro de churrasco humano misturado ao de sais de banho a deixaram enjoada. Ela se apoiou para vomitar e deu um grito quando percebeu que segurava num maxilar. Caminhou entre as piras com o pano no rosto. Zuzu e Hani dormiam em colchões infláveis num dos banhos entre as piras acesas. Embalados pelas cantigas fúnebres e os gemidos dos lamentosos.

– Acorda! Ou! Ei! Balitane! Hani! Hani!

Hani nem se mexeu. Samox esticou o braço para alcançar o colchão que flutuava no meio do tanque. Precisava de alguma coisa para puxá-lo para a borda. Na pira ao lado estava um esqueleto recém-descarnado. A costela parecia pequena, o fêmur não tinha ângulo. Ela pegou o quadril, esticou o braço novamente e alcançou o colchão. Cutucou Hani com o osso e pediu perdão aos deuses.

– Serei a melhor das fiéis. Sini Barcate! Prometo muito ouro e bordados ao deus veludo. Perdoe minha heresia. Acorda! Aê! Ei! – cutucou Hani.

O balitane havia dormido o melhor dos sonos, sentiu que pesava nada, sua vida não tinha mistérios e a felicidade era equivalente ao sossego da morte. Acordou um pouco contrariado.

– Atrix! Que faz aqui? Eu vi suas mensagens, mas estava ocupado, trabalhando...

– Samox. Esqueceu meu nome?

– Desculpa, não foi de propósito, sou ruim para nomes, amor. Vem cá, o colchão é grande, tem espaço para você.

— Um, meu passe tem vencimento. Dois, seu cliente pode reclamar. Três, eu tenho um presságio ruim, que envolve você. Quatro, este lugar não é para mim, estou pecando vindo atrás de você aqui.

— Um, nenhum pinguim vai vir atrás de você, amor, nem que passe anos aqui dentro. Dois, não estou mais prestando serviços, estou de férias e o Zuzu é meu amigo. Três, se for o mesmo da velha pastora, que não vou sair mais daqui, ela estava certa, em termos, e não é ruim. Quatro, é bom pecar.

— Não, não é. Está falando da Praguejadeira? Ela te jogou uma praga, né? Sabia. Meus sentidos não falham.

— Quem?

— A pastora é uma Praguejadeira, eu sou uma sensitiva assertiva e você vem comigo agora.

— Não vou não.

Samox segurava o quadril acima da cabeça. Agarrava firme o colchão com a outra mão. Tremia e arfava. Hani achou que ela bateria nele.

— Abaixa o quadril e vamos conversar.

— Ah! Desculpa. Tô tensa. — Largou o quadril e soltou o colchão. — Aliás, sou tensa. É uma merda isso. Assusta as pessoas. Então, você vem?

— Bom. Decidi tirar umas férias por aqui. Estou muito estressado e ando brigando com meus amigos sem motivo. Acho que preciso de um tempinho para mim, querida, entende? Mas não me esqueci de você. Assim que sair daqui eu te procuro.

— Você não vai sair. A Praguejadeira disse, e agora que vi você neste inferno faz todo o sentido.

— Ótimo! Eu gosto do inferno.

— Como pode? Este lugar é horrível!

— Amor, eu não acho, e se você continuar falando de premonições e mau agouros vou perder o tesão que tenho por você. Eu te procuro, fica tranquila.

Samox não se convenceu, mas não tinha mais como pressionar Hani sem provocar uma briga. Despediu-se com um beijo. Zuzu, que acordara com a conversa, pediu um também, ela recusou mandando o purgue à merda. Samox foi embora batendo os pés e atrapalhando as lamentações de familiares e amigos que esperavam seus mortos se descarnarem. Ela precisaria de ajuda para tirar Hani do Purgatório. Os trigêmeos dariam um jeito. Falaria com Sandri e veria a posição dele, só não podia dizer que tinha ido ao Purgatório e entrado na área dos sepultamentos. Mexer com os mortos era contra todos os seus princípios. Eles a expulsariam e não seria mais uma Sini Barcate. Mentiria, se fosse preciso. Se fosse preciso iria à Bolha, procurar por um amigo de Hani, mas só em último caso.

– Nossa! Ela parece que está mesmo a fim de você – disse Zuzu.

– Acho que não é isso – Hani ligou o braquial e chamou Xena.

– Deve ser religião, os adoradores levam muito a sério as visões, premonições, essas coisas. Não vou julgar porque não entendo. Continuo com tesão pela adoradora, ela é intensa. Quero pensar nas férias. No Purgatório com você e em Adora com ela.

– Adoro!- - Zuzu rolou para fora do colchão e caiu na piscina, espirrando água em Hani, que mandava uma mensagem para a parceira de ménage.

"Oi! Xena! Vou ficar no Purgatório com o Zuzu por uns dias. Se alguém perguntar por mim, desconversa. Se for uma adoradora, inventa qualquer coisa, ela veio aqui atrás de mim. Mas não briga com ela, guarda seu radicalismo anti-adoradores para nossas conversas. Te amo". – Desligou o dispositivo braquial para que ninguém mais o encontrasse e falou para Zuzu: – Quer ir comigo? Para a Bolha, depois das minhas férias, amor?

– Não posso, meus corações não aguentariam a subida, mas obrigado, docinho.

Patri tirou a serra da mochila. O míssil abrira um belo buraco, mas o tecido da Bolha ficara intacto. Para ajudar a rasgar o tecido, Samox pegou a metralhadora de Ravri e começou a atirar. O tecido cedeu e eles saíram. Samox desceu primeiro e segurou a corda para que os trigêmeos pudessem escapar. Dois flamantes estavam estacionados numa travessa de Adora, não muito longe dali. Em dez minutos estariam em casa.

A polícia investigaria, mas o sistema interno de imagens não mostraria nada, o externo Bolha não existia. Estava ainda em discussão entre o conselho da Bolha e o de Adora. Além de plumas ao vento e três gigantes com máscaras, nenhuma identificação poderia ser feita. Mais cedo ou mais tarde dariam pela falta da prisioneira Samox, mas ela não dependia do nome para fazer negócios, como os trigêmeos. Só arrumar um novo nome, transferir o bar para a nova proprietária, ela mesma, e continuar a vida.

– Que nome quer nos seus novos documentos? Vê se acha um bacana agora, esse Samox é horrível, não devia ter escolhido este nome da última vez – disse Sandri, quando entraram no container do ferro-velho.

– Que tal Atrix?

– Legal, sugestivo – opinou Patri.

– Caralho! Tá cheirando a bosta aqui dentro, parece o Purgatório. Eca! - Samox tampou o nariz.

– Praguejadeira? Bebezinhas do papai? – chamou Ravri.

No chão do quarto das meninas, a Praguejadeira terminou sua existência tranquilamente, ou não. Uma das bebês cagou em sua boca maldita.

CYBERFUNK
Carlos Contente e
Rodrigo Silva do Ó

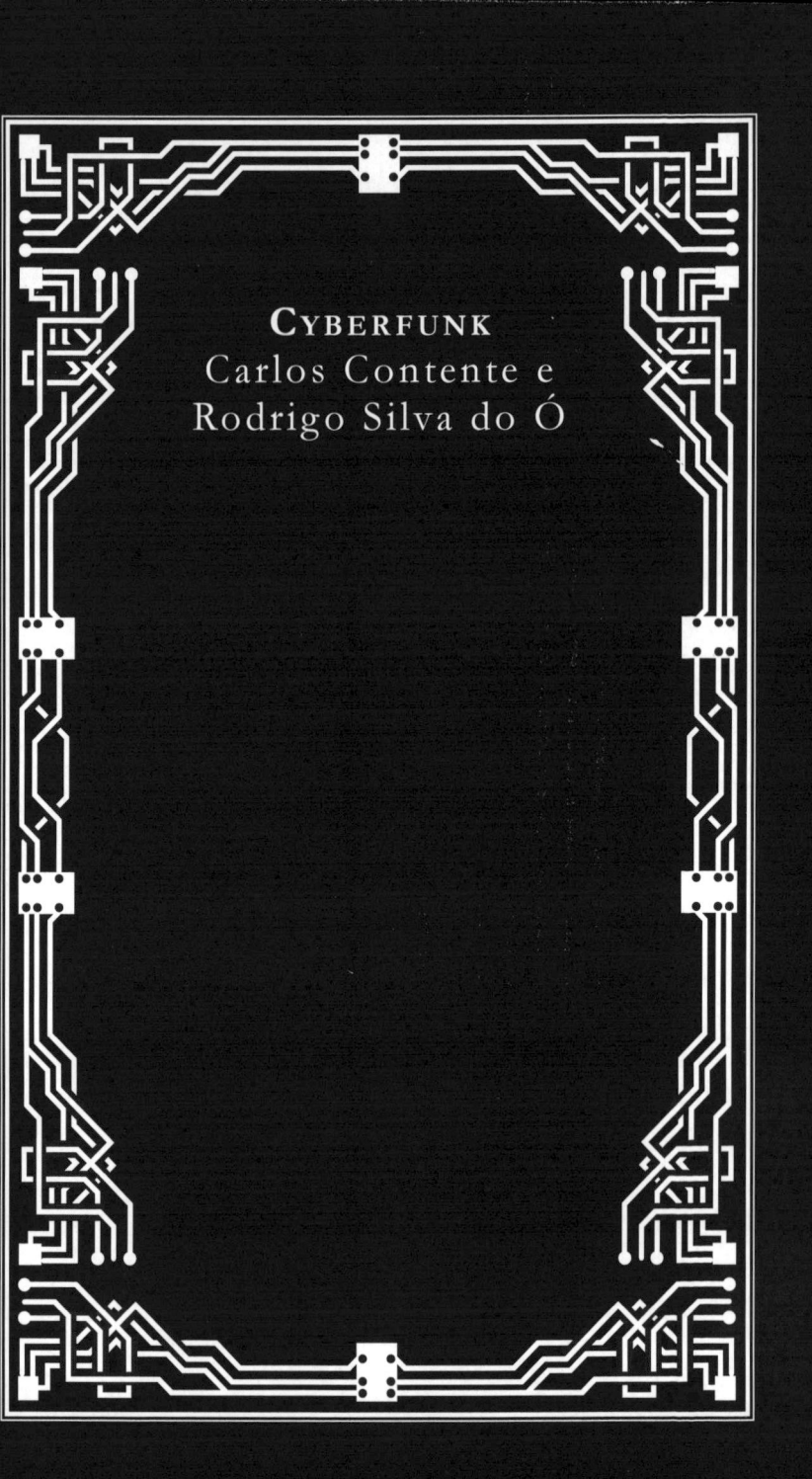

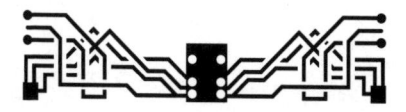

1

Eles deixam os filhos soltarem drone de sacanagem na parada do aero, só porque têm raiva do pessoal da Volta por Cima. Foda pra desviar, o aero quase rodou, o Jorginho não tem culpa se lá embaixo é todo mundo fodido que nem ele e tem inveja do povo de cima. Eles tão lá porque ganharam, porra, todo mundo pode participar do programa. E se ele quebra um drone desses moleques, ainda vai ter pai querendo que ele pague outro.

Pousou se estabacando todo, assim que parou abriu a tela no campo de visão. Mensagem da mãe ali do lado: "o homem da prefeitura disse que se não pagar os atrasados da escola, ele já não vai poder ir na segunda. Eu tô desesperada aqui, tomei meu remédio mas ainda não passou."

O que que eu vou fazer, Senhor? Eu sabia que o prazo tava chegando, mas não consegui arranjar o dinheiro. É mais de doze mil... É o que eu tava pensando, vou ter que vender um rim pra pagar esse boleto.

2

Jorginho tava tremendo na fila da clínica da comunidade, tinha o maior medo de bisturi. O primo dele não era bem doutor, mas alguma coisa tinha aprendido ali. Ele apertou o medfone no pulso do Jorginho e esperou uns dez segundos, que demoraram como se fossem horas.

— Infelizmente, primo, você não é compatível com o nosso cliente. E eu também tô quebrado, tirando a taxa que eu pago pro médico, não sobra nem o dinheiro do aluguel direito.

O Jorginho tava desesperado, imaginou que alguém pudesse precisar de alguma coisa do corpo dele, mas esse esquema não é tão fácil como parece. Depende muito da encomenda. Se não tiver, pode levar meses. O pior é que o problema da escola era efeito dominó, se o Davi ficasse de fora, ele ia perder a renda cidadã, aí ia pagar as contas como? Desespero é uma merda.

— Primo, você sabe de outro jeito deu conseguir esse dinheiro?

— Jorge, você é um cara muito correto, não faz isso não. O meu caso não tem mais jeito, mas tu não precisa.

— Cara, eu não posso ir pra rua! Até a Suzana voltar, eu tenho que dar um jeito!

— Eu te aviso se eu souber de alguma coisa.

3

Jorginho ligou o foda-se, depois de três dias chegou à conclusão que o primo não queria adiantar o lado dele, sem ele saber foi falar com o chefe do cara. Ao mesmo tempo, sabendo do risco que tava correndo, pedia em nome de Jesus pra ser aprovado na semana seguinte no processo seletivo para black block.

O doutor era o maior filho da puta:

— Vem cá, por que você tá passando pelas costas do teu primo?

— Ah, doutor Moura, parece que ele tá me embarreirando, eu preciso muito desse dinheiro, não me importo se der ruim, eu sei me virar.

— Olha, eu vou dar uma chamada nele, aqui é ilegal, mas quem não é? Parece que tem vergonha do que faz! A gente tá na comunidade, mas isso aqui é um serviço de ponta. Aqui é salvar vidas. Amado, você quer mesmo fazer um freela comigo? — no campo visual do doutor apareceu o sinal de OK. — Tudo bem. A gente não tira a vida de ninguém, é uma coisa que tem gente precisando e seria até egoísmo negar, tá amarrado. Faz assim: tem gente no nosso cadastro que é compatível com o nosso cliente que é incompatível contigo. Você só tem que extrair um pedaço do tecido. Não tem nada demais, se fosse um óvulo aí era uma vida, mas nesse caso não tem caô nenhum de pecado. Vou te dar os dois nomes, e o desenrolo é contigo. Fechou? Pensa muito bem, porque isso é responsabilidade e tu tem que ser fechamento.

— Doutor, eu só tô aqui porque eu já pensei e cheguei na conclusão de que é isso mermo que eu vou fazer.

— Tá. Tô mandando o perfil dos caras, você pode pegar no Mapa. Vê aí como você resolve.

— Formou! Em nome de Jesus.

— Pega esse medfone aqui. É mais fácil se você conseguir um pedaço do tecido do rim, se for outra parte do corpo fica muito mais difícil fazer crescer. Por isso, que eu só vou te pagar inteiro se for o rim, entendeu?

Jorginho ficou olhando bolado pro medfone. Fazer o quê?

— Vou tentar pegar os dois do cadastro, facilita pra vocês...

— Pra nós cultivar. Isso. E a gente te paga em dobro também. Eu vou precisar dar um voo pro laboratório, ora e vigia.

4

Jorginho ficou sem saber o que fazer, mas achou que seria mais garantido seguir as pessoas pelo Mapa até lugares com muita concentração, onde ele poderia até tentar fazer o corte nas costas disfarçando, como se fosse um acidente. A coisa logo pareceu bem mais complicada do que antes de ele querer fazer esse trabalho.

Não adiantava quebrar a cabeça. Ele viu que um dos caras tinha confirmado um evento na Galeria da Galera. O Jorginho não conhecia direito, mas imaginou que fosse uma galeria de arte em um condomínio de luxo da Zona Norte. O aero tava com a identificação certinha pra passar na blitz (ali já era outra corporação de segurança), ele esperou dois dias e foi lá, deixando pra trás a comunidade que estava à sombra da Volta por Cima, agora sobrevoando o Méier. Saiu daquele amontoado de casinhas e apartamentos pequenos cobertos de placas solares mal arrumadas e foi ver os megacondomínios e prédios comerciais da Pavuna.

Pagou o dinheiro da blitz e viu a galeria perto do condomínio, numa área comercial chique da Pavuna. Quando chegou na entrada da galeria, ele entendeu o que tava acontecendo: o som altão de baile funk, uma coisa bem *vintage*, como ele lembrava da mãe dele contando. Rico gosta de inventar, mesmo a prefeitura tendo proibido os bailes que não fossem gospel, eles juntavam o pessoal que mexe com arte pra fazer esse tipo de evento e contestar a sociedade.

O segurança da galeria estranhou ele, preto, indo nesse tipo de evento, pelo menos a cara estranha que ele fez parecia que indicava isso. Jorginho tava vestido todo formal, de camisa social e tudo, achando que ia ser uma exposição ou coisa assim. Ele pensou, como que eu vou esconder esse medfone? Quando foi revistado, o segurança só falou educadamente:

— Senhor, vou ter que deixar o medfone aqui na entrada, o senhor se importa?

Jorginho ficou sem reação, mas achou melhor fingir que estava tudo bem. Imaginou que o jeito ia ser sair junto com o cara e inventar algum pretexto pra tirar o tecido dele depois.

5

O DJ, um sueco lourinho que ainda tinha um sotaque bem carregado, tava trocando muita música antiga, um flashback muito bom da década de 10, até Bin Laden e MC Carol. O pessoal fritando na pista, pela aparência Jorginho imaginou que só tinha gente com dinheiro. De vez em quando, ele via o pessoal pelos cantos passando alguma coisa pelos implantes de cima do olho, e voltavam muito chapados e dançando feito uns zumbis. Se era o 3.2, aquilo mudava o próprio cenário que a pessoa enxergava, muita gente entrava nessa até o ponto em que não conseguia mais separar o Mapa da vida real, virava avatar.

Bem, o nome do cara era Bruno, ele tava lá dançando aquela putaria toda. O jeito era esperar, o Jorginho pegou um energético, já tava tomando prejuízo com essa história, mas até que ele gostava da música antiga.

Quando o cara saiu, o Jorginho já tava entediado, mas o cara também tava muito ruim e devia ter usado o 3.2 alguma hora, porque

tava rindo pra caralho e com cara de babaca. A rua não tava deserta, alguns grupos estavam saindo. Como o Jorginho não era o maior inventor de estratégias de todos os tempos, tentou esbarrar no cara:
— Ah, porra, para, para! — o Bruno se embolou todo no chão, o Jorginho tinha que fazer alguma coisa pra não dar a impressão de que fosse um assalto, senão ele ia pro poste ali mesmo e dali o vídeo dele ia fazer sucesso no Mapa, então levantou o cara o mais rápido possível, gritando "foi mal, varão, foi mal!". Segurou o cara bugado, fazendo gesto de tentar levantar ele, com o medfone por baixo do terno e a agulha acionada, tacou na direção que calculou que era a do rim e apertou o botão físico, o cara deu o maior grito, "porra, você tá me machucando" e enfiou a mão na cara dele.

Se juntou o círculo, doido pra ver a briga ou linchamento. De tanto descer e subir no aero, o Jorginho tinha sangue frio o suficiente pra tomar muita porrada sem soltar o medfone do pulso, e ainda conseguiu recolher a agulha. Gritou "desculpa, cara, eu esbarrei!", deixaram passar na rua porque ele tava de camisa social, não parecia que era um menor desses que eles dariam um tiro pra nunca mais roubar. O próprio Bruno se acalmou, também sabia que no bug do 3.2 ia ser difícil ter certeza do que tava acontecendo de verdade. Jorginho não quis abusar da sorte e saiu voado.

6

Lógico que nada tava resolvido ainda. A amostra precisava ir para o laboratório pra testar o cultivo, pelo que o doutor falou isso ia levar uma semana. Jorginho ficou com medo, mas também cheio de adrenalina, pensou em procurar o segundo cara antes disso, já pensou se a amostra não servisse?

O Ezequiel ele conhecia, era amigo do Matheus, cara chato pra caralho. Eles tinham estudado juntos, mas se falavam pouco, porque o Matheus tinha pegado os módulos totalmente diferentes dos dele na escola. Ele sabia que o estudo é importante e tal, mas não ia pagar quase o dobro pra pegar matérias não oficiais de história e de ciências.

Bem, o Matheus pegava, e acabou que era um troll do caralho, e achava que sabia mais que todo mundo por causa disso. Foi tentar desenrolar com ele. Chegou, começou a aparecer emoticon de risada na frente dele, ah, vai tomar no cu, cara, tá de sacanagem comigo!

O Matheus era assim, vivia andando, olhava mais pro Mapa que pra rua, era realidade diminuída. O Jorginho lembrou que por essas e outras não falava mais com ele, e pensou em dar meia-volta e meter o pé, mas o cara criou um cenário na frente dele, como se fosse um filme clichê cyberpunk:

— Não, braço, peraí, eu tô rindo porque tu tá com essa cara de desespero! Tomou 3.2?

— Varão, eu preciso falar com o Ezequiel, assunto de trabalho. Já mandei dois holos pra ele e nada. Você pode me ajudar?

— Agora ele é amigo, né? Na época da escola, tu chamava ele de doutrinado! Vocês são foda.

— Não quero saber da vida dele nem qual fato ele acredita, só preciso resolver uma coisa de trabalho.

— E ele vai querer o quê? Ele passou no processo seletivo pra black block, não é qualquer um não. Eu não sei onde ele tá, eu sei que tem manifestação amanhã, mas o zé povinho não quer saber.

O Jorginho imaginou que isso era o máximo de informação que ele ia conseguir com aquele troll. No dia seguinte, aproveitou uma entrega perto do almoço e foi de aero pro centro do Rio.

7

Lá longe, já dava pra ver a fumaça das bombas e a correria. No Mapa, aparecia o Ezequiel, mas como o Jorginho ia chegar lá? Tava tudo cercado pela segurança armada da Dove, e só manifestante credenciado podia entrar.

Jorginho pegou a rua Moreira Franco, mas, logo que fez contato visual com o promotor da Dove, o cara começou a correr atrás dele com o medfone. A sorte é que ele tinha um bom preparo físico, e conseguiu sair por uma esquina, perto da estátua do Bispo Macedo.

Logo na frente, viu um manifestante que furou a barreira da Dove correndo, ele deixou um pacote na fachada de um prédio abandonado. Depois, cercaram ele e enfiaram a porrada. Pela maneira que ele tremia, tinham metido um fio nele. Se ele fosse preso, iam comer ele na certa, ainda gritando que esses caras querem é dar o cu. Mas isso só depois. Arrastaram o cara pra uma distância. Parecia aqueles filmes da revolução no Egito.

Tudo explodiu, o ouvindo zunindo, a nuvem de poeira e umas pedrinhas que bateram no tênis dele. A fachada foi destruída completamente e o prédio tava pegando fogo. A polícia começou a atirar.

Com a língua pra fora, o Jorginho calculou o perigo que tinha passado. Os caras da Dove ainda eram piores que os da Netflix, desde que eles ganharam o controle da segurança no centro, era só neurose. Além do mais, ele não tinha a credencial pra participar da manifestação. Tinha que ter outro plano.

Com o barulho da demolição da fachada do prédio ainda ensurdecendo ele um pouco, pegou o aero e voltou pro trabalho. Enquanto eles demoliram os prédios e corriam da polícia, ele ia ter que entregar galão de soda cáustica pra Volta por Cima usar na chuva alcalina.

O Jorginho se sentia parte de uma coisa maior nesse ponto, porque, além do reality ser um projeto social, ainda ajudava a natureza, corrigindo a chuva ácida. Pensamentos de trabalhador, não de manifestante, mesmo que existisse sim emoção naquele corre-corre com a Dove.

8

A tranquilidade de pensar que ia encontrar o Ezequiel passou rápido. Em dois dias, já dava pra perceber que não ia ser tão fácil assim esbarrar com o varão. Quando a Volta por Cima mandou o holo pra ele acordar, o desespero já tava batendo, ainda mais esse tempo todo sem ver o filho, fazendo escala de zero horas pra ganhar um pouco mais.

Antes de se vestir, veio também o holo do doutor, "olha, fiel, aquela amostra não serviu não, você tinha que ter cortado mais fundo", assim, seco e burocrático.

9

— Seu velho filho da puta! — o Jorginho tinha perdido a linha e estava esmurrando a cara do doutor, vermelho de raiva, quando caiu imobilizado no chão.

— Você me queimou, cara, só não te mato porque você é meu primo! Some daqui, se aparecer de novo não tem perdão!

Taser é foda, o Jorginho ficou um bom tempo tremendo, enquanto os três funcionários da clínica olhavam pra ele com ódio. Teve vergonha de pedir desculpas e tentar começar tudo de novo, mas fez um grande esforço e chamou o primo, Lucas, eu perdi a cabeça, tô desesperado com essas contas, ele tem que me dar uma segunda chance.

— Você não é de confiança, me sacaneou, ímpio do caralho! Dá o teu jeito agora.

10

Subiu no aero mesmo tremendo, pra não falar e correr o risco de perder o empreendimento. Mas foi passando mal. De onde ia sair esse dinheiro?

O aero se levantou sobre os becos da comunidade, ele viu a pichação BÍBLIA SIM, CONSTITUIÇÃO NÃO, de quando ele era criança, antes da Lei do Resgate. Mais um pouco à frente, já aparecia no céu a plataforma prateada da Volta por Cima, com a chaminé de vapor e as antenas de satélite.

Ele chegou no mercado e botou os galões de soda no aero, perguntaram se ele tava doente. Será que alguém conhecia quem pudesse emprestar esse dinheiro? Vou ver, vou falar lá na minha área. Nada de concreto.

— Pai, não me deixaram entrar na aula hoje! Tem que pagar pelo menos dois meses. A diretora também falou que daqui a quinze dias o governo corta a renda cidadã.

— Filho, pode ficar tranquilo, hoje eu vou pra casa e levo esse dinheiro. — Falou isso sem nem imaginar como ia fazer.

11

Enquanto os carregadores pegavam a soda pra botar na chaminé, ele olhava pra dentro da Volta. Um campo de futebol, uma piscina, as pessoas jogando. Tiveram mérito, né?

Ali não se usava dinheiro de verdade, só o fantasia, então a ideia que passou na cabeça dele de sequestrar alguém era impossível. Também não valia a pena perguntar sobre dinheiro aos funcionários da Volta, por uma dessas podiam tirar ele como ladrão e mandar embora.

Voltou pra casa sem nada. O Davi perguntou "pai, você já voltou do trabalho?". Não conseguiu almoçar, pensando no que fazer. Deu o remédio pro filho não fazer bagunça e foi embora, sentindo muita falta da Suzana.

12

Torrou a água com soda do aero, metendo o pau no F5, e chegou voado na parte mais rica da cidade. Forçou pra manter os olhos, que ardiam um pouco, abertos, e viu a torre espelhada do Templo, que era a área administrativa.

Mas visual mesmo era o das cenas bíblicas em holograma gigante no céu, agora eram os quatro querubins do Apocalipse. Lá no fundo, os morros com as favelas e as suas placas solares e aeros pousados nos telhados, como se estivessem louvando ao Senhor. O aero quase raspou na asa cheia de olhos do Leão, mas deu meia-volta e pousou no estacionamento dos edifícios comerciais chineses, cada um com o logo da empresa ou mensagens escritas em ideogramas em holos gigantes. Registraram o implante dele, ele saiu já pensando, vou ver com a tia esse desenrolo.

Dinheiro tinha lá, se até as crianças pagavam ingresso pra assistir aos holos dali! Quando ele passou no portal e foi escaneado, apareceu o caminho da sala onde a tia dele trabalhava, depois do atendimento pessoal com os pastores IA e do ensaio de axé gospel.

— Jorginho, tá sumido, garoto!
— Paz do Senhor, tia.

– Aconteceu alguma coisa, menino?

O Jorginho, vermelho e de cabeça baixa, explicou a situação.

– Ô, Jorginho, é muito dinheiro pra mim! Aqui a gente se dedica muito, é uma missão, a meta é alta, mas não dá pra guardar muito, ainda mais na minha área. – Ela ficou preocupada, queria muito ajudar o Davi. – Já sei! Mas olha, é um irmão que a gente faz cobrança pra ele, ele perguntou se alguém da Ação Social do Cárcere podia se oferecer, vou ver se ele te aceita. Volta aqui amanhã.

13

Fez o reconhecimento do DNA, mas não precisou ficar na fila com os presidiários. Colocaram ele num helicóptero. Meia hora depois, desceu num prédio alto de frente pro mar. Duas chinesas levaram ele pra uma sala limpíssima, nem parecia hospital. Ele assinou uma porrada de papeis, deitaram ele na cama.

– Senhor Jorge, muito obrigado pelo seu desprendimento! O teste com o senhor vai ser um pouco diferente do que será feito com os outros voluntários. Você vai emprestar o seu corpo para uma pessoa necessitada. Quanta generosidade! – a médica já estava ligando o implante dele num terminal de computador.

No começo, era como se outra pessoa estivesse presente, mas ele começou a ficar sem ar e não conseguia mais mexer o corpo, ele via nitidamente que um velho chinês em coma – ele sabia até que era dono de uma rede de lanchonetes que fazia versões veganas de carnes de animais exóticos, mas não reconheceu o nome e só entendeu que era na China –, ele estava conseguindo movimentar o corpo do Jorginho pela interface do implante, refrigera-me Senhor, eu não consigo sair daqui, ele tá andando nos corredores do hospital, eu não entendo nada de chinês, mas de que ele tem medo? fizeram vários exames, tiraram sangue e um líquido da cabeça, eu tô respondendo em chinês, por que chegou essa mulher de terninho de touca e máscara, salvando tudo que ele fala? por que tá todo mundo nervoso? como assim, quem é esse cara que ele quer matar, porra???? enjooooooooo

14

— O que aconteceu? Eu ainda tô no hospital? Que lugar é aqui?
— Bom dia, senhor Jorge. Agradecemos a sua generosidade. A contrapartida já está disponível na sua conta. Assine aqui a sua alta, o senhor já pode sair do hospital.

E não é que os denários tavam lá? Tinha tirado os dez por cento da igreja, a comissão da tia e a do hospital, mas era mais da metade do bruto! Que glória! Mais de quinze mil, ainda sobrava pra gastar jogando Yundong! Valia a pena até aquele enjoo e perder o controle do corpo. Mas peraí, ó Senhor, três dias internado? Será que o relógio do Mapa tava errado?

15

— Quero ver tu fazer o Davi parar de chorar, filho da puta. Você acha que esse box é legal pra morar? O cara da Construtora botou a gente pra fora e ainda travou os móveis, só deixou a gente levar os lençóis e duas mudas de roupa. O plano do implante virou básico, a gente tá dormindo nesse colchão velho aqui.
— Ah, mãe, por Jesus que vou conseguir mais dinheiro. A escola eu já paguei, então a renda cidadã vai voltar mês que vem, agora é só pagar a multa do despejo. No trabalho não tem erro não, o meu atestado é de plano bom, eles só vão descontar os dias, todo mundo passa mal de tanto trabalhar às vezes.

Mas o plano do Jorginho ia bem mais além.

16

Ele chegou na lanhouse, tinha um monte de adolescentes se jogando, pulando, atirando com as armas virtuais, uma barulheira do caralho.
— Cidinho, eu preciso fazer uma busca reversa de uma imagem.
— Hahahahahaha, de novo, varão, aquela vez a Débora te deu um toco que tu ficou sem sair na rua duas semanas, hahahahaha!
— Pô, vaso, não é pra procurar mulher não. A Suzana no maior

sacrifício, tu acha que eu vou adulterar com ela? É coisa de trabalho, eu quero ver uma mulher que não me pagou.

O Cidinho ficou meio bolado, a situação da Suzana lá no reality na Europa não era fácil, ele ficou mal de fazer essa brincadeira. Pegou a leitora meio amuado e pediu pro Jorginho se concentrar bem na imagem. Demorou um pouquinho. Tudo em volta escureceu e apareceram os dados ao lado da imagem do chinês:

— Esse cara tem um escritório lá na Abolição.
— Varão, o que tu tá inventando? Isso é coisa de xisnovagem?
— Deixa quieto, Cidinho. Vou resolver isso, irmão, vai ser tranquilo.

17

Todo arrumado assim, eu acho que ele me atende. Jorginho estacionou o aero direitinho, transferiu o dinheiro pro agente de observação de veículos, e foi de camisa social e calça comprida para a recepção. Não é todo dia que você pode usar bermuda de tecido-tela com efeitos visuais. Quando a porta perguntou se tinha horário marcado, ele pediu para falar com a portaria. Veio uma chinesinha com o uniforme da empresa, parecia que eles trabalhavam com patente de animais.

— O que o senhor deseja?
— É uma coisa muito séria que eu tenho pra falar com o senhor Zhu — o Jorginho sabia que eles iam embarreirar o máximo possível, tinha aquela filosofia popular de que chinês odeia preto — é coisa de vida ou morte, eu sei de gente querendo matar ele! — Não tinha terminado de falar "matar", chegaram dois seguranças chineses de dois metros de altura, numa porrada só, quando ele viu já tava imobilizado, e do chão levaram ele pra uma sala depois de dois lances de escada. Apontaram a arma de choque pra ele, a porta abriu e entrou um cara de terno, mas dava pra ver nele um monte de tatuagens:

— Se você veio ameaçar o senhor Zhu, daqui você não sai vivo. Deixe-me instalar isso aqui em você — o Jorginho não tinha muito o que fazer, ficou parado enquanto o caboclo ligava um eletrodozinho no implante, pegava a lanterninha de onde saía o eletrodo e apontava pro olho direito dele, até quase cegar. — Se você mentir, eu vou saber. Esse aparelho é o mesmo que usam na justiça. Então, me diz agora, macu, como você sabe que querem matar ele? E por que você veio aqui?

— Vocês têm que fazer uma busca reversa na minha memória, lá explica tudo, só assim vocês conseguem acreditar.

18

O chefe do tatuado fez que sim com a cabeça quando viu o holo da memória, agora eu tô fudido, El Shadai, eles pegaram o trunfo que eu tinha, como eu vou pedir uma recompensa?

— Tudo bem, é verídico. O que você quer em troca? Certamente você não veio aqui por altruísmo.

— Em nome de Jesus, eles me usaram nessa experiência, eu fui enganado, mas eu precisava muito do dinheiro! A minha família foi despejada! Pela minha resiliência e assertividade, eu só peço um investimento da empresa de vocês pra eu me resetar financeiramente — nada com a linguagem corporativa para demonstrar comprometimento e empregabilidade.

Eles se entreolharam. O chefe mandou ele esperar numa sala com música ambiente. Depois de meia hora, tocou a campainha no Mapa, e apareceu um caminho para ele até uma sala. Quando entrou, ele viu que era decorada com esculturas e desenhos tradicionais chineses representando animais e magos, apesar de parecer uma sala de reunião ou um auditório pequeno.

— Veja bem, amado — era o mesmo tatuado com cara de índio —, a Techzoo é uma corporação séria, e não pode te ressarcir por essa informação de qualquer jeito. A gente precisa lançar lá na planilha uma razão específica para esse serviço. Então, vamos lhe fazer uma proposta, e fica a seu critério decidir se aceita. Porém, é aconselhável passar uma impressão para a minha liderança de que o senhor não vai dilapidar o valor dessa informação ao compartilhar por aí. Veja, é uma ótima empresa, eu trabalho com eles desde que eu tinha doze anos e eles me contrataram lá na Amazônia pra repassar DNA pra eles desenvolverem as novas linhas de produtos ecológicos. Eu posso dizer que eles salvaram a minha vida, porque um monte de índio vagabundo da minha tribo quis me matar quando as ervas ficaram em falta e eles tiveram que começar a comprar os chás da nossa empresa. A Techzoo me contratou e me tirou daquele buraco cheio de gente invejosa.

— Mas qual é o serviço? — perguntou, só pró-forma, porque já tinha aceitado, já que não era maluco de arranjar problema com esses caras.

— Então.

19

O Jorginho e o Josué — esse era o nome do índio — voaram rasgando num aero pra dois passageiros, o tecido-filme mudava tão rápido pra copiar as nuvens passando que dava tontura só de ver! Jorginho achou o máximo, parecia que eles tavam no filme do Matrix, cada um com uma arma de choque, e tinham um plano pra tomar de assalto o prédio da Cai Lu, foda-se o mundo, vou perder o emprego mesmo, agora eu me livro desse cara, pego meu dinheiro e vou até trabalhar pra Techzoo! Até esse babaca do Josué não é tão escroto como parecia lá no interrogatório.

— Protege a cabeça, nem o capacete de nanofibra de seda vai segurar sozinho a porrada! A gente vai entrar direto pela janela! — O Jorginho, meio assustado com o Josué, tentou se encolher de algum jeito, sem chance de eles entrarem pela porta da frente enganando os funcionários, isso não era filme de

— porradão direto no vidro, voou foi caco do tamanho das mãos dele, sem o uniforme não tinha sobrado nada, disparou um alarme altíssimo no prédio, eles foram cambaleando o mais rápido possível para o quarto de UTI do dono da Cai Lu. Os seguranças armados já chegaram atirando, pow pow pow.

— Salmo 91 versículo 1, porra! — o Jorginho incorporou o Blader Runner do Méier, a língua de plasma da arma de choque lambeu a parede e — sorte de principiante — jogou um segurança no chão se estrebuchando da queimadura. O Josué estava tinha entrado numa sala pra se abrigar dos tiros, mas saiu de novo pra dar cobertura pro Jorginho, e começou a chicotear a arma pra abrir caminho até a sala em que ele sabia que o cara estava.

— Sou foda! — Ele correu até o quarto que tava indicado no Mapa. A luz do prédio foi cortada, menos a do quarto-UTI. O Josué ficou sozinho, com as balas pegando na nanofibra embaixo da roupa, a qualquer momento ia furar. Mesmo assim, ele golpeava pra limpar o terreno. Mas logo mudou de ideia:

— Volta, porra! Tem gente entrando pelo outro corredor! — o Josué sabia que ia ser impossível manter fogo contra as quase dez pessoas que já estavam no andar. Num relâmpago, viu que matar o cara e ser apanhados depois ia expor muito mais a Techzoo do que fugir. Claro que a Cai Lu também tinha como extrair a verdade, da mesma forma que ele fez com o otário que tava botando tudo a perder agora, brincando de herói.

Sem entender nada, o Jorginho saiu voado, tomando tiro, o sangue pichando a parede branca do corredor, e os ecos ensurdecedores desorientando a cabeça a ponto de ele ter que pensar pra saber onde era atrás e na frente. Será que eu fiz alguma merda?

Eles foram se afastando, se aproximando cada vez mais da janela por onde tinham entrado. O Josué passou uma mensagem pelo Mapa pro Jorge, ele respirou bem fundo, a cara de medo disfarçou bem, porque eles dois pularam da janela quebrada quase no mesmo instante, e um aero pegou eles dois andares depois. Entrosamento perfeito com o aero de apoio, e o Jorginho não tava sabendo de nada disso, assim como não sabia que o capacete bloqueava as filmagens, o que queria dizer que ninguém tinha nada, nem um retrato falado, porque ele tava de máscara.

O que nem ele nem o Josué sabiam era que a Dove não ia levar o caso à frente, primeiro porque não era do interesse da Cai Lu abrir uma investigação que pudesse revelar certas informações e, principalmente, porque a Techzoo era fornecedora de biotecnologia para a Dove e ia molhar a mão deles com muito pantenol sintético.

O Jorginho começou a chorar de nervoso, porra, eu vou perder o meu pagamento!

20

Ele tava todo fodido, bem mais que o Josué (que só tinha manchas roxas das balas que a nanofibra conseguiu segurar) já que ele não sabia fazer as posições para absorver melhor o impacto. Acabou quebrando o braço em dois lugares, e torceu o pé na hora de pular pro aero. Deram uma injeção maluca nele, imobilizaram e mandaram pra casa.

Antes de ir, ele foi falar com o Josué, pra não chegar no box de mãos abanando:

— Olha, eu também tenho que pagar as minhas contas, você agiu de uma maneira idiota, mas fez pra ajudar a corporação. Tudo bem, deu errado, mas a gente não é a Cai Lu. Nós temos ética e responsabilidade social. Vamos te indicar para um trabalho digno onde você vai arrumar esse dinheiro, só vai demorar mais um pouco.

— Muito agradecido. Vocês não sabem o livramento que isso vai ser pra mim.

21

O Davi começou a chorar quando viu o holo do pai no programa Cobaias. O pai dele era um herói, conseguiu sair de um trabalho de pobre e entrou num reality! Um verdadeiro empreendedor, desses que a professora fala na escola! Agora, ele ia até menos em casa por causa das doenças, mas valia a pena, ser trending topic é assim mesmo, o programa era uma verdadeira febre, todo mês contaminavam os participantes e quem ficava muito mal tava fora.

Agora ele tinha saído daquele box gelado – que emoção quando o pai chegou todo imobilizado, mas com aquele sorriso de quem tem dinheiro pra gastar –, a escola tava em dia e ainda conseguia jogar os melhores jogos no Mapa! Escorreu uma lágrima do olho da vó do Davi, agora bem mais tranquila e medicada. Ela ainda não tinha contado pro neto que o primeiro comercial do reality da mãe dele ia passar agora no intervalo. Ela morria de saudade da Suzana, uma nora muito trabalhadora. Quem disse que não existia final feliz?

Próximo nível
Marcelo A. Galvão

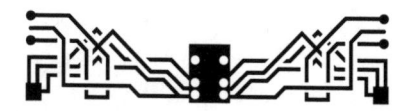

1

O crachá me identifica como uma *Visitante* na Pulp Pixel Games. Mas, do jeito que os funcionários me olham por cima das suas estações de trabalho (com alguns deles até deixando seus simheads de lado), eu deveria substituir *Visitante* por *Salva-vidas*.

– Que bom ver você de novo, Alice. – É assim que sou recepcionada quando entro na sala de reunião, carregando minha mochila no ombro. Hammad Zeidan se aproxima com seu sorriso de dentes brancos e alinhados, mas não sabe se me cumprimenta estendendo a mão ou com um beijo no rosto (deve ser algo que acontece quando ex-amantes se reencontram após uma década, como é o nosso caso). Resolvo o dilema apertando com firmeza sua mão: continua macia, mas agora ostenta uma aliança de noivado.

– A oferta que vocês fizeram foi irrecusável. – Ajeito os óculos sobre o nariz e aponto para Paola Bouchard, a garota baixinha que me acompanhou desde que entrei na recepção do prédio, uma construção de cinco andares e janelas compridas nos arredores de Montreal. Foi ela também que entrou em contato uma hora antes, quando eu almoçava com meus pais recém-chegados de viagem, após visitarem os parentes que deixaram no Brasil décadas atrás. – Mas Paola não explicou muita coisa.

A garota puxa uma das cadeiras brancas ao redor da mesa da mesma cor e me oferece o lugar. Depois que ela e Hammad se acomodam, eu falo:

– Qual é o problema?

Paola abre a boca, mas, como se percebesse que é mais nova aqui (deve ter se graduado há uns três anos, no máximo), se volta para o seu chefe, que então diz:

– Nós estamos encrencados.

– Isso eu já imaginava. – Na maior parte dos casos, só me chamam depois que tentaram de tudo para consertar seus próprios problemas. E, quando não conseguem mais, eles se lembram da minha reputação de ser uma das melhores *bug zappers* do mercado.

Hammad alisa o bigode farto que deixou crescer nesses anos.

– Estamos há horas tentando descobrir um bug. Nosso prazo para resolver essa situação se esgota junto com o apoio da diretoria da Xinaian-Astra.

Xinaian-Astra: o conglomerado sino-britânico responsável pelos mais diversos produtos no mercado mundial, desde produtos de higiene e beleza (incluindo meu esmalte para unhas preferido) até eletrodomésticos, passando por diversos tipos de entretenimento.

Como os games criados pela sua subsidiária Pulp Pixel. Observo o enorme logotipo holográfico que decora uma das paredes da sala: as palavras *pulp* e *pixel* maiúsculas e em vermelho escuro numa fonte variante da ITC Benguiat, com as bordas inferiores das letras se desfragmentando para deixar um rastro de pixels. Fundada há cinco anos, o estúdio de games se destacou pela criação de mundos de MMORPGs, incluindo um que se tornou queridinho da crítica e conquistou milhões de jogadores após um merecido *hype*.

– O que aconteceu em *Eldritch Quest?*

Parecendo agora ter duas décadas a mais do que seus trinta e quatro anos (não só temos a mesma idade como nascemos com um dia de diferença: ele na Síria, eu no Brasil), Hammad não responde a minha pergunta. Com os braços cruzados sobre o peito, ele se volta para a garota ao lado. É Paola quem fala:

– Dois usuários tiveram suas contas deletadas do jogo na manhã de hoje, sem qualquer motivo, horas depois de uma atualização que fizemos no game. Simplesmente foram desconectados dos seus simheads, e os pontos de experiência que acumularam, dinheiro, equipamento, tudo foi perdido dos nossos servidores – ela encolhe os ombros, antes de prosseguir: – É como se nunca tivessem existido no mundo de *Eldritch Quest*.

Hammad concorda, balançando a cabeça em silêncio. Encaro os dois por alguns segundos.

— Mas não foi só isso que aconteceu, não é? — Afasto para trás da orelha uma mecha do meu cabelo rosa. — Um bug inexplicável que afetou apenas duas pessoas entre milhões de jogadores não é motivo para me chamarem, ainda mais pelo preço que cobro.

É a vez da garota concordar, calada. Ao mesmo tempo, um triângulo amarelo, com um ponto de exclamação negro dentro dele, pisca no meu campo visual: é um ícone de alerta da minha tattoOS avisando que Paola pede autorização para transmitir um arquivo. Eu concordo, sentindo a pele arder quando os dados são transferidos ao meu bioimplante dérmico.

— Você está baixando meu relatório, mas, para resumir a situação, esses usuários também tiveram seus simheads inutilizados ao perderem a conexão de repente.

— *Ayoye*! Um modelo da Xinaian-Astra e outro da Furukobo. — É o que mostram as imagens enviadas, brilhando na minha interface ocular. — Nunca vi algo assim acontecer.

— E não foi tudo. O mau funcionamento súbito alterou as tattoOS dos usuários por motivos que desconhecemos. Os jogadores relataram forte dor de cabeça, náusea e perda parcial de visão, efeitos que duraram entre dez a trinta minutos. Um deles teve uma convulsão e precisou ser levado ao hospital, mas já passa bem.

Nós estamos encrencados. Entendo a preocupação de Hammad: se essas informações que eu acesso chegarem às redes sociais, todo o pessoal da Pulp Pixel vai precisar arranjar um novo emprego logo, logo.

— Como está o controle de dano?

— Fizemos um acordo temporário com os jogadores, pedindo um prazo para resolver o problema em troca do silêncio deles e de novos simheads, mas...

— ...vocês não conseguiram solucionar, o tempo está acabando e agora me chamaram.

— Exato — Hammad descruza os braços e junta as mãos sobre a mesa como se rezasse. — Temos mais algumas horas antes de esses usuários espalharem a notícia pela internet.

Fico quieta, concentrada no arquivo que Paola enviou. Por mais que o dinheiro oferecido seja bom, eu deveria recusar o serviço diante do prazo apertado e da pressão. Mas não fiz a fama nesse meio por ficar na minha zona de conforto e não aceitar desafios (além disso, é a reputação de Hammad que está em jogo – e, independentemente do nosso relacionamento anterior, ele é um dos melhores designers de game desse meado do século XXI).

– Quando começo?

Hammad volta a sorrir de um jeito charmoso típico dele; na mesma hora, eu me lembro dos nossos dias na faculdade. Não só das transas maravilhosas, mas também dos amigos da época: León (um gênio com um futuro brilhante se não tivesse morrido jovem) e Anne-Marie (que depois abandonou tudo para cuidar da namorada ferida na Guerra dos Treze Minutos). Bem como dos planos de alterarmos o mundo para sempre ao criarmos realidades virtuais perfeitas. Lugares onde, ao contrário desse nosso planeta caótico, poderíamos ter controle das coisas.

– Paola montou uma sala exclusiva – diz ele, se levantando para me conduzir ao elevador. – E também programamos um *companion* especial para ajudar você no mundo de EQ.

Paramos no andar da recreação, vazio de pessoas: tem jogos arcades, mesa de bilhar e até mesmo pista de boliche. Hammad aponta para uma sala no final do andar.

– Tudo que você precisa está lá, incluindo o melhor simhead que temos.

Eu me sento numa poltrona confortável no centro da sala pequena. Tenho só para mim uma máquina de venda de salgadinhos naturais e outra de bebidas energéticas (ambas liberadas para consumo irrestrito), além de um simhead da Xinaian-Astra. Já usei um quando enfrentei samurais, ninjas, kaijus e robôs gigantes em *Otakutopia*, mas esse modelo é exclusivo para os funcionários da Pulp Pixel: lembra um capacete de ciclista, compacto e na cor prata. Basta colocar o dispositivo no topo da cabeça que ele se desenrola com delicadeza sobre meu crânio (algo bem diferente dos outros simheads do mercado), até se ajustar pelo rosto.

Um arrepio na nuca indica que o equipamento se conectou a minha tattoOS com sucesso. Enquanto os servidores carregam o MMORPG para o simhead, o logo da Pulp Pixel brilha diante de mim, junto de um *timer* que mostra quanto tempo eu tenho para achar o bug.

O mundo ao meu redor escurece...

2

...e me deparo com uma névoa espessa em *Eldtrich Quest*.

Fantasia é o gênero mais popular quando se pensa em MMORPGs, o que também vale para o mundo virtual de EQ. A diferença fica pela mistura com o horror, que aqui vai do gótico ao cósmico lovecraftiano. *Dark fantasy* seria o termo mais apropriado para o cenário pseudomedieval e com diversidade de etnias, palco para as aventuras dos jogadores.

A neblina se dissipa aos poucos, o bastante para que eu vislumbre algumas silhuetas ao redor. Quando se conecta pela primeira vez, o usuário cria um avatar a partir de uma classe de personagens (Paladino, Ladrão, Clérigo, Mago, etc.), cada um com seu conjunto de habilidades e nível zero de experiência. Nada muito diferente dos MMORPGs que meus pais jogavam no colégio, com uma diferença: se naquela época usavam teclados, microfones e mouses para interagir no mundo virtual, hoje os simheads imitam os sentidos humanos com o máximo de fidelidade.

O que restou da névoa rasteja pelas construções que cercam a praça espaçosa e de piso cinza onde me encontro, iluminada por lampiões em postes. São prédios de pedra, alvenaria e madeira no estilo medieval; conforme fixo o olhar neles, aparece uma janela flutuando no meu campo visual informando para que servem. Fico sabendo que são lojas e oficinas onde os jogadores customizam inicialmente seus avatares e compram equipamentos de vendedores NPCs, o que não aconteceu com o meu: ele foi gerado aleatoriamente, já que também sou uma visitante por aqui (além disso, usuários recém-chegados costumam passar horas se produzindo, e tempo é um luxo que não tenho). Basta olhar para baixo e vejo que estou num espartilho avermelhado, o qual minhas mãos, calçadas em luvas pretas de cetim sem dedos, detectam ser de couro. A saia longa que uso é da mesma cor que as luvas; levantando a barra, vejo minhas botas vermelhas reluzindo sob a lua cheia no céu de *EQ*. Uma janela pequena se abre no canto esquerdo do meu campo visual para me informar que sou uma Feiticeira com nível zero de experiência (tudo bem; estou aqui para trabalhar, não para me divertir).

A praça tem capacidade para abrigar com folga milhares de pessoas:

naquele momento, algumas dezenas se espalham por ela, entrando ou saindo das construções. Eu me aproximo de um dos prédios de alvenaria pintado de branco (exceto por uns garranchos rabiscados na altura da porta) e do meu reflexo numa janela de vidro. Se meu traje e classe de personagem foram escolhidos de forma randômica, a aparência segue o perfil registrado na minha tattoOS, com a ascendência japonesa por parte de pai presente nos olhos e o corpo rechonchudo que puxei da mãe. Por outro lado, meus óculos de grau sumiram, junto com as tatuagens nos braços (incluindo a tattoOS do Coelho Branco consultando seu relógio, no traço de John Tenniel). Passo as mãos no cabelo rosa para sentir a textura, mas meu olhar acaba se fixando no reflexo de uma silhueta gigantesca atrás de mim.

Um *déjà vu* intenso me engolfa quando vejo que, do outro lado da praça, se ergue a construção mais descomunal que já vi em um MMO de qualquer tipo. Lembro na hora da Sagrada Família de Barcelona, com suas torres compridas e aquela aparência de castelo de areia. Mas o prédio daqui é três vezes mais alto que a catedral imaginada por Gaudí, além da cor diferente: um cinza encardido cobre a estrutura. Sem tirar os olhos da construção, caminho na sua direção, procurando por alguma janela flutuante que a identifique como nos outros prédios.

Nada aparece. Continuo a me aproximar, passando por árvores plantadas para enfeitar a praça. Mas, enquanto em Montreal estamos em pleno verão, aqui é outono. As folhas caídas apodrecem ao redor das raízes e os galhos nus se agitam no vento que, de tão gelado, arrepia minha pele. Conforme avanço, os detalhes do prédio ficam mais nítidos. Seus tijolos acinzentados são de tamanhos diversos e de formatos irregulares, alguns marcados por reentrâncias e buracos. Apenas quando estou a poucos metros eu percebo do que são feitos aqueles tijolos.

São crânios e ossos. O prédio gigantesco foi erguido com caveiras, e não só humanas. Algumas são pequenas como as de cachorros, outras, grandes como as de elefantes. Fêmures, costelas, úmeros: os ossos se empilham, dando forma ao lugar. Por sua vez, as torres foram montadas com milhões de vértebras, umas em cima das outras, até alcançarem o céu. É como se aquilo fosse um pesadelo que saiu das mentes de H. R. Giger, Lovecraft e Gaudí.

É a coisa mais assustadora que já vi num mundo virtual.

E também a mais bonita.

Meu coração dispara de repente. Ao mesmo tempo, a visão parece encolher enquanto a cabeça fica pesada e o estômago se revira. Uma aflição sem motivo se espalha pelo meu corpo, como se eu estivesse no meio de uma crise de ansiedade. Por um momento, penso em me desconectar (é fácil: bastar piscar para acessar o menu do game na minha interface ocular) ao ver o prédio com dezenas de torres que se estendem como colunas vertebrais...

– Senhora?

...e então, da mesma forma que surgiu, a aflição estranha some. Visão, cabeça, estômago: tudo volta ao normal. O que será que tive? Uma versão online da síndrome de Stendhal diante daquela obra de arte virtual?

– Senhora, está me ouvindo? – a voz próxima de mim retorna insistente. Ainda grogue, eu me viro; uma mulher grande e de pele escura me observa.

– Meu nome é Dianna e serei sua *companion* – ela estende a mão comprida. – É um prazer conhecê-la.

Companions também são NPCs, ou seja, personagens figurantes e coadjuvantes que não são controlados pelos jogadores (existem milhares de NPCs por EQ, todos com personalidades e aparências únicas, como o marketing da Pulp Pixel gosta de apregoar). A diferença é que possuem uma inteligência artificial mais elaborada: a função principal deles é ajudar os usuários nas primeiras aventuras neste admirável mundo novo virtual, evitando que se percam na narrativa do game. Meu caso é diferente, pois, diante dos terabytes de dados coletados por Paola, eu não teria tempo para analisar tudo sem alguém para me auxiliar.

Estendo a mão e cumprimento Dianna. O aperto é firme, mas não do tipo de quebrar os ossos como eu esperava quando observei o figurino dela: uma túnica militar vermelha com uma faixa dourada no braço esquerdo, calças e botas negras de cano alto, além de uma espada embainhada no cinto azul.

– Estou pronta para levar a senhora ao local do primeiro assassinato – diz, toda sisuda. Por um segundo, quero rir de como ela se refere ao bug por aqui, então lembro que faz sentido o que disse:

para a narrativa do jogo (do qual ela faz parte), ocorreu mesmo um crime; eu é que preciso entrar no clima da história contada. – Também posso responder qualquer dúvida que tenha.

– Mesmo? Se é assim – eu me volto para o edifício bizarro –, qual é a função desse prédio?

Dianna fecha a cara numa carranca ao olhar a construção monstruosa.

– Este é o Templo de Badignach, O Inominável. Foi erguido com os restos mortais daqueles que foram sacrificados às divindades profanas então adoradas por aqui, milênios atrás.

A mitologia de Eldritch Quest é rica e cheia de detalhes, algo que já esperava, uma vez que foi desenvolvida por Hammad. Resumidamente, o mundo aqui foi palco de uma luta entre deuses que devastou a maior parte do planeta na chamada Era das Trevas. As tais divindades mencionadas por Dianna foram derrotadas e colocadas para hibernar em outra dimensão, mas deixando para trás artefatos mágicos poderosos, bem como adoradores fanáticos. Agora, milhares de anos depois, estes malucos se organizaram em seitas tentando despertar os deuses no melhor estilo lovecraftiano.

É aqui que entram os jogadores no papel de aventureiros, enfrentando monstros e criaturas para evitar que os deuses malignos retornem, conforme a narrativa estabelecida por Hammad. Ao explorar o vasto mundo de EQ e completar missões específicas (sozinhos ou ao lado de outros jogadores), eles ganham pontos de experiência (para subirem de nível e aperfeiçoarem suas habilidades) e ouro (para comprarem roupas e equipamentos).

– Nos dias de hoje, o templo se encontra completamente lacrado. Sua única função atual é nos lembrar de que o mal está sempre à espreita, sendo nosso dever ficarmos vigilantes.

– É claro – balanço a cabeça para concordar, reconhecendo que esses *companions* são bem convincentes em seus papéis. – Bom, então qual é a nossa primeira parada?

E neste momento que vejo Dianna colocar sua mão sobre o cabo da espada.

– O Beco das Angústias, senhora.

3

Dez minutos depois, eu estou numa das áreas mais perigosas de Eldritch Quest (nas palavras de Dianna, é claro). Durante a viagem na carruagem de duas rodas dirigida pela minha *companion*, a praça ampla e as construções bonitas são substituídas por ruas curvas e apertadas de paralelepípedos, até pararmos num bairro de cortiços cheios de sombras.

Dianna estaciona e desce diante de dezenas de pessoas que se aglomeram na entrada do tal beco, guardada por meia dúzia de personagens vestidos com o mesmo uniforme dela (exceto a faixa dourada). A multidão curiosa é composta por homens, mulheres e crianças, todos NPCs que representam a classe baixa daquela parte do mundo. Um casal se destaca entre eles: são dois jogadores com trajes refinados e exibindo armas caras (é claro que foram atraídos pelo burburinho, pensando que se trata de alguma missão aleatória do MMO, uma que os recompensará com muito ouro e pontos de experiência). Os guardas se afastam assim que Dianna se aproxima e, ao lado dela, eu entro no Beco das Angústias.

O lugar é tão escuro que preciso de uma lanterna. Com um piscar de olhos, acesso o menu do meu inventário de equipamentos: uma janela translúcida flutua diante de mim, exibindo os poucos pertences que já vieram com meu avatar. Seleciono um lampião simples de latão e, meio segundo depois, ele está na minha mão, iluminando o beco sem saída e o cadáver no chão sujo.

A vistosa armadura prateada que protege o avatar dos pés até o torso indica que ela era uma Paladina. Pena que seu usuário deixou o pescoço desprotegido: foi de um corte comprido ali que vazou o sangue que agora empoça por baixo do seu crânio, tingindo de vermelho os cabelos amarelos.

Os dois jogadores na entrada do beco se esticam para ver o que eu faço: para eles, estou apenas curvada sobre a Paladina caída. Mas, para mim, a visão é diferente depois que ativei o Modo de Debugging: todo o beco não passa de uma cascata profusa de linhas de códigos, correndo por trás dos tijolos cobertos de pichações e do chão imundo, já que tenho autorização da Pulp Pixel para analisar o código-fonte do MMORPG em busca do bug. Não encontro qualquer coisa incomum, fora a Paladina estendida, é claro. Quando um jogador é derrotado por alguma criatura e perde completamente seus pontos de vitalidade, ele desaparece do cenário, para então retornar, segundos depois, na mesma praça aonde cheguei.

— O que esta Paladina fazia antes de ser assassinada? — Sei que o usuário contatou os administradores do game após ser chutado do game, mas desconheço os detalhes.

— Ela perseguia um licantropo que tinha interesse em eliminar. Ao entrar no beco, foi subitamente atacada por trás.

— Pelo tal monstro?

— Não, senhora.

— Então foi pelo quê?

Dianna encolhe os ombros.

— Ela se encontrava sozinha ao ser morta — diz. Isto significa que não existe nos servidores de EQ qualquer registro de atividade (incluindo de outro personagem) perto do avatar quando este foi eliminado pelo game. Analiso a Paladina: as linhas de código que correm pelo seu corpo, feito sangue nas veias, também não me mostram qualquer atividade fora do normal.

— Ok, vamos ver o que ela carregava nos bolsos — digo, mesmo que a armadura da Paladina não tenha bolsos, é claro. Seus pertences estão espalhados pelo chão, como acontece quando os avatares são derrotados numa batalha contra criaturas: uma pequena bolsa de couro com moedas, um punhal, uma espada longa que ela não teve tempo de usar no Beco das Angústias e um mapa. Este é idêntico ao que meu avatar recebeu (todos os usuários ganham um), com a diferença que a Paladina marcou com X vermelho um local de interesse.

— É o Grande Mercado de Asuri, senhora — informa a *companion* quando pergunto se ela conhece o lugar. — Bastante popular entre aqueles que querem se reabastecer.

Ou seja, recuperar pontos de vitalidade perdidos durante uma aventura, algo comum neste tipo de ambientação. Observo o beco sujo por mais alguns segundos: talvez eu tenha deixado passar alguma pista.

Mas o resultado é o mesmo de antes.

Agora entendo a frustração de Hammad e Paola. Eu me viro para Dianna:

— Onde é a próxima cena do crime?

4

A lua cheia ilumina nossa chegada numa área rural. Aqui, os NPCs são fazendeiros e camponeses que nos olham desconfiados quando descemos da carruagem. Dianna é recepcionada por outros personagens de túnica militar; um deles nos mostra uma trilha que penetra a floresta de árvores compridas e copas frondosas adiante.

– O corpo se encontra numa clareira – avisa minha *companion*. Seguimos pelo caminho estreito e logo chegamos à cena do crime.

Realismo: é isso que os jogadores procuram em um MMORPG elaborado como Eldritch Quest. Ao se aventurarem em um ambiente tecnicamente seguro, eles querem ver/escutar/sentir aqui dentro como se estivessem no mundo real lá fora (até certo ponto, é claro: não é possível, por exemplo, sentir dor; no máximo, um desconforto leve como um beliscão se o avatar está perdendo para um monstro). Neste aspecto, EQ não decepciona seus usuários, algo que confirmo quando me deparo com um Mago e seus restos espalhados pela clareira. O que faz meu estômago revirar não são as vísceras expostas, mas sim o fedor no ar. Parece que estou em um açougue a céu aberto, coisa difícil de aguentar para quem deixou de comer carne há anos. Ao invés de desativar parcialmente o simhead (uma opção disponível para todos os usuários), me concentro em pegar minha lanterna para analisar o cenário. Relva, arbustos, árvores: nada de errado, exatamente como no Beco das Angústias.

– Ele participou de uma batalha nas redondezas – Dianna informa, depois que investigo o cadáver – e descansava sozinho aqui para recuperar suas energias quando foi assassinado.

Assim como a primeira vítima, o avatar teve sua garganta cortada; a diferença fica pelo corpo estripado. Reparo também em outra coisa: três pares diferentes de pegadas próximos ao cadáver.

Dianna disse que o avatar estava desacompanhado, exatamente como no caso da Paladina. O problema é que as pegadas frescas me mostram que a história foi outra. Volto a analisar o local e continuo não vendo qualquer problema. Levantando o lampião, procuro pelos pertences do avatar. Cajado, grimório, amuletos: tudo que se esperava de um Mago. Também encontro uma bolsa com moedas de ouro e o mapa do mundo, assim como duas frutas. A casca tem uma cor azulada que lembra a do figo, com a textura macia de um pêssego e um forte aroma cítrico.

– O que é isso?

– São pomos de Lancy, conhecidos por ajudarem na recuperação do vigor de quem as come – diz ela. Faz sentido: após a luta, o Mago se alimentou com uma das frutas para recobrar com rapidez seus pontos de vitalidade.

O que não faz qualquer sentido são dois avatares tão diferentes serem eliminados do game em circunstâncias também diversas. Não detectei qualquer bug nos cenários (um urbano, outro rural) ou nas classes dos personagens (Paladina e Mago); seus usuários, por sua vez, são de locais diferentes (Lagos, Nigéria e Kastensmidt, República do Novo Texas), usando diferentes conexões de internet e simheads.

O *timer* no meu campo visual brilha em vermelho, avisando que o tempo se esgota cada vez mais rápido. A única pista que tenho mesmo é o conjunto de três pegadas: elas me levam à beira da clareira e então somem. Mas o que me chama a atenção aqui são uns rabiscos entalhados numa árvore, idênticos aos garranchos que vi em um dos prédios da praça quando cheguei (e, pensando bem, também entre as pichações no Beco das Angústias). Eu me volto para Dianna e pergunto a origem do símbolo esquisito: um círculo que lembra o ouroboros partido ao meio por um raio.

– Desconheço por completo.

– Mesmo? – Talvez seja algum *easter egg* plantado pelos artistas gráficos. De qualquer maneira, eu analiso a figura a fundo e descubro que o arquivo da arte é datado de muitos anos atrás. Observando o resto do cenário, as datas dos gráficos (árvores, arbustos e relva) são mais recentes. Respiro fundo e me concentro em fazer outra análise ao redor, esperando descobrir alguma coisa que deixei passar antes.

Desta vez, o Debugging mostra algo escondido entre os códigos na figura do pomo de Lancy. Com as duas mãos, eu o esmago; o cheiro cítrico se espalha pelo ar, enquanto sumo vermelho escorre pelos meus dedos.

Mas também noto algo pequeno e escuro se retorcendo na palma: é um bicho de fruta. Apesar do realismo esperado no MMO, pressinto que tem alguma coisa estranha com isso.

Estou certa. Minha análise informa que o bichinho é um *worm*, ou seja, um software malicioso.

E, de repente, já sei o que está acontecendo em *Eldritch Quest*.

5

— Sabotagem?! — Os olhos escuros de Hammad se arregalam. Estou de volta à minha sala, tomando o energético de latinha.

— É isso aí. Alguém inseriu esse software nos pomos de Lancy para sabotar os avatares e o MMO — eu falo, afastando uma mecha rosa de cima dos meus óculos. Depois da descoberta na floresta, pedi a Dianna mais informações sobre as frutas. Fiquei sabendo que eram incomuns (ou seja, disponíveis para personagens com nível 100 de experiência em diante e, portanto, bem caras) e vendidas em apenas um lugar: o Grande Mercado de Asuri, mesmo local que a Paladina marcara no seu mapa. A visita ao estabelecimento revelou uma dúzia de frutas bichadas e o fato que a primeira vítima também comprara o pomo, comendo-o pouco antes de ser atacada.

Já uma análise mais profunda me mostrou que o *worm* continha instruções para tornar sua vítima vulnerável a qualquer tipo de ataque (fosse de NPC ou outro jogador) e, por tabela, eliminá-la do game para sempre ao apagar a conta associada ao avatar.

— Mas como isso foi feito?

— Talvez o sabotador tenha aproveitado alguma brecha durante a atualização de hoje para realizar o upload do software nos pomos. Sabemos que o alvo eram avatares com certo nível de experiência, sem contar que as pegadas encontradas mostram que os atacantes são três personagens. Ou melhor, jogadores.

No meu *timer*, a contagem final fica cada vez mais cheia de zeros. Bebo num gole só o resto do energético antes de continuar:

— Também descobri uns símbolos espalhados pelos cenários que Dianna não soube me explicar. Pode ser que não tenham nada a ver com a sabotagem, mas, sendo o designer do game, você deve saber o significado. — Transmito as imagens que gravei para a tattoOS de Hammad.

Pela segunda vez no dia, ele arregala os olhos.

– Não é possível... – balbucia; se não estivesse sentado, acho que teria se estatelado no chão.

– *Ayoye*! Você está bem?

Ao invés de responder, Hammad olha para os lados como se procurasse por alguém. Ou se conferisse que éramos as únicas pessoas naquela sala. Estou prestes a falar quando o ícone de um envelope brilha na minha interface ocular: é um convite de Hammad para conversarmos em particular num ambiente seguro.

Algo me diz que não vou gostar daquilo – mesmo assim, eu aceito o convite.

6

Um tornado de pixels multicoloridos gira ao meu redor por um instante. Com um estrondo de trovão, ele para de se movimentar e desaba sobre minha cabeça (quer dizer, a do meu avatar, um que eu customizei meses atrás numa versão *low poly* do meu próprio corpo). De repente, me vejo no meio de um ateliê com paredes de tijolos alaranjados, cercada por telas inacabadas em cavaletes. Pincéis, bisnagas de tinta e godês se espalham por uma pequena mesa de madeira, disputando espaço com um daqueles telefones antigos da década de 1920, tudo isso iluminado pelos raios solares que atravessam a enorme janela do lugar. Um ambiente tão visualmente perfeito que, se usasse um simhead, certeza de que sentiria o cheiro da tinta ou o calor da luz.

É este o cenário da sala particular de bate-papo de Hammad.

– Foi León quem construiu esse lugar como meu presente de aniversário.

Eu me volto e vejo o avatar de Hammad. É um modelo em 3D bem parecido com seu dono, incluindo o sorriso charmoso.

– Típico dele – León era o aluno mais promissor da nossa turma, um especialista em várias áreas do conhecimento humano, como todo bom designer de games deveria ser. Mas ele foi mais do que isso: era o nosso León da Vinci (eu que dei o apelido), um gênio polímata interessado em ciência e arte, abordando em palestras concorridas assuntos como "Se inteligências artificiais e conscientes existirem, elas têm direito de personalidade?" ou "A importância de ser um designer *indie* em um mundo dominado por corporações". Além disso, tinha um coração grande. Sem qualquer custo, criou e imprimiu para a namorada de Anne-Marie um exoesqueleto de ponta para a sua reabilitação, depois de ser mutilada na guerra. Um cara com um futuro brilhante pela frente até se matar dois anos atrás durante uma crise de depressão. Por causa das nossas vidas profissionais agitadas, não nos víamos com tanta frequência como eu gostaria; isso é algo que sempre me traz um gosto ruim na boca.

Mas não estou aqui para relembrar o passado.

— Por que essa conversa escondida? — eu me aproximo da janela. A paisagem lá fora é Barcelona vista do alto no final da tarde, tão ensolarada como nas férias de verão que eu, Hammad, León e Anne-Marie tiramos juntos durante a faculdade. É como se o ateliê flutuasse a centenas de metros, com a capital da Catalunha se movendo vagarosamente abaixo, feito nuvens preguiçosas em um dia de brisa.

— Paredes costumam ter ouvidos, ainda mais quando se trata de um ambiente corporativo, e principalmente uma propriedade da Xinaian-Astra. Temos privacidade total aqui.

Não estou gostando mesmo disso. O ateliê agora paira por cima do centro de Barcelona: as sombras das torres compridas da Sagrada Família se alongam sobre um conjunto de prédios abaixo. De repente, sinto um *déjà vu* não muito diferente daquele que tive quando cheguei em *Eldritch Quest* e...

— Espera aí. — Eu encaro Hammad. — Aquele templo gigantesco que vi na praça é um design de León, não é? — Lembro de um desenho bem parecido que ele fez quando voltamos de Barcelona, ainda inspirado pela arquitetura peculiar da cidade.

— Exato — Hammad aponta para uma das telas na sala: antes em branco, agora ela mostra a obra que eu lembrava.

— A última vez que encontrei León foi numa convenção e ele não mencionou qualquer envolvimento com a Pulp Pixel. A não ser que estivesse preso a um contrato de confidencialidade e exclusividade, certo?

Hammad faz que sim. É estranho: nunca imaginei León se atrelando a um desses contratos com megacorporações, algo que ele odiava publicamente. Achava que a única hipótese em que aceitaria seria se ganhasse muita coisa em troca. E nem falo de grana.

— Mas então — um pensamento cruza minha mente — ele trabalhava para você quando se matou?

— É um pouquinho mais... complicado — diz Hammad, seu avatar tão graficamente perfeito que eu vejo seus lábios se apertando. Um gesto idêntico ao da época da faculdade, quando descobri que ele mentia na nossa relação.

— Complicado? Que merda significa isso?

Ele abre a boca para falar, faz uma pausa e então finalmente diz:

— *Karoshi*.

É essa a palavra japonesa para literalmente "morrer de tanto trabalhar". Hammad prossegue:

— Você sabe como ele era. Quando fixava alguma ideia na cabeça, se tornava obcecado, indo aos extremos, mesmo que sacrificasse sua saúde. Exatamente o que fez nesse projeto — Hammad fecha com força os olhos, antes de me encarar de novo. — Eu encontrei León logo que cheguei de manhã para trabalhar no estúdio, caído no chão com o simhead ainda funcionando depois de passar a noite toda no MMO.

Agora eu entendo a versão oficial do suicídio: não cairia bem para a reputação de uma empresa que um funcionário morresse por exaustão, daí a mentira inventada. E, conhecendo como conheço o padrão dos contratos corporativos, não existe qualquer problema nisso, se você assinou e concordou com ele. Incluindo ser dona de todo o material que você produziu e não dar qualquer crédito.

O que não quer dizer que eu concorde, é claro.

— Você poderia ter me contado a verdade. Eu estava viajando quando recebi a notícia e fiquei arrasada...

— Eu não podia fazer nada, Simone — diz ele, me chamando pelo o nome de batismo; *Alice* foi o apelido que ganhei de León, pois, em busca de desafios e aventuras, eu me metia em qualquer buraco feito a personagem de Lewis Carroll. Pela minha experiência, Hammad só me chama assim quando está zangado. — Ele se juntou ao estúdio por causa da tecnologia exclusiva fornecida pela Xinaian-Astra. Participava desde o início em todas as fases, chegando a programar, desenhar e escrever o roteiro, só que, depois de um tempo, se sentiu pressionado a entregar um produto perfeito. Pensava também que tinha traído os seus ideais, mas estava amarrado ao contrato. Eu fiz tudo ao meu alcance para ajudar León.

— Isso não é moralmente correto. Ficar com todo o trabalho dele, sem dar os créditos...

— Temos que fazer de tudo se queremos subir para o próximo nível nesse jogo da vida, você sabe disso — diz com aquele sorriso charmoso de novo.

Que agora já não me parece tão charmoso. Ele se aproxima, a mão direita perfeita em quase todos os detalhes (pois falta a aliança de noivado), e a encosta na minha; a versão *low poly* do meu avatar contrasta não só com o dele, mas também com a sala.

— Não fique brava comigo, por favor.

— Não estou brava. — Eu me afasto dele. — Estou apenas decepcionada com você.

O sorriso de Hammad desaba: é a segunda vez, desde os tempos da faculdade, que digo isso a ele.

— Você precisa encontrar o sabotador — ele finalmente fala, cruzando os braços sobre o peito. — Não só a minha carreira está em jogo, como também a sua reputação de *bug zapper*.

Por mais que eu odeie admitir, Hammad está certo.

— Esses símbolos estranhos que você descobriu são da Sagrada Ordem de Badignach, a seita inventada por León para uma aventura no protótipo do game. Quando lançamos o MMO definitivo, deixei de fora qualquer missão ou narrativa associada a ela, já que não acrescentava nada ao jogo. Tudo relacionado ao templo de Badignach, como a arte desse símbolo, foi também criado por León anos atrás.

O que explica a data antiga na imagem do ouroboros partido por um raio. Hammad continua:

— O templo ficou no MMO porque, tenho que reconhecer, é uma verdadeira obra de arte.

— Mas se a tal seita não faz parte do game, como foi parar de novo lá?

— Não tenho a menor ideia — ele aponta o indicador para mim. — É para isso que você foi contratada. Talvez tenha alguma relação com a sabotagem e...

Hammad é interrompido pelo telefone na mesa. Faz uma cara feia de quem não quer ser incomodado, mas não adianta: a campainha estridente toca mais alto. Ele agarra com força o aparelho, encostando o receptor antiquado na orelha. A conversa é curta e tensa; quando acaba, ele se vira para meu avatar.

– O fim do mundo começou.

7

– Alguma coisa está errada – diz Paola, assim que eu e Hammad entramos na sala de reunião. A garota desliza os dedos sobre uma enorme tela que exibe um mapa do mundo de *Eldritch Quest*. – O mundo do game está se desfazendo.

Os servidores apresentam uma instabilidade nunca vista, que se reflete no funcionamento do MMO. Usuários reclamam de avatares que travaram no meio de alguma atividade, enquanto outros jogadores se desconectaram de repente e não conseguem mais voltar ao mundo virtual (ainda que suas contas estejam ativas, o oposto do acontecido com a Paladina e o Mago horas antes).

– A instabilidade tem origem nesse cenário. – Paola mostra um ponto que pulsa em vermelho no mapa: o templo de Badignach, O Inominável.

Hammad me olha de lado. Eu já sei o que preciso fazer quando retorno correndo ao andar de recreação.

A praça espaçosa parece ainda maior, agora deserta. Além da lua cheia, a única fonte de iluminação vem da luz amarelada que vaza pelas portas escancaradas do templo. Uma cantoria alta, numa língua que não consigo entender, também escapa por ali.

O vento uiva forte, arrepiando minha pele. O frio não me agrada nem um pouco. Com um piscadela, acesso o menu do jogo e deslizo a barra da Função de Tato para esquerda, deixando o mínimo possível para não atrapalhar minha experiência dentro do MMO.

– O que vai fazer, senhora?

– *Ayoye*! – eu quase pulo de susto quando Dianna aparece ao meu lado, empunhando na mão esquerda a espada comprida. Uma vez que foi programada para me acompanhar pelo MMO, acho que ela pode me ajudar. – Vem comigo.

Os degraus do templo são mais altos do que eu pensava, quase fora de proporção se comparados com o resto da arte do game. Quando chego diante da porta, vejo escombros tomando conta da nave do templo: colunas caídas, crateras no piso, boa parte do teto desabado. Avançamos devagar, com o cântico ficando mais forte.

Logo vejo a origem da luz amarela. Três figuras de túnicas compridas e capuzes estão de pé no centro do templo, uma dupla segurando tochas imensas e o outro um pergaminho estendido. Entro em Modo de Debugging e vejo que são três jogadores com personagens (Bardo, Feiticeira e Paladino) de nível 200. Não é só isso que detecto: o trio tem lama nas botas, com a mesma arte usada na clareira onde a segunda vítima foi morta.

Encontrei os assassinos.

E então o chão treme, junto com o resto do templo. O piso cede em alguns pontos, enquanto a rachadura no teto abobadado aumenta, fazendo pedaços caírem próximos aos encapuzados.

Eles nem se mexem. O centro do templo é tomado pelo que parece ser uma cratera enorme; na realidade, percebo ser uma espécie de poço descomunal. *Alguma coisa está errada*: lembro-me de Paola quando vejo as linhas de código no templo truncadas, se cruzando e se sobrepondo entre si, um padrão que não vi em qualquer outro MMO que conheço.

O canto aumenta de volume (o responsável, como esperado, é o Bardo). A abóbada destruída revela um céu estrelado, mas o que me chama a atenção é uma constelação brilhando de forma intensa. Já o Debugging mostra os avatares subindo rapidamente de nível, ganhando centenas de pontos de experiência em questão de segundos. Não tenho dúvida que isso é resultado do ritual (não tem outro nome) que presencio.

Mas Hammad me explicou que não existe qualquer missão ou narrativa associada ao templo. Tudo indica que esses três são *cheaters*, trapaceando de algum modo para pularem de nível clandestinamente.

E quando penso no que devo fazer diante disso, a cantoria para.

O poço explode. Pedaços dele voam para todos os lados e um atinge com força meu braço. Eu sinto dor – algo que não deveria acontecer. Acesso o menu e vejo que a barra da Função de Tato voltou à posição normal (e o pior: ela travou). Mas esqueço isso quando um fedor de podridão chega ao meu nariz. Vem do que restou do poço, de onde sobe uma fumaça negra. Os três encapuzados sorriem vendo uma silhueta que emerge do solo.

Já eu fico de queixo caído.

Aquele NPC ocupa quase toda a nave do templo com o seu corpo que lembra o de um elefante se erguendo nas patas traseiras, mas, ao invés do couro cinza, é coberto por uma pelagem verde e lustrosa. O crânio é descomunal, com oito olhos vermelhos posicionados simetricamente como os de uma aranha, e uma mandíbula que projeta dezenas de presas curvas e afiadas. Os braços são massas de tentáculos grossos feito troncos de carvalho, se agitando em todas as direções.

Estou diante de um legítimo pesadelo lovecraftiano.

– Badignach despertou! – bradam os três encapuzados, os braços levantados. Diante de mim, o Debugging mostra que o NPC tem uma inteligência artificial similar ao de Dianna. Só que aquilo não me parece um *companion*, pelo menos do tipo que conheço.

– Sacrificamos as oferendas – é a Feiticeira falando –, como o pergaminho sagrado nos ensinou. Agora, ó Inominável, esperamos por nossa recompensa em ouro e artefatos poderosos.

Os quatro pares de olhos se cravam por um instante no trio, antes de Badignach responder: os tentáculos descem com força sobre os encapuzados, lançando os três pelo templo. A divindade urra, e o mundo ao meu redor se altera, com nuvens negras devorando a lua e as estrelas, enquanto relâmpagos estilhaçam o céu. Eu mal consigo ficar de pé com o chão tremendo sem parar.

– Morra, criatura nefasta! – Dianna grita, avançando com a espada em riste. De nada adianta: os braços e pernas dela são envolvidos pelos tentáculos e arrancados com um puxão. Minha *companion* desaba entre os escombros, completamente inutilizada.

Chegou a hora de eu sair de *Eldritch Quest*.

O problema é que o menu do jogo não aceita meu comando. Eu tento uma, duas, três vezes seguidas e nada acontece.

Estou presa aqui. Mas então vejo o que pode me salvar: é o pergaminho que a Feiticeira consultava, agora largado a alguns metros. Talvez encontre ali um feitiço para desfazer aquele caos. Corro na direção dele, agarrando o artefato e me escondendo atrás de uma coluna.

Badignach continua a berrar tão alto que meus ouvidos doem.

Abro o pergaminho procurando por um feitiço que retorne a

divindade ao buraco de onde saiu. Vejo apenas dezenas de caracteres que não compreendo, é claro: ainda sou uma Feiticeira com nível zero em magia neste mundo.

A criatura urra quando me encontra. Corro para a saída, mas, com um passo gigantesco, Badignach bloqueia a porta e estende a mandíbula, seu bafo quente fedendo a bueiro quase me fazendo cair. Os tentáculos se retorcem no ar, prontos para me capturar.

Eles nunca me pegam. Pois Badignach agora me observa com algo que parece ser curiosidade naquele rosto descomunal, os olhos do tamanho de bolas de futebol piscando seguidamente.

– Alice, é você...? – diz ele, numa voz tranquila que ouvi pela última vez numa convenção de games anos antes.

E é então que me dou conta que não estou diante de um mero NPC.

8

Hoje faz dez dias que entrei pela primeira (e até agora última) vez em *Eldritch Quest*. Deitada no sofá do meu apartamento (o ar condicionado no máximo para afugentar o verão), estou tentando me distrair com um canal de notícias pela tattoOS, quando me dou conta que também faz dez dias que reencontrei León.

Ou melhor, a inteligência artificial que ele construiu secretamente baseada na sua personalidade e memórias. Um simulacro extremamente sofisticado e avançado, como se esperava de um gênio como ele. Mas que lhe custou a saúde e, ao final, a vida, ao morrer de exaustão.

Era para ser um *easter egg* elaborado, um jeito de mostrar sua insatisfação com a Pulp Pixel e a Xinaian-Astra. Uma brincadeira com direito a pergaminho sagrado com feitiços à *Necronomicon* e uma missão: sacrificar aventureiros em nome de Badignach, O Inominável, para subir de nível. Mas, com a morte de León, qualquer referência que existia à seita foi deletada, com a exceção do templo colossal na praça.

Ou assim Hammad pensava.

Pois o simulacro que deveria interpretar a divindade maligna ficou inativo e escondido no jogo, como todo bom *easter egg* (e junto de um backup secreto com os arquivos referentes à Sagrada Ordem de Badignach). E assim continuaria se, por um acaso, o trio de *cheaters* não descobrisse a missão durante suas explorações pelo mundo virtual. Loucos em subir rapidamente para o próximo nível de experiência, decidiram eliminar outros aventureiros. Para tanto, aproveitaram a atualização do jogo feita na manhã daquele dia, quando o mundo estava mais vulnerável a ataques externos: introduziram secretamente o *worm* que criaram nos pomos de Lancy, consumidos apenas por personagens de nível alto (que, na concepção deles, seriam oferendas perfeitas). Só não esperavam que Badignach pouco se importasse com seus pedidos por recompensas (uma reviravolta concebida por León).

Assim como meu amigo também não contava que o simulacro acreditasse ser mesmo uma divindade destruidora de mundos, resultado de um bug inesperado e potente causado pelo longo tempo de inatividade. E que além de interferir com os servidores do jogo, mexeu com as tattoOS e simheads daqueles dois usuários.

(Minha tattoOS mostra as notícias principais do dia; eu acompanho as manchetes, aguardando uma em especial.)

Depois que o simulacro de León me reconheceu, conversei com ele para evitar a destruição de *Eldritch Quest*. Hammad logo assumiu o controle da situação, enquanto o MMO ficava fora do ar e ele preparava uma mentira para proteger a empresa – afinal de contas, ninguém poderia saber da invenção de um funcionário (morto por cansaço, vejam só) que quase acabou com o mundo virtual. Na versão da Pulp Pixel, todos os eventos daquele dia foram testes para uma futura versão.

Eles pagaram a grana que me deviam pelo serviço, minha reputação pela internet aumentou ainda mais, e fui direto para casa descansar.

Fim da história.

#SóQueNão

Pois enquanto os trapaceiros foram banidos para sempre de EQ e o simulacro era confiscado por Hammad (uma propriedade da Xinaian-Astra, para todos os efeitos), um boato surgiu nos dias seguintes nos canais independentes de notícias (não por coincidência, tenho vários amigos entre esses jornalistas, é claro): o de que um funcionário do estúdio sofrera *karoshi* após criar uma inteligência artificial inédita. Perguntas foram enviadas à empresa, respondidas de maneira esquiva com a desculpa de que todos lá estavam ocupados com a nova versão do MMO.

Os jornalistas mais sérios começaram a escavar a fundo o rumor, e não demorou para as autoridades competentes se interessarem pela história.

Hammad foi confrontado numa convenção de games dias depois. Infelizmente para ele, seu sorriso charmoso não funcionou e ninguém acreditou em suas mentiras. A Xinaian-Astra está sendo pressionada dia após dia, tanto que a manchete que eu esperava aparece agora na minha tattoOS: as ações do conglomerado despencaram no mercado. Para se salvarem, tudo indica que vão colocar a culpa exclusivamente em Hammad (também rola um boato de que, confirmada a existência de uma inteligência artificial tão avançada, ela seria considerada um ente consciente e, portanto, não é propriedade de qualquer pessoa ou corporação, sendo capaz de viver livremente pela internet).

Eu sorrio. Preciso admitir que Hammad não é o único a mentir nessa história, pois eu também menti: não fiquei decepcionada com o comportamento dele em relação a León, como disse no bate-papo secreto.

Eu fiquei furiosa.

Sei bem que estou me arriscando ao vazar o boato, mas precisava fazer aquilo em memória de um amigo querido.

Vou dormir mais tranquila essa noite.

*

Da varanda do apartamento, já decorada para o Natal, vejo o sol nascente iluminar o rio Saint-Laurent. Com o inverno chegando, parte dele congelará, como geralmente acontece todos os anos. Essa é uma visão que nunca esqueço, pois foi a primeira coisa que me surpreendeu ao chegar, ainda criança, de um país tropical como o Brasil.

A tattoOS interrompe minhas lembranças: alguém me chama. Eu atendo a ligação, escutando uma voz calma que me faz chorar de alegria:

— Olá, Alice.

Sonho de Menino
Marcel Breton

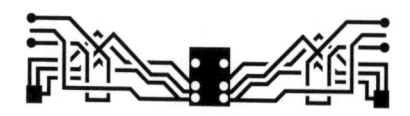

Já passava das dez quando Paulo acordou. Viu, mas não leu o bilhete que a irmã deixara grudado na geladeira velha. Atravessou a sala com cheiro de mofo e desodorante vagabundo. Assim que chegou à varanda, bocejou. Chamavam de varanda aquela extensão do barracão que avançava sobre os aguapés. Era apenas uma palavra besta que alguém devia ter aprendido com o pessoal da Pampulha de Cima. Debruçou-se no pedaço de madeira torta e úmida, devia trocar aquilo, um dia alguém ia cair na água por causa dela. As ripas mal alinhadas estalaram debaixo dos pés dele. Respirou fundo. Engoliu uma mistura de cheiro de terra molhada e água empoçada. Adorava aquele lugar.

A Orla. Era um nome um pouco estranho. Quando a crise afastou os moradores das mansões, os mais espertos as ocuparam. Os mais lentos começaram a construir na beirada da lagoa, enquanto os riquinhos entupiram de prédios altos os quarteirões mais afastados.

A margem virou a Orla. Não era um bairro oficial. Nem linha de ônibus chegava ali. Era uma comunidade.

A Juliana dizia já ter visto o jacaré ali perto. O bichão flutuava no meio dos aguapés. Paulo não acreditava nela. Era uma menina esperta, mas muito mentirosa. O jacaré da Lagoa da Pampulha morrera décadas atrás, todo mundo sabia disso.

— Esse aí fugiu do zô — ela dizia.

O que era absurdo também. O zoológico fechara havia muito tempo e ninguém sabia direito onde foram parar os bichos. Diziam que a maioria fora repassada para outros zoológicos. Alguns teriam virado bicho de estimação de gente endinheirada. Mas era um boato tão sem pé nem cabeça quanto o do jacaré. Mesmo que ele, um dia, tivesse vivido naquelas águas, já devia ter sido espantado pelos barcos-robôs-limpadores. Dava para ouvir o barulho de um deles dali da varanda.

— Fala, Paulim! Sonhacordado, véio?

Virou-se. Juliana estava encostada na porta, os braços cruzados na frente dos seios pequenos. Cabelos crespos à altura dos ombros, lábios finos, gordinha. Vestia uma camiseta preta e calça jeans folgadas. Paulo sabia como ela era debaixo daquelas roupas largas. Não que tivessem tido alguma coisa. Ela se considerava tão amiga dele que não tinha vergonha de trocar de roupa na sua frente. "Mermão", ela dizia, e forçava um sotaque carioca. Paulo já tinha se conformado com aquilo.

— Comocê intrô?

— Sua irmã me deixôentrá. Cê sempre dorme dicueca?

Ele olhou para as pernas. Merda.

— Porra. Foi mal.

— Esquece, véio. Aqui o quocê me pidiu.

A jovem estendeu a mão para o amigo. Tinha uma plaquinha metálica entre os dedos. Antes que Paulo a pegasse, Juliana enfiou a mão no bolso da calça.

— É dela mêmo, Ju?

— Claquié! — ela respondeu. — A sua muzinspiradora!

Juliana fez uma voz afetada. Parecia debochar de Paulo. Ambos sabiam que a Renatinha, a mulher mais bonita da Orla, jamais olharia para ele. Era só mais um. Baixo, magro, de olhos castanhos e dedos esguios, cabelo cortado bem baixo, sempre de camiseta, calça e tênis. Igual a quase todo mundo.

— Certo. Ocê sabe. Te dô todas minhora no Legião Dois.

— Isso, muleque! — Juliana gargalhou. — Purissé bom fazê negócio cocê!

— Eu prometi — sacou o Samsung do bolso e digitou alguma coisa na tela — eu cumpro.

Levantou a tela na altura dos olhos dela, mais alta do que ele. Cento e vinte e sete horas de existência online no Legião Dois transferidas. Levava muito tempo (ou muito dinheiro) para coletar tudo aquilo. Paulo achava que Juliana poderia hackear o jogo, se quisesse, mas talvez ela não fosse tão esperta. Ou o jogo era muito bem protegido. Todo mundo já tinha ouvido falar de cheats para conseguir tempo infinito, que custariam quase o mesmo que um rim de nanofibras, mas ninguém tinha visto aquele tipo de coisa.

– E eu sôuma pessoa de palavra também.

Tirou a mão do bolso e entregou a placa de memória para ele. Era uma coisinha de nada, menor do que o chip de um celular. Muito fácil perder. Paulo teria que usar um adaptador, onde encaixaria a placa.

Agora era Juliana quem sacava o seu smartphone, um Minori hackeado para rodar uma versão de Linux ultrasseguro.

– Te mandei uma més cônome e endereço da tia dos sonhos. Ela já távisada que cê vai.

– Num vem cumigo?

– Nem fudeno, véio! Já merrisquei dimais robanissaí. Agora é cocê.

– Mas – Paulo coçou a cabeça – faz tempo que nunvô na Savassi – ele disse, olhando para a tela do próprio telefone.

– Num tem erro, vacilão. Cê pega um piruêro ali na porta do zoológico até a Antôincarlos. Lá, cê pega o busão.

Ele sabia como chegar lá. O que não conseguiu dizer era que se sentia mal em sair da Orla. Se fosse apenas até o centro, tudo bem, mas ir à Savassi era mais raro.

–É Mônica o nome dela, né?

Juliana sorriu. Sim. Olhou de novo para o celular, como se não acreditasse no que tinha recebido. Era arriscado traficar sonhos. Quase tudo estava online, mas algumas coisas só são seguras de se transportar no offline mesmo. Como aquela plaquinha. Se te pegam na internet, está fodido. Não interessa se quem te pegou foi a polícia ou um desses hackers vendidos para uma empresa. Eles vão fritar o seu conector neural, se você tiver um. E não importa quanto dinheiro você, seu pai ou seu tataravô tenham. As empresas têm muito mais. Seus neurônios vão flambar. Claro que um morador da Orla não consegue comprar um conector. A maioria não tem sequer um deck velho que faria este papel.

Juliana queria muito um desses. Teria que trabalhar demais, aprender a roubar mais e valorizar mais o seu resultado. Ela estava no caminho certo. Tinha uma certa reputação e uns dois ou três nomes falsos famosos na rede. Em breve, ela teria um deck só dela. E depois um conector enfiado no cérebro. Questão de tempo. E dinheiro. Mas, naquele dia, tudo o que queria era uma imersão no mundinho de Legião Dois.

E tudo o que Paulo queria era submergir no sonho com a Renatinha.

Por isso, despediu-se da amiga, tomou um banho, vestiu uma calça, uma camiseta velha e tênis Nike falsos, e andou quase um quilômetro até o ponto dos perueiros na porta do antigo zoológico. Fazia calor. O ar fresco sobre a água não passava dos barracões. A rua cheirava a espetinho de frango e cano de descarga. Muitos carros velhos passando, apertados na rua estreita, pedindo passagem para as pessoas com buzinas e xingos. Paulo desviava de alguns, xingava outros de volta.

Alguns carros e peruas tinham baterias imensas coladas nas laterais e no teto. Paulo conhecia o sujeito que fez um gato na fiação elétrica de alta tensão e criou uma central de recarga do outro lado da lagoa. Um cara esperto. Bem mais do que ele, que fica pegando bicos para ajudar a irmã a manter a casa de pé.

Entrou na perua, uma Topic azul com três baterias enferrujadas em cima dela. Sentou-se ao lado de um moleque que não tirava os olhos do celular e o fone do ouvido. Tocou o bolso da calça. A placa estava ali, dentro de um adaptador mais ou menos do tamanho de um smartphone pequeno. Era melhor esconder aquilo.

– Cê temnoção do que tô te dano, Paulo? – Juliana havia dito. – Issaí custa quase o preço dum carro.

Dando porra nenhuma. Custou caro. A perua sacolejou por meio minuto e engrenou o ritmo em seguida. Mas tudo bem. Tomara que a Juliana esteja curtindo o tempo que ganhou no jogo.

Ela cumprimentou o Carlos, na entrada do parque. O grandão, a barriga esparramada sobre as pernas, acenou e sorriu. Era um porteiro inútil. Ele não barraria ninguém. Dentro do parque era diferente. A coisa era toda bem organizada. Entre os brinquedos aposentados, ficavam duas casas. Juliana nem precisou se identificar, sorriu para a mulher na entrada do Castelo do Terror (adorava aquele nome) e desceu as escadas.

Atravessou o corredor escuro e chegou a uma sala imensa, iluminada por um grupo de lâmpadas a uns cinco metros de altura. Já havia sete jogadores plugados. Todos sentados em um círculo de divãs, os rostos cobertos por redes de conexão, cada uma delas ligada a um deck. Os decks todos ligados a um computador no teto. Coisa velha, um desktop Dell com sistema operacional FreeBSD radicalmente customizado para não ser detectado, protegido por barreiras e mais barreiras de firewalls. No caso do Legião Dois, a estrutura não servia para muita coisa. Todo mundo ainda era obrigado a pagar para entrar nele. Mas Juliana daria um jeito. Ela ia aprender a hackear aquele jogo.

Foi atendida pelo Guga, sempre de boné e cara fechada. Era um operador, não tinha saco para hackear software de verdade, mas entendia bastante do que estava fazendo. Vestia uma camiseta branca com o desenho de um bigodudo de macacão e a inscrição "Mario RIP 1981-2031". Juliana achou graça, mas decidiu não fazer piada com o Guga. O cara já tinha trabalhado para uma empresa de computação grande. Se você desse corda para ele, ia começar a falar sobre como era viver num escritório, na sua baiazinha particular, produzindo linhas de código em série. Ele devia gostar muito daquele emprego.

Juliana não tinha paciência para a conversa do tiozinho. Pagou pelo uso do deck (as traseiras dos smartphones se tocaram, zero vírgula dois por cento das horas do Legião ficaram com a casa), deitou-se e fechou os olhos. Sentiu os eletrodos grudando na sua testa e nuca. Não era a mesma coisa que uma imersão sensorial completa. Ela não sentiria cheiros nem o peso dos pés quando tocasse o chão. Era uma tela projetada na sua mente. Comandaria um personagem e conversaria com os outros jogadores. Não dava para comparar com o deck da Mônica.

Mas, naquele momento, uma imersão simples era tudo o que Juliana queria.

Anniele, a elfa dos Vales da Morte, abriu os olhos. Seu bando a esperava. Sorriu. Eles responderam erguendo suas armas (espadas, clavas e maças) e gritando. Não era comum que uma elfa conseguisse a liderança de um clã. Estava orgulhosa. À frente deles, a Montanha das Almas, onde a Legião aprisionava os espíritos criadores do mundo. Ela tinha um plano de invasão. Trabalhou nele por um longo tempo. Precisaria de muitas, muitas horas para chegar ao fim. Se desse certo, ela não seria apenas líder de um grupo, mas a jogadora mais admirada de Legião. Rainha Anniele soava bem.

Encarou os companheiros, reviu o plano em sua mente e sentou--se na mais alta das pedras na planície calcinada. Ela gritou:

– Amigos!

Todos desapareceram. Sem pixels quadriculados. Ou alerta de servidor fora do ar. Foi brutal e repentino. Como um glitch maluco no sistema. Juliana levou a mão esquerda à testa e nuca. A malha de eletrodos havia sumido.

– Que merdé essa? Eu pudia tê me fodido!

Sentou-se. Melhor ficar calada. O homem na sua frente brincava com a malha, passando-a entre os dedos imensos. Usava uma camisa branca, impecável, calças jeans e coturnos pretos. As botas reluziam. Ele estava sentado numa cadeira de plástico, inclinado na direção dela. Dreadlocks espessos caíam pelos seus ombros. Abriu os lábios grossos num sorriso:

– Curtina jogatina, Ju?

– E aí, Saul? Véio, é meipirigoso arrancá a malha assim da cabeça da gente.

– Desculpa, malaí. – Jogou a rede no colo dela. – Eu nunintendo nada de games, menina. Eu sempre achei que era coisa de muleque. Cêé mêi véia praissaí, né não?

Não que ele fosse tão mais velho do que Juliana. O físico imponente é que dava esta impressão. Devia ter uns vinte e oito, trinta e dois anos. Não tinham certeza. Ela não passava de vinte de três, a mesma idade do Paulo.

– Não, cara. – Com o Saul era sempre melhor ser educado. Esqueça aquela má resposta ensaiada. – Já faiz tempo quosgame são pra todo mundo. Cê devia tentar jogá.

O gigante passou a mão direita no queixo. Dava para ouvir as pontas dos dedos roçando os pelos mal aparados. Ajustou os óculos escuros de aros finos e sorriu:

– Nunintendo nada de jogo – repetiu. – Só entendo de sonhos.

É isso. Você não recebe a visita do Saul à toa.

– Como assim, cara?

Disse aquilo só para se arrepender em seguida. O homem se aproximou. Juliana sentiu o perfume amadeirado saindo de trás das orelhas dele. Saul era conhecido tanto pela elegância quanto pela truculência com os desafetos.

— Cê é isperta, menina. Já saboquê vim fazê aqui. Para coisso e devóvi logoquicê robô.

Poderia negar. Seria muita estupidez.

— Num tá mais cumigo, cara.

Saul se afastou. Olhou para os lados, um bando de moleques conectados jogando. Alguns deviam estar vendo putaria. Já tinha ouvido falar que o dono do Castelo do Terror não tolerava acesso a pedofilia e outras nojeiras. Dois ou três já tinham se encrencado feio por causa disso. Era um cara direito. Por isso mesmo deixou o Saul entrar. Se alguém roubou do Mandarim, então merecia mesmo a visita dele.

— Porra, Ju, assimcê piorascoisa. — Apertou os olhos com a ponta dos indicadores. — Coquemtá?

Juliana suspirou. Não iria dizer. Saul percebeu:

— Cê é isperta, Juliana. Mais esperta quesses muleque tudo. Num fode. Faladumaveiz.

— Cô Paulo. O fiu do Denis.

O gigante sorriu:

— Que era, aliáis, um cara muimais centrado quocês tudo junto.

Morto por acidente. O Denis batia laje para uma das construtoras dos prédios da Pampulha de Cima. Um dia caiu do décimo-quinto andar. A empresa não fornecia equipamento de proteção. Ninguém foi indenizado. Acabou assim.

— Quanquio Paulo ti pagô? — Saul perguntou.

— Duzentas e vinte hora no Legião.

— É justo — ele disse e esticou o lábio inferior. — Cê tá cosorte, Ju. Quê sabe purquê?

Ela não respondeu.

— Porquê se fosse outro cara, tipo o Zelão ô o Ricardo, esses bosta que anda cô Paulo, eu ia tomá essazora tudo deles. E se reclamasse, inda mandavinfiar a reclamação láonde o sol num bronzeia. — Uma pequena pausa. — Desculpaí o palavriado. — Apontou para ela. — Mas, ocê, Ju, vai saí daqui cô tudo, azora toda.

Com um pulo, Saul ficou em pé. Os óculos pareciam estar a dez metros de altura. Olhavam diretamente para Juliana:

— Agora, seu discubri quicê mentiu, aí vóto e vamu conversá dinovo — ele disse, calmo como se uma ameaça fosse igual a uma receita de bolo. — Até mais, Juliana, brigadão.

– Num vai perguntá pronde ele foi?
– Num precisa. – Enfiou as mãos nos bolsos. – Só tenhum lugá pra acessar essas porra.

Paulo havia acabado de descer no ponto de ônibus da estação Savassi. Descia a Cristóvão Colombo, pulando os buracos na calçada e se desviando das outras pessoas. Viu alguns meninos, ainda mais jovens do que ele. Com certeza seguiam alguma realidade aumentada projetada nas lentes dos olhos. Não era um equipamento incomum. Um pouco caro, mas dava para comprar uns genéricos chineses no centro.

Muito mais raro, e praticamente impossível saber quem usava, era uma interface neural de verdade. Coisa fina, nanomembranas ligadas direto nos neurônios, conectadas à internet vinte e quatro por sete. Juliana já havia falado delas. Aquelas gracinhas trabalhavam mesmo quando você estava dormindo. Baixando filmes, reconfigurando sinapses (fosse lá o que isso significava), se aperfeiçoando, comendo suas memórias, aprendendo sobre você e todo o resto. Não dava para fabricar uma delas no quintal. A Disney-Sony-Xiaomi tinha um modelo só para crianças, implantada primeiro numa meninge e que depois ia migrando para dentro. A Minori tinha uma estratégia diferente, mas só vendia para adultos. Uma injeção de nanorrobôs na veia e, dois meses depois, você estava conectado ao mundo.

Paulo imaginava como devia ser viver com telas projetadas na fundo da cabeça o tempo todo. Sentir, cheirar e tocar coisas que não existiam. Devia mudar a pessoa. Mas, se você não consegue mesmo diferenciar da realidade, que diferença faz?

Desviou-se de uma senhora baixa e corcunda. O corpo minúsculo da idosa se apoiava em duas próteses esguias e feias. Arriscava bastante andando sozinha. Mas Paulo também. Para sua sorte, já estava bem perto do Buraco.

A maioria das pessoas evitava as imediações da Praça da Savassi. Davam a volta ou passavam rápido por ali, de cabeça baixa. Região estranha, de prédios comerciais velhos. Escritórios com traficantes vulgares, hackers e cowboys de terceira linha, detetives de meia idade e gigolôs de robôs-putas e robôs-michês oferecendo serviços por mixarias.

Aliás, ninguém mais chamava aquele lugar de praça. Era O Buraco.

O título carinhoso que os belo-horizontinos deram à esquina que desabou. Construíam uma estação do metrô embaixo do cruzamento quando o buraco engoliu tudo, até mesmo metade de um prédio e vinte e três pessoas.

Desistiram da construção. Desistiram do bairro. Como a Pampulha. A Orla e o Buraco eram irmãos.

A diferença era que o lar de Paulo era uma comunidade. O Buraco pertencia a uma única pessoa. Mônica Cavendish, que muita gente chamava, só pela zoeira, de Cavevixi.

Paulo desceu por uma das escadas que deveriam levar a uma estação. As paredes estavam cobertas de pichações. Para ele, eram apenas pinturas. Cabeças enormes e sorridentes. Robôs gigantes coloridos. Pães de queijo ninjas lutando contra tentáculos que brotavam do céu. Um tiranossauro com a camisa da seleção. Uma anta morta, coberta de flechas e uma faixa ao redor dela, "todo dia é um 7 a 1". Não fazia a menor ideia do que aquilo significava.

Só sabia que, para os sortudos proprietários de implantes neurais, passar por aquele corredor era uma experiência fodástica. As pinturas seguiam a pessoa, falavam com ela, pulavam na sua frente. Obra de um grupo de, como se chamavam mesmo?, arte-terrorismo-sensorial. Parecia interessante. Parecia coisa de riquinho também.

Chegou ao final do corredor. Esperava uma passarela estreita e suja. Ao contrário, atravessou um oásis de limpeza até a campainha que se destacava, atrás da pintura de uma arara. Antes mesmo de tocá-la, uma portinhola se abriu e escondeu a cabeça da ave.

— Senha, novato — um par de olhos avermelhados disse.

— Eu caí na toca do côei branco.

A parede do lado direito se abriu como a portinhola. Não dava para imaginar que havia uma entrada ali. O rapaz dos olhos vermelhos o chamou com a mão e ele entrou. Paulo devia ter olhado para trás. Perdeu o momento em que a porta volta a ser parede. Queria entender aquilo.

O rapaz, da sua altura e ainda mais magro, andava à frente. Usava uma camiseta vermelha vários números acima do dele e uma bermuda apertada. Balançava o corpo para os lados. Parecia ter algum problema nos pés. Eles se dobravam para dentro quando tocavam o chão. Paulo se lembrou de uma foca batendo palmas. Onde havia visto aquilo?

– Essa piada já perdeu a graça há muito tempo. Se é que teve alguma.
– Oi? – Paulo perguntou.

O rapaz levou um tempo para responder, entre uma mancada e outra:
– Acho que a Mônica ouviu esse negócio do coelho branco num filme. Sabe? Alguma coisa que ela viu quando era menina.
– Ah, tá – Paulo disse.
– Se é que dá para imaginar que ela foi criança um dia.

Este corredor não tinha arte nas paredes. Só umas fotos impressas cercadas por molduras velhas. Na quinta foto, Paulo entendeu que via a história da cidade em preto e branco. Carroças. Ruas largas e cheias de árvores. Bondes elétricos. Ônibus. Homens de terno na frente de um prédio. Sabia o que era aquilo, um cinema, coisa muito antiga. Carros. Mais carros. Todos parados. Edifícios. Depois espigões. Neon. Holoanúncios flutuando sobre a cidade.

– Chegamos, novato. Trouxe o seu sonho?
– Truce – respondeu e apalpou o bolso.

O rapaz passou a mão direita na frente da porta. Agora sim, uma de verdade. Pesada, de metal. Ela se abriu em silêncio. Lenta.

– Beleza. Boa sorte, então.

E deu meia-volta.

Quando Paulo entrou, uma mulher baixinha, de olhos muito negros e pele muito branca, sorriu para ele. Sentada numa cadeira larga, as pernas cruzadas, parecia tê-lo esperado o dia todo. Tinha os cabelos lisos, grisalhos, curtos e arrepiados no alto da cabeça. Usava um batom alaranjado, jaqueta de couro, camisa verde e calça preta. Calçava tênis Adidas coloridos – uma peça retrô ou uma antiguidade genuína. Como se fosse um trono cercado de monitores e teclados, ela observava do alto todos os que a cercavam.

Um grupo de pessoas deitadas em suas camas, os rostos cobertos por membranas de imersão sensorial completa, as membranas conectadas a toucas transparentes, as toucas conectadas a uma miríade de cabos finíssimos que convergiam para o alto. Paulo ergueu os olhos. Uma coluna de fios e peças, como as entranhas estripadas de um computador ancestral, que desaparecia, enfim, sob uma redoma escura. O salão se parecia com o Castelo do Terror do parque, mas era diferente: organizado, silencioso, brilhante. E assustador. Como um altar.

— Bem-vindo, Paulo.

Mônica se levantou e desceu os poucos degraus que a separavam do chão. Sua voz era rouca e um tanto maternal. Talvez lembrasse mesmo a de sua mãe.

— Brigado.

— Não vai perguntar como eu sei o seu nome? — ela se aproximou. — Tudo bem, sem rodeios. A Juliana Alencar me avisou que você viria.

— Nossa — ele riu. — Ninguém chama a Ju pelo nomintêro.

Agora, bem próximo de Mônica, Paulo notou as rugas ao redor dos olhos e algumas poucas linhas acima do lábio. Era uma senhora bonita.

— Isso é normal — ela disse. — Muitas palavras já foram esquecidas. Deixa eu ver o seu sonho.

Paulo entregou o adaptador. Ela deu-lhe as costas, encaixou a placa, que caberia na ponta de um polegar, em um console, apertou uma tecla e se sentou em uma das camas. Paulo observou melhor o anfiteatro. Além das pessoas deitadas em círculo ao redor da coluna de cabos, várias outras, homens e mulheres, a maioria jovens, andavam por ali. Algumas paravam para conferir o que os monitores exibiam, teclavam um comando e se afastavam. Outras conferiam gráficos de atividade cerebral dos sonhadores, anotavam em seus tablets. O menor dos grupos era formado por seguranças armados com submetralhadoras. Ficavam mais distantes, em silêncio. Pareciam um pouco mais velhos dos que os outros.

— É isso mesmo.

Ele se virou ao ouvi-la, ainda deitada. Mônica não se conectou a nenhum dispositivo, simplesmente fechou os olhos. Certamente, ela tinha um implante neural. Sentou-se, balançou a cabeça, rápida como um cachorro molhado após o banho, e encarou Paulo:

— Mas isso não é o sonho de um menino.

— Eu numsô minino.

— Claro que não. — Ela saltou da cama. Estendeu a mão para o garoto. — Vem comigo que eu te explico como funciona. — E, virando para um rapaz de camisa rosa, completou: — A doze está liberada, Bruno?

Diante da resposta positiva, dada com a simplicidade e a eficiência de um polegar levantado, Paulo seguiu Mônica.

– A gente fabrica dois tipos de sonhos. – Novamente o tom maternal. – Um é mais complicado, porque é como um jogo. Nele, você é o personagem principal e qualquer coisa pode acontecer. Deita aqui. – Apontou para a cama vazia.

O mesmo Bruno o ajudou a se posicionar. Paulo aconchegou a cabeça no travesseiro, que cheirava a algo doce. Era estranho e desconfortável, como um exame médico de emergência. Deitado, pôde observar melhor o fundo da abóbada que engolia os fios. Todos saíam do entorno de um homem nu, pintado no teto, como se ele fosse uma relíquia que não pudesse ser tocada. Tinha quatro braços e quatro pernas abertas, cabelos compridos, um branco não muito jovem que não se parecia com ninguém que Paulo conhecesse. Já havia visto aquilo em algum lugar, mas não se lembrava onde.

– Já o seu sonho é mais simples.

Se aquele custava quase um carro, um sonho completo deveria valer o mesmo que um transplante de coração e pulmões artificiais.

Mônica desencaixou uma touca da máquina e a avaliou. Parecia perfeita.

– Nós chamamos de sonho linear. É como um filme, mas com cheiro, tato, sensação de peso, tudo. Você não vai tocar nem interagir com nada.

Como assim, não poderia tocar na Renatinha? Queria saber como era sua pele, sua boca, coxas e outras partes do corpo que ele não conseguia mais citar. A membrana aderiu perfeitamente ao seu rosto e alto da cabeça. Esperava que fosse desconfortável, mas não sentiu nada. Nada além de muito sono. Sono que embaralhava as palavras no meio do cérebro. Nunca havia se sentido assim, tão rápido. Nem mesmo com as bebidas do bar do Seu Manolo.

– Você vai sentir um formigamento dentro da sua cabeça, na base do crânio. É normal.

Já não ouvia bem que Mônica dizia. Talvez ela ainda tenha explicado o que aconteceria dali em diante. Nanorreceptores inteligentes penetrariam a sua pele, se ligariam aos nervos superficiais e, dali, inundariam o seu cérebro de informações. Tantas que seria impossível para ele distinguir a realidade da simulação. Ou do sonho, como a maioria preferia chamar.

– Bons sonhos, menino.

Uma mão áspera acariciou seu rosto. Não era carinhosa. Na verdade, o gesto todo parecia calculado; dedos quentes, grossos e secos. Um dos assistentes de Mônica. Talvez o mesmo que o auxiliou a dormir.

Um arrepio no alto da cabeça. Não como quando tomou suco gelado pela primeira vez. Durou menos que um instante, uma varredura passando pela sua mente. Serviu para despertá-lo de vez.

Abriu os olhos. O homem nu ainda estava lá no teto.

E o homem bem vestido de camisa social e dreadlocks alinhados bem na sua frente.

— Támerda!

— Chiiiii — Saul levou o indicador à boca. — Cê vaicordá ozotro. Fica calmo.

— Saul do céu, eu juro que...

— Eu sei, eu sei, cê jura. Micontaí, como foi o seu sonho?

Paulo arregalou os olhos. Sentia um gosto metálico na boca, como se tivesse ido dormir sem escovar os dentes. Sentou-se e suspirou. O assistente da Mônica teclava no terminal ao seu lado, enquanto cabos puxavam lentamente a membrana de imersão neural para cima. Melhor contar a verdade mesmo:

— Uma bosta.

— Émêmo? Pur quê?

— Numcontece nada, só tem a Renatinha andano dum lado pruôtro, só fiquei vendela, juro que num rola nada.

— Eu sei, muleque, eu sei. Vô fazêuma proposta procê e cêssai daqui conhas perna intera, podeser?

Engoliu em seco. Antes que ele dissesse alguma bobagem, Saul continuou:

— Me dá esse sonho, nunca mais fala nele e fica tudo dujeiquitá. Concorda?

Com a cabeça, frenética para cima e para baixo, Paulo fechou o acordo. Transpirava, apesar da baixa temperatura da sala. Tremia um pouco, mas desconfiava que não era apenas por causa do frio.

Saul estendeu a mão, gorda e larga. Paulo hesitou, mas a agarrou. Sentiu a mesma aspereza que havia experimentado no rosto. O gigante o puxou com cuidado. Em pé, ao lado dele, o rapaz ganhou dois tapas amigáveis nas costas.

— Relaxa, pivete — ele disse. — Mispera lá fora que játôino.

Mônica observava, encostada à parede, os braços cruzados. Usava relógio analógico no pulso direito, o que a tornava ainda mais curiosa e antiga. Quando Paulo passou por ela, a porta metálica se abriu.

— Até mais — ela disse, e caminhou na direção de Saul. — Tudo certo?

Ele jogou a placa no ar e a agarrou. Se não tomasse cuidado, ela poderia facilmente passar por entre seus dedos. Guardou no bolso da camisa e sorriu:

— Tucertinho. Brigadão tê mivisado quano o Paulo chegô. A amiguinha dele já tinha dado o sirviço.

— Aposto que você fez a mesma ameaça para convencê-la.

— Não, não, eu num vô falá uma coisdessa pruma mulher. Ameaçar quebrar as perna? Só sinum consiguí convencê na conversa. Já côs cara sempre funciona. Ninguém qué perdê as perna, né?

Mônica notou um botão aberto na camisa dele, à altura da barriga. Apontou com o indicador e ele se apressou a fechá-lo, como um menino envergonhado.

— O que você era, Saul? Antes de ser leão de chácara do Mandarim?

— Leão? — ele perguntou, os olhos apertados.

— É uma expressão antiga, mais ou menos como um guarda-costas. Deixa para lá. Sabe o que eu era antes?

— Comassim, antes? — ele cruzou os braços.

— É, antes. Antes do milênio, antes deste Buraco — olhou para cima —, antes mesmo da Grande Crise. Eu era professora. — Saul fez uma careta. E ela concluiu: — De literatura e português. Se você quiser, posso te dar umas aulas.

Riu.

— Praquê? Preu falá quinem véio?

A gafe durou menos do que um segundo:

— Desculpaí, Mônica. Num foipuquerê.

— Está tudo bem, Saul. Esquece.

— Os muleque mentende assim, tá valeno.

A ex-professora deu de ombros:

— Tem razão. O que importa é ser compreendido.

— Nunhé?

Saul esticou os braços, como os se tivesse usado o dia todo. Tinha, de fato, atravessado a cidade no seu carro, evitando os corredores de trânsito lotados e serpenteando por dentro dos bairros. Conseguiu chegar ao Buraco mais rápido do que a prudência recomendaria. Claro que Mônica também ajudou bastante ao calibrar o sonho para se repetir por cinco vezes no inconsciente de um entediado Paulo.

– Agora tenho a pricisão de levá o mulequimbora. – Estendeu a mão para ela e se cumprimentaram. – Dinovo, brigadão.

– Uma última coisa. – Ela não soltou a mão dele. – Aquele sonho. Aquilo não é tesão de menino por uma mulher.

Saul afrouxou um pouco o aperto dos dedos. Mônica Cavendish era, como a maioria das pessoas, bem mais baixa do que ele, e manter a cabeça naquela posição o cansava. Não conseguia se livrar dos dedos frágeis e úmidos dela. A professora não desviava o olhar do rosto dele. Ele tirou os óculos.

Os olhos, cobertos por uma rede enevoada de fotorreceptores artificiais, piscaram. Havia anos ele não precisava mais lubrificá-los, mas o gesto automático permanecia em seu cérebro. Disse, a voz grave reduzida a um sussurro ágil:

– Isso fiquentre nós.

Mônica piscou o olho direito. A irmã do Mandarim. Nada poderia ser mais óbvio.

– Quando você quiser, pode vir aqui que a minha sala de sonhar vai estar sempre à disposição.

O grandalhão assentiu com a cabeça. Soltaram-se as mãos, finalmente, e ele colocou os óculos de volta. Deu três passos para trás:

– Eu vôino. O Mandarim quésse sonho di volta.

– Manda um abraço para ele. Às vezes, ele esquece que a gente não é concorrente. E quando você encontrar a Juliana de novo, pede para ela vir me ver. Está na hora de usar o talento para alguma coisa. Ela roubou essa simulação do pai dela só para impressioná-lo.

– Tácerto. Témais.

Pela porta entreaberta, Mônica viu que Saul abraçou Paulo pelo ombro e praticamente o arrastou para fora. Não foi um gesto amigável, mas tampouco bruto. Talvez estivessem ambos cansados. O rapaz, decepcionado pelo sonho; Saul, entediado por ficar correndo atrás de meninos cometendo sempre os mesmos pequenos delitos.

Mônica olhou para as pessoas deitadas atrás de si. Entretidos com suas experiências oníricas, todos se iludiam acreditando passar por momentos únicos, quando os sonhos, por mais sofisticados que fossem os meios para produzi-los, armazená-los e consumi-los, continuavam essencialmente os mesmos e, quase sempre, de uma simplicidade desconfortante.

– Mônica, chegou mais um cliente. Outro novato.

O mesmo rapaz que havia trazido Paulo a interrompeu. Com um gesto, convidou-o a entrar no salão, acompanhado de uma mulher, quase tão nova quanto ele. Mônica sorriu. Explicaria todo o processo à jovem, que pagaria para desfrutar de um sonho que teria trazido, como Paulo, ou descreveria o seu desejo para Mônica. A ex-professora decidiria se valia a pena produzi-lo e daria seu preço.

Às vezes, ela tinha saudades de quando abandonara o magistério para se dedicar a hackear o código dos decks de imersão sensorial e criar a sua própria versão. Uma vez, o Mandarim lhe dissera o mesmo. Mas a produção, venda e tráfico de simulações era também um mercado onde dava para ganhar algum dinheiro à margem das empresas. Além disso, irritá-las era sempre divertido.

Claro que nenhum dos dois queria apenas criar uma irritação momentânea. Cada sonho consumido no Buraco significava uma infecção por nanorreceptores indetectáveis. Pessoas que saíam de lá com uma pequena massa de inteligência artificial dormente, acoplada aos seus neurônios, uma interface neural para quem jamais teria condições de comprar uma. No momento certo, quando houvesse quantidade suficiente de portadores, Mônica e Mandarim, em silêncio, assistiriam ao maior ataque massivo contra corporações de que se teria notícia. Direto dos cérebros de centenas, milhares de pessoas.

Mas aquilo ainda estava no futuro. Por enquanto, era necessária paciência. Além, claro, de arregimentar pessoas como Juliana antes que ela aceitasse a oferta de alguma corporação.

E recepcionar e manter satisfeitos novos clientes.

– Vem, meu bem. Vou te explicar como funciona – Mônica disse, levando a sonhadora novata a uma das máquinas disponíveis.

Recall
Karen Alvares

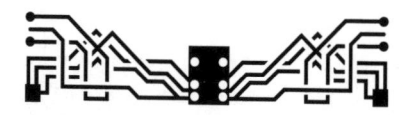

As prateleiras do supermercado estavam abarrotadas de oportunidades. Todo tipo de ofertas e produtos desfilava rapidamente nos telões estrategicamente localizados nos corredores. Flávia não conseguia escolher. Dizem que não se deve ir ao mercado com fome, e agora ela entendia que a frase não se aplicava somente em um sentido. Enquanto suas unhas bem pintadas passeavam pelos ovos, ela não conseguia parar de pensar nas possibilidades e em todo o caminho que a levara até aquela decisão.

Já fazia alguns anos que pensava em ser mãe. Porém, as pressões do dia-a-dia e seu trabalho como programadora para o OLHO, ou melhor, a UCC, sempre atrasaram essa escolha. Além disso, ela tinha Diego, e Diego era para sempre. Por que aumentar a família, para que dificultar as coisas, não é mesmo? Seu relacionamento estava ótimo.

Mas as coisas não caminharam tão bem quanto Flávia tinha esperado e, afinal, Diego não era para sempre.

Aliás, era UCC. UCC, caramba! O controlador central, a máquina que administrava o país. Após séculos com os humanos fracassando no governo, o controle tinha finalmente passado às máquinas: incorruptíveis e incapazes de erros. Flávia tinha que tomar cuidado com essa mania de chamar a Unidade Controladora Central de OLHO; era um costume errado e perigoso, além do mais, era a maneira como Diego se referia ao governo central.

Diego tinha ideias perigosas.

Desde que se divorciaram, dois meses antes, a ideia da maternidade voltara a martelar. Apesar de seus esforços, Flávia não conseguia mais desgrudar da cabeça aquela imagem: ela e seu *bebematic*, um ser pequeno e frágil, que pelo tempo que ela desejasse caberia em seus braços e seria incondicionalmente apaixonado por ela – coisa que Diego não fora.

Ela o imaginava dócil e pueril, com um sorriso doce dirigido somente para ela. Devaneava entre o sonho e a realidade, naqueles minutos preguiçosos que prenunciam o adormecer, que ele – ou ela – estava deitado em seus braços, quentinho e molinho, as mãozinhas ao redor de seu pescoço. Tudo bem, ela não tinha certeza quanto ao quentinho, afinal ele seria um androide, mas sabia que os *bebematics* tinham uma tecnologia avançada, desenvolvidos para se assemelharem ao máximo a humanos reais. Precisavam ser assim, afinal, quem compraria um deles se não fossem? Agora, quanto ao quentinho, talvez, se investisse um pouquinho mais...

Seus dedos flutuaram diante do ovo do *Bebematic 5001*. Era um modelo bem mais caro, lançado havia apenas dois meses, quase um luxo. Ela ousou puxar a embalagem da gôndola e examiná-la, cada pedacinho, desde a figura colorida e extremamente real na frente de um bebê rosado e gorducho até as especificações técnicas no verso. Quem sabe? Poderia sacar uma parte de seus créditos, ainda sobraria um pouco no banco. Tratava-se de um investimento em si mesma.

Dane-se, tinha que fazer algo por ela. Estava mergulhada em solidão e infelicidade desde a partida de Diego, as coisas não podiam continuar como estavam. Quanto às economias, daria um jeito, faria algumas horas extra. Ela se lembrava do que diziam na propaganda: bastaria colocar seu bebê em modo de repouso e pronto, ela poderia trabalhar sem problemas.

Seu bebê, ela já estava começando a chamá-lo assim... Não era mais um *bebematic*. Talvez, em seu coração, nunca tivesse sido.

Um *filho*. Ela seria mãe.

Daria pulos de alegria se não estivesse no meio de corredor do supermercado. O que as pessoas iam pensar? Comportamentos inadequados como aquele eram rigidamente desaprovados pela UCC. Ela podia expressar sua alegria mais tarde, entre as paredes seguras do seu apartamento.

Flávia estava quase se dirigindo ao caixa quando estacou: *menino ou menina?* Como não tinha pensado naquilo antes? Nos seus sonhos, o bebê era apenas um bebê, sem forma, rosto ou sexo definido. Ela apenas queria ser mãe, pouco importava o sexo. Mas agora aquela se tornara uma decisão importante. Depois de chocado, não havia devolução. A única opção, se não gostasse, seria descartá-lo, mas isso seria um desperdício de seus suados créditos.

Fechou os olhos, tensa, e acabou por se decidir após uma inspiração: seria como antes, quando se esperava um bebê na barriga – que costume perigoso – e não se sabia o sexo do bebê. Ela tinha lido aquilo em um *e-book* de História Antiga, dos tempos pré-galácticos, quando os humanos mal tinham visitado a Lua, imagine. Era difícil imaginar como aquelas pessoas viviam. Mas esse até que poderia ser um costume divertido, contar com a sorte, ou com o *destino*. E, claro, se ela decidisse que não gostara do resultado, sempre poderia dar meia-volta e colocar o pacote de volta na prateleira, ainda não tinha apresentado seu Passe Único no leitor automático do caixa.

Finalmente, Flávia abriu os olhos e examinou o sexo do *Bebematic 5001*. Era uma informação pequena, que ficava na tampa, justamente para os nostálgicos que desejassem alguma surpresa no momento do parto, quando o ovo chocasse. Não conseguiria esperar tanto.

Quando abriu os olhos, sorriu com ternura.

Uma menina!

Seria uma delícia ter uma pequena companheira. Quando Flávia ativasse a função para crescer, sua filha (filha!) poderia acompanhá-la nos passeios, fazer compras, assistir a filmes no sofá, brincar no parque... Flávia poderia embonecá-la como bem entendesse, como uma princesinha.

Estava decidido. Seria uma menina.

Quando Flávia passou no caixa, nem sentiu a costumeira pontada quando gastava créditos demais. Era um preço pequeno a se pagar pela felicidade.

Flávia só percebeu que estava abraçando a embalagem de seu ovo, como se já fosse um bebê, quando estava sentada no Aerotrem. Ela sorriu ao perceber o gesto e abraçou ainda mais a caixa, observando as imagens que flutuavam pela janela, geradas por computador. Eram gravações da cidade; o UCC dizia que eram ao vivo, mas todos sabiam que aquilo não era totalmente verdade, porque nem toda a cidade era tão bonita e moderna. Eles preferiam mostrar as imagens mais prósperas, com seus telões de propaganda e luzes coloridas, além das lojas abarrotadas dos mais variados produtos, cada um mais atrativo que o outro. Obviamente jamais mostravam imagens dos guetos e das áreas mais degradadas. Quem queria ficar vendo aquilo enquanto viajava, afinal?

Assim que chegou em casa, Flávia largou de qualquer jeito o Passe Único e a bolsa sobre o aparador, para logo depois sentar no pequeno sofá branquíssimo e retangular. Tudo no seu pequeno e imaculado apartamento alugado remetia ao branco, à tranquilidade; a decoração era minimalista – Flávia não tinha necessidade do supérfluo, queria apenas o suficiente para trabalhar e viver, não era tola como a maioria das pessoas, que viviam para consumir e consumiam para viver –, tudo em formatos retangulares, com as bordas angulares. Não era nada luxuoso, mas servia, não precisava de muito espaço; tinha até dois quartos, pequenos, e ela já pensava em como transformaria o escritório no quarto da filha.

Ansiosa, removeu a caixa da sacola. Ficou observando-a por alguns instantes antes de abri-la. Sentia algo que jamais sentira antes. Era engraçado que se sentisse assim, afinal, não era um bebê de verdade, apenas um androide. Somente humanos de grande status na sociedade (e muitos créditos no banco, claro) podiam se manter férteis e, consequentemente, ter filhos biologicamente. Seu corpo não era propício à gravidez (quadris estreitos demais, impróprios para o parto; justamente por isso ela não podia procriar, para que o erro fosse corrigido na evolução), portanto foi descartada aos dezoito anos e deixou a Fábrica. O início de sua vida não foi fácil, mas ela se esforçou muito e conseguiu um emprego, que levou a outro e outro, até onde estava agora, aos trinta anos. Orgulhava-se de si mesma; tinha vencido por seu próprio esforço e estava melhor do que a maioria dos jovens que deixavam as Fábricas; a maioria vivia nas ruas ou nos guetos, alimentando-se de sobras, morrendo antes dos 25 anos ou fazendo implantes cibernéticos para sobreviver, trabalhando para gangues e movimentos sociais suspeitos.

Talvez, se Flávia tivesse concebido na Fábrica como a maioria, não tivesse esse desejo latente de ser mãe (dizem que as garotas que concebem nunca mais querem saber de filhos, nem mesmo os *bebematics*), mas, como isso não tinha acontecido, a curiosidade e aquela vontade continuavam lá, martelando seus pensamentos.

Quando conheceu Diego, aos 23 anos, e depois se casou com ele, aos 25, chegou a pensar em comprar um filho, mas essa não era uma ideia com a qual ele concordasse. Diego tinha horror ao sistema, o que Flávia não compreendia; as coisas funcionavam tão bem! Veja só, ela mesma era um bom exemplo de como o OLHO era benevolente: se vivessem em um mundo bárbaro, ela teria sido eliminada, afinal era um erro evolutivo. Justamente por ser uma sociedade justa, isso não aconteceu, ela apenas não poderia passar seus genes adiante, o que era totalmente compreensível. Além disso, a história estava lá para comprovar que nada tinha dado certo da maneira "tradicional". Tudo estava melhor agora, com o regime atual. Mas Diego não compreendia.

Talvez esse fosse um dos motivos por que eles tenham se separado.

Mas nada disso importava agora. Dizem que nada acontece sem razão, e mesmo as coisas ruins podem ter consequências positivas, ainda que não se compreenda a princípio. A separação podia ser uma dessas coisas. Se Diego não tivesse partido, Flávia nunca teria seu bebê.

E, agora, lá estava ele. Em suas mãos. Pronto para ser chocado.

Seu e apenas seu.

Sorriu e abriu a caixa. Retirou um pequeno ovo dourado, de aparência metálica à primeira vista, mas maleável ao toque. Era estranho e ao mesmo tempo reconfortante tocá-lo; era como tocar um pedaço de carne, de pele, mas também não era, *faltava alguma coisa.* Ela sentia o ovo dormente, como se algo estivesse dormindo ali dentro. O cheiro era de algo que ficou tempo demais esquecido na geladeira.

Diego dizia que aquelas *coisas* eram nojentas. Ela ficou imaginando o que ele diria se soubesse que Flávia tinha comprado um.

Mas por que estava pensando nele agora? Diego não era importante, não mais. Ele a abandonara, e agora ela precisava abandonar sua lembrança. Seria substituído por novas memórias, de Flávia com sua filha.

Ela colocou o ovo novamente dentro da caixa com cuidado e deixou-o por um instante na mesa de centro, enquanto lia as instruções. Não era nada difícil, bastava que imergisse o ovo em água em temperatura ambiente por doze horas e um bebê cresceria, completamente formado. Ela leu as instruções duas vezes e já as estava largando e pegando o ovo novamente quando notou um aviso no rodapé:

IMPORTANTE: UTILIZE ÁGUA LIMPA E FILTRADA E UM RECIPIENTE ESTERILIZADO.

O que ela poderia usar? Se tivesse instalado uma banheira como tinham pensado quando compraram o apartamento, aquela seria a escolha óbvia, mas como tudo na vida, Flávia sempre adiou essa decisão. Sempre pensava em economizar. Para que uma banheira, se o chuveiro cumpria sua função perfeitamente? Aquela era outra coisa que ela e Diego discordavam; ele dizia que uma banheira seria perfeita para apimentar o sexo. Quando a abandonou, disse a Flávia que era frígida demais e não dava mais para continuar naquela vidinha sem tempero.

Entre outras coisas.

Ah, a bacia, é claro. Não era o ideal, mas funcionaria. Nem bebê – nem ninguém – nunca precisaria saber que tinha sido gerado naquilo, a mesma bacia que ela usava para transportar as roupas sujas para a máquina de lavar. Flávia apanhou o objeto na pequena área de serviço (praticamente um corredor mixuruca); era perfeita, um tamanho ótimo, só precisava esterilizá-la conforme as instruções. Geralmente detestava trabalhos domésticos, mas aquela era uma causa nobre, e ela quase nem sentia os braços doendo ao esfregar meticulosamente a bacia no tanque, limpando cada parte minúscula onde a sujeira poderia se alocar. Quando terminou, o objeto cheirava a desinfetante e ela quase podia enxergar seu próprio reflexo no material.

Ela encheu de água do filtro, o que pareceu demorar horas e demandou muitas panelas, mas no fim tudo deu certo e Flávia se viu segurando o ovo de carne entre os dedos, enquanto encarava a bacia cheia d'água dentro do box onde costumava tomar banho. Já era mais de dez horas da noite quando finalmente depositou o *bebematic* na água e ficou observando-o boiar. Ela colocou um alarme no Passe Único para doze horas depois, na manhã seguinte, e ficou observando o ovo um pouco mais, até enfim se cansar daquela monotonia (em vinte minutos, ele não parecia nada diferente; vai ver era tímido). Finalmente, resolveu ir para a cama, ler um livro no seu leitor ótico e dormir.

Mal podia esperar pela manhã do dia seguinte.

Mas, enquanto Flávia dormia o sono justo das mães, uma borboleta que ficara presa dentro do banheiro o dia inteiro voou até a bacia. Por alguns instantes, o inseto apenas observou a coisa que boiava na água, as pequenas asas tão paralisadas que quem a visse pensaria se tratar de um mero enfeite. Porém, em alguma hora da madrugada, algo se remexeu na água e a borboleta se assustou, caindo dentro da bacia. Ficou ali dentro, se remexendo, tentando se libertar de sua prisão aquática, até que finalmente entregou os pontos. As asas novamente se tornaram estáticas.

Agora havia duas coisas boiando na água.

Geralmente Flávia demorava a se levantar, mas no dia seguinte, assim que seus olhos se abriram, ela se sentiu completamente desperta e praticamente saiu correndo para o banheiro. Ansiosa, debruçou-se sobre a bacia, de joelhos, e encarou o conteúdo lá dentro.

Não dava para acreditar. Aquilo funcionava mesmo.

Era um bebê. Um lindo bebê, todo formadinho, com perninhas e bracinhos, dobrinhas e dedinhos, os olhos fechados como se estivesse adormecido, dentro da própria placenta da mãe. Tinha até cabelo! E cílios! Era um milagre.

De acordo com as instruções, o *bebematic* ainda poderia ficar mais algumas horas na água, em estado de hibernação. Porém, assim que fosse retirado dela, começaria a chorar como se realmente estivesse nascendo e precisaria de cuidados imediatos, como colo, mamadeira, o padrão. Flávia chegou a esticar as mãos para o bebê, mas seu estômago foi mais rápido e roncou.

Talvez depois do café da manhã? Ela ainda tinha algum tempo antes de ser mãe.

Cerca de uma hora depois, Flávia retornou ao banheiro, sentindo-se pronta. Ela inclusive estava especialmente vestida para a ocasião, com uma camisola nova de mamãe, orgulhosa de si mesma por ter preparado a primeira mamadeira do bebê, que esfriava naquele exato momento na pia. Mais uma vez, ajoelhou-se no piso frio do banheiro e se debruçou sobre a bacia, puxando o *bebematic*, ou melhor, sua *filha*, da água, agora gelada.

No mesmo instante, a pequena começou a chorar. Um choro alto e intenso, do fundo do peito, exatamente como um recém-nascido faria ao deixar a barriga da mãe.

Flávia só percebeu mais tarde que estava chorando também.

– Shhh... shhh, bebê... – chorando e rindo, era o que estava fazendo. – Tá tudo bem, menina, tudo bem... É a sua mamãe aqui!

Só que não estava realmente tudo bem.

Porque, ao mesmo tempo em que Flávia se emocionava ao segurar o corpo pequeno e quente de seu bebê, ela viu algo boiando na água que ainda restava na bacia.

Algo morto.

Ela tomou um susto e recuou, soltando uma exclamação de horror e surpresa. Pressionava com força o bebê, ainda chorando, contra o peito.

Havia um inseto morto dentro da bacia.

O bebê não parava de chorar.

Utilize água limpa e filtrada e um recipiente esterilizado.

Ela tinha estragado o bebê!

Flávia correu até seu quarto, colocando o bebê sobre a cama em seguida. O que poderia estar errado com a pobrezinha? Como ter certeza, agora que ela tinha noção da verdade horrorosa que um inseto tinha se enfiado na bacia enquanto dormia? Deveria ter ficado vigiando a noite toda! Que mãe preguiçosa estava se revelando.

O choro do bebê penetrava em seus ouvidos. Era difícil pensar com aquele barulho. Ela só queria que houvesse um botão ou qualquer coisa assim que o fizesse parar por alguns instantes para que pudesse decidir o que fazer. Devolver à loja, é claro, estava fora de cogitação; ela não podia fazer isso com aquele tipo de produto. A única solução seria jogar fora, mas Flávia tinha investido tanto! Não era algo barato. Ela não ia nem tentar?

Deixou o *bebematic* sobre a cama e correu para a cozinha, apanhando o manual sobre a mesa. Num momento de inspiração, pegou também a mamadeira e levou tudo para o quarto. Folheou o folheto rapidamente, mas não achou nada sobre um botão de mudo. Então olhou para a mamadeira e teve uma ideia.

Burra! É claro! Riu de alívio ao acomodar o bebê no colo, finalmente silencioso. Ele se agarrou à mamadeira, faminto e desesperado, enquanto Flávia apenas o observava, novamente maravilhada.

Era perfeita. Naquele momento, ela não via como o acidente com o inseto no banheiro poderia causar qualquer defeito em sua filha. O que Flávia não reparou foi no pequeno sinal, atrás do pescoço do *bebematic*, uma minúscula mancha, mas que um dia se tornaria maior: uma pequena borboleta azul.

Para fins oficiais, ou seja, para o OLHO, a identificação do *bebematic* era BBF-7834. Para sua mãe era apenas Lavínia.

Às vezes, Flávia até esquecia que sua filha não era um bebê de verdade. Os dias se preencheram com as risadinhas, as mamadeiras, as canções e os brinquedos. Ela tinha um cheirinho maravilhoso, inacreditavelmente real, e já esticava os bracinhos para que Flávia a pegasse no colo.

Ela nem lembrava mais da borboleta morta na banheira. Sua filha era perfeita.

O tempo de desenvolvimento do *bebematic* podia ser ajustado pelo proprietário, mas não se podia retardar seu crescimento, apenas pausá-lo; uma vez que a criança tivesse, por exemplo, dez anos, ela não poderia jamais se tornar mais nova. Por outro lado, poderia continuar como uma criança de dez anos para sempre, se este fosse o desejo do proprietário. Flávia decidiu manter o crescimento normal, mas logo mudou de ideia (Lavínia dava muito trabalho) e o acelerou. Em duas semanas, ela já tinha quase um ano de idade.

A borboleta azul em seu pescoço aumentou de tamanho à medida que a menina crescia. De um grão de ervilha, passou ao tamanho da unha de um polegar.

Flávia não se importou. O *bebematic* estava cumprindo sua função. Ela tinha alguém para distraí-la, *alguém para amá-la*. Sequer pensava em Diego. Ainda trabalhava, é claro, mas conseguia gerenciar as duas coisas. Ela leu o manual novamente e descobriu como colocá-la em modo de repouso para poder trabalhar: bastava inserir seu código do seu Passe Único no programa que acompanhava o *bebematic* (era um aplicativo disponível tanto no computador, quanto no celular), e Lavínia dormia como um anjo pelas dez horas de sua jornada de trabalho diária.

Não era um botão de mudo, mas já era alguma coisa.

Em um mês, Lavínia tinha o mesmo desenvolvimento de uma criança de três anos. Alguns dias antes, tinha aprendido a falar. Sua primeira palavra? Não, não foi "mamãe", como Flávia queria.

– Vuá.

Voar. Ela disse aquilo com sua risadinha gostosa de criança, mexendo os bracinhos para cima e para baixo. Flávia ficou um pouco decepcionada, claro, mas tentou não se abalar. Não ficou triste por muito tempo; algumas horas depois, ela disse o tão esperado "mamãe", e tudo ficou bem.

Quando mais ou menos um mês e meio se passou, Flávia diminuiu a velocidade de crescimento, pausando Lavínia em uma idade de cerca de cinco anos. Ela já andava e brincava. Não falava muito, porém. Era tímida e quieta, como se vivesse em um mundo só seu. Mas quando falava, era sobre sair de casa e descobrir todas as coisas.

– Mamãe, vamos sair! Vamos voar pelo céu!

Ela adorava brincar no parquinho, junto dos outros *bebematics*. Aliás, o convívio social – com parcimônia – era encorajado pelos fabricantes; ir para a escola não, afinal os *bebematics* não precisam adquirir conhecimento, apenas deixar seus proprietários satisfeitos. Além disso, as escolas só existiam dentro das Fábricas, para os jovens humanos. Flávia seguiu as instruções do manual e sempre que podia levava Lavínia para socializar, afinal queria o melhor para sua filha. E era gostoso, depois de um dia de trabalho, sentar no parquinho ao lado de outras mães e pais – ou melhor, proprietários – e trocar dicas sobre os *bebematics*.

Em uma dessas tardes, ela conheceu Ana Luíza, mãe de uma graça de menino, Murilo. Ele estava pausado mais ou menos na idade de Lavínia havia pelo menos dois anos. Ana Luíza dizia que era uma idade ótima e que talvez fosse mantê-lo assim para sempre. Flávia concordava; era o equilíbrio perfeito entre independência e dependência. As crianças já faziam suas necessidades básicas sem ajuda: comiam, evacuavam, tomavam banho... Podiam até ficarem alguns intervalos se divertindo sem a presença dos pais, como estavam agora, construindo castelinhos de areia enquanto Flávia e Ana Luíza conversavam, mastigando salgadinhos. Ao mesmo tempo, a criança ainda precisava muito dos pais; Flávia sentia isso com Lavínia, no jeito como a abraçava, como pedia *"pufavô"*, como queria sua aprovação para tudo. Quando levava a bicicleta ao parquinho para Lavínia pedalar, a menina vinha perguntar a cada volta se Flávia estava olhando. Era como ter alguém apenas para si, que a amava por completo, sem restrições, sem cobranças.

Mas é claro que ninguém aguenta uma criança de cinco anos para sempre. Uma hora todo mundo enjoa, e foi exatamente o que aconteceu com Flávia – e até mesmo com sua amiga do parquinho, Ana Luíza. Alguns anos depois, elas resolveram crescer seus filhos para a idade de oito e, por fim, dez anos. Na verdade, Murilo agora tinha onze, enquanto Lavínia tinha dez.

As duas mães se tornaram bastante amigas. Ana Luíza também era divorciada, o que as aproximou. Várias vezes, elas se encontravam no parquinho com as crianças (mais tarde, quando eles cresceram, os lugares evoluíram para lanchonetes e shoppings), e do lugar iam para o apartamento de uma ou da outra, para jantarem ou apenas tomarem um café – ou uma taça de vinho, como naquela noite.

As crianças, esgotadas, já estavam dormindo no quarto de Lavínia. Foi quando, depois de umas três ou quatro taças, Ana Luíza comentou:

– Como será que eles vão ser quando forem adolescentes?

Flávia riu.

– Não sei se quero saber, Analu. A gente não tinha prometido deixá-los crianças para sempre?

– Ah... Sei lá – ela balançou a taça perigosamente, as bochechas ruborizadas. – Fico pensando... Tentando me lembrar de quando eu era adolescente. Se Murilo vai ser pelo menos um pouco parecido comigo, como um filho de verdade... Isso é tolice?

Flávia sentou um pouco mais ereta na cadeira. Não gostava de pensar naquela época, na verdade ninguém gostava; era o momento de suas vidas em que o OLHO comandava tudo, desde a hora de acordar até a de dormir. Perto daquilo, o que viviam agora era liberdade (a palavra favorita de Lavínia, aliás). Depois de muito tempo sem pensar em Diego, Flávia se lembrou de como ele contava que tinha tentado fugir de sua Fábrica quando tinha apenas dezesseis anos. *"Aquele lugar era uma matadouro"*, dizia.

– Qual era sua Fábrica? – Flávia perguntou de supetão.

— Fábrica 21. E a sua?

— Fábrica 12, ficava no litoral...

— Nossa, que diferente! — ela disse, servindo-se de mais vinho. — Você ia à praia? Ou estava contaminada, como todas as outras?

Flávia riu, aceitando o vinho que a amiga oferecia.

— Claro que não, não era permitido. Mas eu ouvia histórias...

— Que histórias?

— Contavam que duas garotas tinham fugido para a praia... — Flávia riu para dentro do copo, subitamente encabulada. — Para... Fazer amor. Na areia. Dá pra acreditar?

Ana Luíza abriu um sorriso malicioso.

— Foram pegas, é claro — Flávia continuou. — Nunca mais soubemos delas. Era a história que contavam, mas é claro que o motivo do desaparecimento poderia ser outro.

— Eu não as julgo — Ana Luíza disse, com o sorriso ainda maior. — Também me aliviava com as garotas, infelizmente nunca na praia.

— Analu!

— Ah, Flávia, você nunca?

Flávia não respondeu. Desviou o olhar, encarando o próprio reflexo no fundo da taça. Não, ela nunca tinha feito nada parecido. Tremia só de pensar nas consequências se o OLHO descobrisse. Na adolescência, sexo era proibido. As meninas que engravidavam passavam por métodos artificiais. E... Transar com uma garota? É claro que se fazia muito, afinal, meninos e meninas ficavam separados, mas ela sempre idealizara um homem para si, desde pequena. É claro que as coisas não foram tão bem quanto ela imaginara. Fazia quase oito anos que Diego fora embora. Os homens de verdade eram bem diferentes de seus sonhos juvenis.

Ana Luíza continuava sorrindo.

— O que isso tem a ver com nossos filhos? — Flávia mudou de assunto. — Vê-los adolescentes, pra quê?

— Ah, eles se adoram, vai que começam a namorar?

— *Bebematics* não namoram, boba.

— É, mas a gente podia contar pra eles como é. Pra se divertir — ela balançou a taça, encarando seu conteúdo com indiferença. — Estou tão entediada. Preciso de algo emocionante na minha vida.

— Você está bêbada.

— Ah, se der errado, é só acelerar o crescimento. Com dezoito, eles morrem mesmo.

— Credo, Analu! Eu não quero que a Lavínia morra!

— Ah, Flávia, dá um tempo. Você não se enjoa? Não se irrita, às vezes? Os *bebematics* têm seus defeitinhos, para parecerem mais humanos, claro. Murilo pode ser bem nojento quando quer, e ele já quebrou umas coisas lá em casa, é muito estabanado. Fico pensando se deveria ter comprado uma menina. Eu ainda poderia fazer isso, depois que Murilo encerrar suas atividades. A Lavínia não tem defeitos, não?

Para falar a verdade, tinha sim. Alguns pequenos, como reclamar quando Flávia tentava maquiá-la, outros maiores. Dois deles eram realmente insuportáveis. O primeiro era a inconfundível borboleta azul, que cresceu a ponto de se transformar em uma espécie de tatuagem. Não era feia, mas era uma deformidade, e Flávia nunca tinha mostrado a ninguém, o que significava que sempre tinha que ter o cuidado de colocar roupas em Lavínia que cobrissem a marca. Ela detestava, eram sempre momentos tensos. No final, aceitava — afinal, era sua natureza como *bebematic* não desagradar o proprietário —, mas restava um clima estranho entre as duas.

O segundo defeito não era visível.

Lavínia tinha uma fascinação tamanha pelo desconhecido que às vezes dava medo em Flávia. Ela fazia perguntas estranhas, difíceis, perguntava como eram os outros lugares, o resto do país, do mundo. Se podiam viajar. Se podiam voar. Por que algumas crianças não cresciam e outras sim. Por que Flávia às vezes ficava doente, e ela nunca ficava. E a mais assustadora de todas:

— Mãe, o que é amar alguém?

— Amar é gostar muito de outra pessoa.

— Não entendi... Eu gosto da minha bicicleta, é a mesma coisa?

— Não, a sua bicicleta é um objeto. Uma pessoa é um ser humano.

— Mas eu não sou um ser humano.

— Lavínia, não fala assim!

— Murilo disse que não somos humanos. Que somos robôs sem sentimentos. Que não podemos amar.

Murilo tinha dito aquilo? Na hora, Flávia ficou brava com Ana Luíza, mas depois acabou se esquecendo de comentar o assunto. Bem, aquela noite era um momento tão oportuno para isso quanto qualquer outro.

— A Lavínia me fez uma pergunta estranha outro dia.
— Qual?
— Era sobre amar... Ela disse que não podia amar porque era um robô. Tive que explicar que não ela era um robô, mas um androide, mas ela disse que era tudo a mesma coisa, que ela ainda era uma máquina. Aliás, ela disse que foi o seu filho quem disse isso pra ela.
— Ah... — Ana Luíza descartou a ideia com um gesto displicente. — Isso é bobagem daquele menino. Ele não estava falando sério. Se bem que... Bem, eles não estão errados, estão? Eles são mesmo máquinas. Você acha que eles podem *sentir*, Flávia? Ou só são programados para isso?

Flávia não sabia dizer qual era a diferença. Se um androide fosse programado para sentir, isso queria dizer que ele sentia como um ser humano? Ele poderia sentir menos que uma pessoa... Ou será que mais? Pensar naquilo dava um nó em sua cabeça. Era tudo muito complicado. Havia grupos sociais que questionavam exatamente aquilo e exigiam que os *bebematics* fossem inseridos na sociedade, com os mesmos direitos que os humanos, mas os protestos eram abafados. E havia também os que defendiam que os *bebematics* eram aberrações que iam contra a natureza humana, que rivalizavam com ela, e que por isso deveriam ser extintos.

Fazia um bom tempo que ela não pensava nele, mas naquele instante, ela se lembrou de Diego e de suas ideias subversivas. Ele dizia que o conglomerado de empresas que fabricava os androides trabalhava em parceria com o OLHO e que os *bebematics* eram uma forma de controle da população. Todos eram máquinas, afinal. O próprio governo era composto por computadores. *"Eles estão fazendo uma lavagem cerebral em todos nós, Flávia. Como você pode não entender algo tão simples?"*.

Diego sempre falava daquele jeito. Como se Flávia fosse estúpida. Aquilo a encheu de raiva, e de repente ela queria quebrar alguma coisa. Porém, lembrou-se de onde estava: em sua casa, conversando com uma amiga. Aquele homem horrível fora embora e jamais voltaria. Ela estava bem e feliz, com uma vida segura.

O fato é ninguém nunca chegava a um consenso na questão dos *bebematics*, e não seria Flávia que resolveria esta questão. Ela preferiu mudar de assunto:

— Por que Murilo disse isso, Analu?

Ana Luíza ficou um pouco sem graça.

– Hum... Outro dia eu e ele brigamos. Sei lá, ele estava falando umas coisas tão esquisitas. Tipo isso que a Lavínia perguntou. Ficou querendo saber por que eu era sozinha, se não amava ninguém. Disse que o amava, o que a gente diz numa hora dessas, não é? Aí ele disse, você não vai acreditar, que, se o amo mesmo, deveria deixá-lo livre. Não sei de onde tirou essas ideias. Só sei que fiquei irritada e, em algum momento, disse que ele era um robô sem sentimentos. Acho que até usei a palavra robô, apesar de saber que não é o termo certo... Mas, imagine, dizer isso para a própria mãe. Como pôde? Pensar em me deixar?!

– Analu! – Flávia exclamou, em tom de repreensão, mas a verdade era que estava mesmo assustada. Lavínia disse algo muito parecido durante aquela conversa.

Perguntou por que não era uma menina livre.

– Flávia, eu fiquei chateada. Você também ficaria, é mãe. Sei lá, você às vezes não tem vontade de dar um tapa neles? São tão... Automáticos... E ao mesmo tempo, em alguns momentos parecem que têm vida própria, como se pudessem pensar de verdade. Às vezes, eles me assustam pra valer.

– O que quer dizer?

– E se eles... Sei lá, derem uma pane? Matarem a gente dormindo?

– Você está muito bêbada, eu vou guardar esse vinho na geladeira, isso sim.

Mas Ana Luíza segurou o braço de Flávia antes que se levantasse.

– A gente não pode trocá-los ou devolvê-los, mas podemos deixá-los crescerem... E crescerem... Até ficarem velhos demais e...

– E morrerem?

– E ficarem livres.

Lavínia se tornou uma garota bonita de dezesseis anos, mas também uma adolescente cheia de ideias. Tornou-se ainda mais calada e passava horas sozinha, em seu quarto, rabiscando desenhos incompreensíveis. Era quase uma língua desconhecida, parecia inventada. O único que compreendia aqueles desenhos era Murilo.

Ele e Ana Luíza, aliás, não se davam nada bem agora. Os anos só dificultaram as coisas e parecia que Ana Luíza não via a hora de dar um fim no garoto. Ela acelerara o crescimento dele ao máximo, já tinha dezessete anos agora. Estava quase chegando ao fim.

No começo, Flávia não entendia por que sua amiga agia daquela maneira, mas aos poucos, conforme Lavínia crescia, começou a compreender. Havia algo nos *bebematics*, especialmente em sua filha, que a incomodava. Eles não eram naturais. Eram *coisas*, androides, robôs, aberrações, dane-se o termo. O que valia, no final, era que, por mais parecidos que fossem, nunca seriam humanos.

A inocência e a dependência da infância foram substituídos por desconfiança e independência. Os *bebematics* tinham uma programação para nunca discordar *demais* de seus proprietários, mas dava para ver, em alguns momentos, as engrenagens funcionando na cabeça de Lavínia e como ela parecia se segurar para não responder para a mãe (ou apunhalá-la durante o sono).

Às vezes, achava que havia algo muito sinistro em Lavínia. Algo ruim. Frequentemente se pegava pensando na maldita borboleta morta, que aparecera na banheira do nascimento da filha. A borboleta azul em seu pescoço era muito nítida agora, bela e terrível, e Flávia se recusava até mesmo a olhá-la. Sua insistência em que Lavínia utilizasse lenços e cachecóis para cobrir seu pescoço era um dos motivos das brigas entre as duas. No final, Lavínia sempre cedia, mas nunca de boa-vontade. Não compreendia os temores da mãe.

Flávia estava cada vez mais arrependida de ter cedido aos impulsos de Ana Luíza e feito Lavínia crescer. Mas não podia culpar Analu por completo; ela também queria ver aquilo acontecer, a mudança no corpo de Lavínia, nas suas atitudes, no relacionamento das duas. Era o ciclo normal da vida. Impedi-la de crescer parecia errado, antinatural, e também a assombrava. Era como ter um boneco ao invés de um filho.

(Mas não deixava de ser, não é?)

Talvez Ana Luíza estivesse certa. Era só esperá-los expirar e, então, poderiam comprar um novo. Recomeçar. Talvez os novos *bebematics* que comprassem fossem melhores, afinal, havia novas versões, atualizadas com muito mais funções e habilidades. Modelos bem mais reais. Elas seriam mais experientes, poderiam até programá-los com facilidade.

Essa ideia se transformou em certeza numa tarde de outono, quando Flávia estava lendo as notícias no computador, no final do expediente.

RECALL DE BEBEMATICS ALARMA PROPRIETÁRIOS

A empresa S&As convocou, essa semana, um recall de um lote defeituoso de seu produto mais popular, o Bebematic, série 5001. Segundo o CEO da S&Sa, Jorge Santana, foi descoberto um defeito de fábrica no lote do produto. Ele não especificou qual era o defeito e quais problemas poderia ocasionar, porém recomendou fortemente que seja realizado o processo de desligamento de emergência, que será enviado por e-mail a todos os proprietários do lote defeituoso, devolvendo o produto em seguida para a fábrica. Santana completou garantindo que todos os proprietários receberão gratuitamente a versão mais atualizada do produto, o Bebematic 9000.

Flávia nem leu o resto da notícia. Era uma baboseira sobre os proprietários, depoimentos, coisas do tipo; ela não precisava ler aquilo para ficar ainda mais "alarmada". Sabia exatamente o pavor que os outros estavam sentindo.

Porque ela mesma estava completamente apavorada.

De repente, os barulhos da movimentação de Lavínia em seu quarto se tornaram mais estranhos. Assustadores.

Flávia acessou depressa sua caixa de entrada. Ainda tinha, bem no fundo, uma esperança. Lavínia era da série *5001*, mas poderia fazer parte de outro lote, algum que não fosse defeituoso, e tudo não passava de um alarme falso. As coisas estranhas que a filha dizia não tinham nada a ver com um defeito de fábrica, poderia ser apenas uma programação da adolescência ou da sua personalidade.

Ao mesmo tempo...

Ao mesmo tempo, se fosse *mesmo* um defeito de fábrica, não era sua culpa. Não era culpa de Flávia por ser uma mãe desastrada, que deixou cair uma borboleta morta na placenta de seu bebê.

Era apenas... Um defeito. Só isso.

E então ela teria que desligar Lavínia. E devolvê-la.

Flávia parou a um clique do mouse no botão FAZER LOGIN do seu e-mail. Não precisava mesmo desligar Lavínia, precisava? Estava pronta para isso? Uma coisa era deixá-la chegar aos dezoito, para que desligasse automaticamente. Outra era forçar isso. Talvez até pudesse parar seu crescimento mais uma vez, mantê-la eterna, *viva*.

Ela ainda era sua filha, por mais que existissem problemas.

Era algo contornável, não?

Mas ela também sentia saudade da pequena Lavínia. A menininha que não discordava da mãe, que não fazia perguntas inquietantes, que não queria ir embora ver o mundo. Queria poder voltar no tempo e jamais deixar sua filha crescer.

E se ganhasse uma nova Lavínia? Melhorada? Que a amasse como nunca e dependesse dela para sempre?

Dessa vez, jamais permitiria que sua filha crescesse. Ela seria sua menininha para sempre.

Mas ela teria que conviver com o fantasma de Lavínia.

Flávia clicou no botão.

O e-mail estava lá.

De: sesa_atendimentocliente@sesa.com.ucc
Para: flavia_mp@pessoal.ucc
Assunto: RECALL – BEBEMATIC 5001 – Lote 49.

Flávia gelou. Ela fechou os olhos por alguns segundos, sentindo o peso daquela confirmação. A coisa toda era real e estava ali, acontecendo com ela, *dentro de sua casa*. Por que tinha que ser justo com ela? O que ia fazer agora? O que ela *poderia* fazer? A mensagem era como uma sentença; se tinha recebido, precisava tomar uma decisão. O OLHO saberia que tinha recebido o e-mail. Eles sabiam tudo. Tudo.

Mas desligar Lavínia? Era quase como... Matá-la. *Não seja boba, Flávia, ela é só um android. Um robô sem sentimentos.* Mas era mesmo? Flávia não sentira, desde o começo, desde a primeira vez que a tomara em seus braços, que Lavínia era sua filha? E quando ela jogava seus bracinhos e a abraçava? Quem poderia dizer que aquilo não era amor?

Se sua filha fosse desligada, Flávia deixaria de ser mãe?

Mas havia a questão do OLHO. Se Flávia quisesse manter a filha viva, eles viriam atrás dela. Elas teriam que fugir. Flávia teria que abandonar toda sua vida. O OLHO não falhava. Por isso mesmo o governo era composto por máquinas. Humanos cometiam erros, computadores não.

Flávia leu novamente o e-mail, o tremor se espalhando por seus dedos e, logo, por todo seu corpo. Por sua sanidade, ela precisava se acalmar. A mensagem era toda aquela ladainha de "sentimos muito pelo transtorno" e "nossa intenção é minimizar os danos" e ainda "todos receberão a versão mais atualizada do produto GRATUITAMENTE", como se isso fosse compensar todos os anos, todos os problemas. Como se isso fosse substituir seus filhos.

Ela mandou uma mensagem no celular para Ana Luíza:

Você também recebeu?

A resposta veio imediatamente.

Recebi. Vamos fazer? Não consigo conviver nem mais um minuto com essa... Coisa.

Flávia tentou absorver as palavras frias da amiga. Olhou por cima do ombro, metade assustada, metade penalizada. Não conseguia pensar em Lavínia como uma "coisa", não depois de tudo que passara ao seu lado; por outro lado, precisava se convencer que essa era a verdade. Ela não passava disso, de um produto, e um produto defeituoso. Talvez fosse até mesmo perigosa. Era, como em suas próprias palavras, "um robô sem sentimentos".

Uma mãe às vezes precisa engolir seus sentimentos. Abafar o coração e fazer o melhor. O melhor por ela e até mesmo, por que não, o melhor por sua filha.

Não tem outro jeito, tem?

Não.

Elas conversaram mais um pouco, tentando acalmar uma à outra. Flávia queria ver a amiga pessoalmente, talvez dividir uma garrafa de vinho com ela, como faziam bastante ultimamente, mas não poderiam conversar sobre essas coisas em voz alta, não com Lavínia e Murilo por perto.

Era melhor assim. Era algo que deveriam fazer sozinhas.

O nascimento foi solitário.

A morte também deveria ser.

☙❦❧

O jantar foi desconfortável. Enquanto Flávia se dividia entre a tensão e um triste lamento, como se estivesse se despedindo de uma roupa usada e querida, ou de um objeto de valor sentimental – lembrou-se de sua aliança, que ela enterrou –, Lavínia estava ainda mais quieta do que de costume, espiando a mãe pelo canto dos olhos, comendo devagar. Flávia sentia como estivesse sendo analisada pelos olhos da filha.

Ela é um androide. O que pode estar se passando por seus circuitos?

– Achei que a tia Analu viria hoje aqui – a garota comentou em algum momento entre o prato principal e a sobremesa. Flávia tinha feito um pudim de leite condensado, o preferido de Lavínia, talvez para compensar alguma coisa, talvez para se sentir menos culpada, talvez para se despedir.

– Ah, nós cancelamos. Ela estava meio... Indisposta.

– Hum...

– Por que pergunta? Queria ver o Murilo? Vocês dois andam conversando muito aos segredos pelos cantos, não gosto nada disso.

Geralmente ela responderia com um *"Manhê! Nós somos amigos!"*, mas não daquela vez. Lavínia ficou calada, apenas observando sem interesse seu pedaço de pudim. O jantar terminou alguns minutos depois, quando Lavínia se levantou, anunciando que ia dormir.

– Já?

A garota apenas deu de ombros e foi embora.

Flávia deixou alguns minutos se arrastarem até que não aguentou mais e correu para o quarto da filha, um pressentimento ruim tomando conta do peito.

– Filha?

Porém, quando apertou o botão na parede do corredor e a porta do quarto de Lavínia abriu automaticamente, a garota estava apenas ajeitando as cobertas para dormir.

Para sempre, se Flávia levasse a cabo o desligamento de emergência.

– Que foi, *mãe*?

Havia algo diferente no tom que ela utilizou, mas Flávia não prestou atenção.

– Só... Só queria dar um beijo de boa noite em você.

Lavínia já estava deitada, as cobertas puxadas até o pescoço. Mesmo assim, dava para ver, na curva de sua pele, a borboleta azul.

– Tudo bem...

Flávia se aproximou devagar. Seu peito doía. Ela teria mesmo coragem? Talvez, se não fizesse... Se esquecesse aquilo. Por que ela precisava decidir agora? Podia ser mais tarde. Podia ser amanhã. Podia ser nunca.

A mãe se inclinou e beijou a filha.

Lavínia tremeu.

O momento terminou.

– Não está com frio? – Flávia perguntou, a voz falhando. O tremor tinha voltado; ela esfregou os braços, tentando afastar a sensação. – Eu fecho a janela pra você, filha.

– Não! Deixa assim... Eu gosto... De ver o céu.

Ela podia conceder um último pedido, não podia?

Flávia assentiu, dirigindo-se à porta e apagando a luz. Por um instante, observou tudo: o quarto pequeno e organizado, apenas uma mesa e uma cadeira, onde Lavínia se sentava e desenhava, e a cama. Não havia armários, androides não precisavam de roupas novas, eles não suavam, não as sujavam. Era como uma despedida. Por fim, seus olhos pousaram na filha, que a encarava fixamente, uma atenção quase perturbadora.

– Boa noite, filha.

– Boa noite... Mãe.

O relógio marcava três da madrugada quando Flávia leu, pelo que devia ser a centésima vez, as instruções de desligamento de emergência. Os *bebematics* do lote defeituoso já estavam previamente programados com um código de desligamento, enviado diretamente da fábrica, mas o acionamento derradeiro era manual. Só o proprietário poderia fazê-lo. Era seu produto, afinal.

Não era difícil, na verdade. Havia uma elevação em todo *bebematic*, na parte de trás do pescoço. *Onde estava a borboleta azul*. Flávia nunca tinha realmente notado, mas as instruções eram claras. Parecia apenas um ossinho saltado, mas era na verdade um botão, sensível às suas digitais, do proprietário. Bastava apertá-lo três vezes.

Pressione três vezes a borboleta azul.

E pronto. Estava feito.

Lavínia seria desligada para sempre.

Morta.

Flávia se levantou. Ela imaginou vários cenários, vários finais, mas agora que a hora chegava, ela não sabia o que fazer. Não sabia se deveria ir até o quarto de Lavínia e desligá-la ou ir até seu próprio quarto, apagar as luzes e dormir, esquecer tudo.

Foi nessa hora que o telefone tocou. Era Ana Luíza.

– Alô?

A amiga não respondeu do outro lado, não diretamente.

Ela gritou.

– FLÁVIA! FLÁVIA! VOCÊ PRECISA FAZER, DESLIGUE, DESLIGUE ESSE TROÇO MALDITO AGORA!

– Analu?! O quê? Do que você está falando?

– DESLIGUE ESSE MONSTRO! DESLIG-MURILO, NÃO, NÃO, SAIA DE PERTO DE MIM!

– Analu?! Ana Luíza?!

Mas a ligação já tinha caído.

Um barulho no quarto de Lavínia a despertou do choque. Flávia se virou bem devagar, aterrorizada.

Não havia ninguém atrás dela.

– Lavínia?! – chamou com a voz fraca.

Ela procurou por algo que pudesse usar para se defender, mas não havia nada. Talvez... Uma faca, sim, ela já estava se levantando do sofá e andando até a cozinha quando se deu conta de que não adiantava. Os *bebematics* não se machucavam. Não se feriam. Nem se Flávia enfiasse a faca no estômago de Lavínia ela pararia.

Só havia uma chance: desligá-la.

Pressione três vezes a borboleta azul.

– Lavínia?

Talvez, se entrasse em uma luta corporal, conseguisse dominá-la. Ana Luíza não teve chance com Murilo, mas só porque o garoto era grande e forte, maior que a mãe, não queria pensar nisso agora, sua amiga. Lavínia não. Era uma adolescente de dezesseis anos, uma garota leve e pequena, menor que Flávia.

Ela conseguiria. Tinha que acreditar nisso.

Iria dominá-la e então...

Pressione três vezes a borboleta azul.

Aquela borboleta azul horrível. Que ela nunca olhara duas vezes.

– Lavínia...? Filha?

Filha.

Ela se aproximou lentamente, um passo de cada vez. O coração batia depressa, apertado. Ela não acreditava quando diziam, mas era verdade; o coração de uma mãe é diferente de qualquer outro. Flávia sentiu as lágrimas queimando seus olhos. Quando alcançou o quarto de Lavínia, apertou o botão ao lado da porta fazendo-a deslizar suavemente, atenta a qualquer ruído, qualquer movimento. Precisava estar preparada. (Será que conseguiria?) Precisava pular na hora certa, desviar, alcançar o pescoço, a borboleta.

O quarto estava escuro e silencioso. As cortinas ondulavam devagar, embaladas pela brisa fria da noite que penetrava pela janela.

– Filha?

Flávia se aproximou da cama. O cobertor continuava puxado para cima, cobrindo até mesmo a cabeça da filha. Ela estava de costas, o pescoço virado para Flávia. Era só pressionar a borboleta. Só isso.

Mas sua filha ainda estava ali. Ela não tinha se voltado contra a própria mãe.

Ela a amava.

Seria capaz de amar?

A mãe se inclinou.

Era como um beijo. Apenas um beijo amoroso na horrível borboleta azul, e então a mãe libertaria sua filha. Ela seria livre, como sempre sonhou.

Puxou o cobertor.

Não havia nada ali.

A cama estava vazia.

– Lavínia?!

A brisa continuava agitando a cortina. Flávia correu até a janela.

E viu, ao longe, uma garota correndo.

Enquanto a mãe lamentava que a filha corresse em direção ao mundo sujo e perigoso lá fora, a filha comemorava por finalmente poder conhecer a face do mundo, fosse ela bela ou terrível.

A borboleta azul deixara seu casulo e agora voava na noite fria, em direção à escuridão e ao desconhecido.

E da liberdade.

Sonhos wifi
Fábio Fernandes

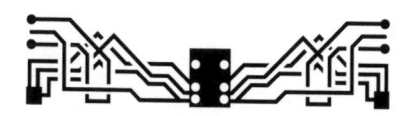

Quando o pato preto do caralho chega pra cima de mim com a peixeira e o sorriso psicótico na cara gigantesca, eu só consigo pensar numa coisa, *como diabo do inferno ele está segurando essa faca, meu caralho?*

A segunda coisa, claro, é: *como é que eu vou sair desta porra?*

O labirinto de corredores no prédio abandonado é escuro e estreito – as poucas lâmpadas incandescentes que ainda funcionam piscam como se estivessem com mau contato, mas a maioria já era. Algumas portas estão abertas; através delas eu posso ver a noite, ouvir gritos distantes, mas ninguém vem em meu socorro.

E por que deveriam? Ninguém é besta de querer morrer.

Eu cambaleio e quase caio, mas consigo recuperar o equilíbrio na hora. Não posso parar. Porque o pato está chegando perto.

A terceira coisa que me pergunto é: *como é que este pato está me seguindo?*

Porque o pato é grande. E quando eu digo grande eu digo enorme, gigantesco, ridiculamente alto. Sério. Tipo assim, três andares de altura.

E de repente ele aparece na minha frente, bloqueando a passagem.

Mais escuro que a escuridão do corredor. Um buraco negro em forma de pato com olhos ensandecidos, um bico grande sorridente com uma linguinha rosada pra fora – e uma absurdamente impressionante fileira dupla de dentes muito afiados.

Tento pegar a minha adaga de prata – mas não consigo retirá-la da bainha.

O pato abre o bico ainda mais. Agora parece um Patolino cheirado – que nada, analogia falsa, o filha da puta do Patolino vivia cheirado, devia ter caído num caldeirão igual ao Obelix, só que de cocaína, aliás, como é que deixavam crianças verem os desenhos dele, caralho? Um pato esquizoide, viciado em entorpecentes, e claramente idiota, porque se tivesse o mínimo de noção viveria de boas entupido até os cornos de drogas e não ficaria enchendo o saco (mas o Duck Dodgers era legal. Porra, como eu gostava do Duck Dodgers) – e está se divertindo um monte me vendo fugir desesperado pra depois cair nas garras dele (patas?) e ele fazer sabe lá o que comigo.

Não fico pra pergunta número quarto. Esse pato filhadaputa não é esfinge pra eu ficar aqui tentando responder essas merdas.

Me jogo na primeira passagem à esquerda. Sem checar antes, eu de algum modo já sei que existe um quarto com uma porta aberta ali e vou entrando sem olhar, e de repente eu já estou lá.

É um quarto sim. Para ser mais específico, um quartinho com um janelão. Eu já tinha mencionado que estou no quinto andar?

O pato já está bem atrás de mim. Faca em punho. Ou pata. Ah, sei lá.

A única chance que eu tenho de escapar é saltar do quinto andar direto pro chão. De cabeça. Porque a chave para fugir de um sonho que quer matar você é se matar primeiro.

Por enquanto.

Vai esperando, seu filhote de Pato Donald bizarro supercrescido. I'll be back.

Mas, na real? Se eu tivesse como mandar nesta porra, preferia não voltar. Mas não tenho escolha. É o que acontece com sonhos recorrentes. Especialmente quando você não consegue mais acordar.

Aí eu pulo.

Acordo suando em bicas. Como sempre acontece.

Pulo da cama e abro as cortinas do quarto. O sol vermelho gigante ainda está lá, iluminando macabramente a paisagem devastada.

Voltei ao Despertar Falso Zero. F-0 para os íntimos.

Respiro fundo. Por enquanto isto aqui ainda é uma zona segura. Coloco a roupa rapidinho e corro atrás dos outros.

Da última vez, Tânia era uma vizinha. Saí do prédio caindo aos pedaços onde estava hospedado (*hospedado* aqui sendo, claro, figura de linguagem) cruzei a praça deserta em frente, e depois virei à esquerda no cruzamento do outro lado.

Quando cheguei à casa dela (*casa* também sendo figura de linguagem, porque o ambiente sujo e abandonado mais parecia o de um squat de viciados holandeses), Tânia estava acabando de se levantar. Que sorte.

– Opa – digo.

– Oi – ela responde com um sorriso fraco. – Você também teve que fugir do marreco?

– Era marreco?

– Só que gigante.

– E com uma puta faca do caralho.

Ela faz que sim com a cabeça.

– Essa porra tá ficando cada dia mais bizarra.

– Esses malditos demônios – diz uma voz atrás de mim. Não consigo deixar de levar um susto, embora eu já saiba muito bem quem é.

– Oi, Rafa.

Ele me olha enviesado e acena com a cabeça. Atravessa a sala/quarto/sei lá que porra em dois passos e se ajoelha na cabeceira de Tânia, como se fosse rezar.

– Oi, amor – ele diz. Que fofo.

Ela não responde, apenas solta o ar dos pulmões com dificuldade.

Estou preocupado com ela. Mas Tânia não é mais problema meu. Não é machismo: ela mesma me disse isso. Ah, Rafael também, claro. Eu estou aqui meio que de orelhada. Mas não fico de frescura. Numa hora dessas a gente precisa de todo o apoio possível.

Vou até a janela e olho para fora. Como sempre, ninguém à vista. Sabemos que gente é o que não falta, ainda mais em São Paulo. Milhões de pessoas; não estamos num cenário distópico pós-apocalíptico. Apenas um sonho dentro de um sonho. Numa estrutura de níveis de jogo.

Mas imaginem um nível particularmente difícil – um nível em que existe um chefe tão filhadaputamente impassável que você tem vontade de quebrar o controle e desistir de vez do game.

Naturalmente, não é algo que dê pra se fazer neste caso. Não quando é a sua mente que está aprisionada dentro do jogo. E você não consegue sequer alcançar o console pra desligar.

Uma breve descrição de F-0:

Imaginem Chernobyl. Melhor, Fukushima. Uma desolação nuclear da alma, um marco zero de bomba de nêutrons onde só algumas pessoas estão vivas, ou pelo menos visíveis.

Caso em questão, São Paulo: a maior cidade do Brasil, das Américas e quinta maior cidade do mundo. Mil quinhentos e vinte e um quilômetros quadrados. Doze milhões de habitantes.

F-Zero não se estende a toda a cidade. Mas é uma área bastante grande se você não está de carro: dos Jardins ao Vale do Anhangabaú e de Vila Madalena até o Paraíso – esse quadrilátero tem uma área de cerca de vinte e sete quilômetros quadrados e é uma zona de altíssima densidade. Foi onde os primeiros experimentos tiveram início. Ou, nas palavras de Rafael, a praga de demônios.

A praga de demônios começou quando impressoras 3D passaram a funcionar em nossos sonhos.

As pessoas estavam paranoicas demais com vírus e nanotecnologia. Ninguém nunca reparou que as piores coisas, as que mais nos ferem, são justamente as coisinhas do dia-a-dia. Carros matam mais que aviões; armas matam mais que carros; acidentes domésticos matam tanto quanto armas. Facas de cozinha podem matar você com muito mais eficiência. Cortes com folhas de papel, se você for hemofílico.

Alergias matam mais que armas.

Quando os sonhos passaram a ser compartilhados via wifi, todos nos tornamos alérgicos.

Numa sociedade ultracapitalista, estava até demorando para que o abstrato passasse a virar um bem de consumo. Mas ninguém reclamou quando os *home systems* começaram a ser vendidos a preços bem acessíveis, juntamente com computadores e roteadores wifi. O armazenamento de dados foi ficando cada vez mais sofisticado e menos custoso. Megacorporações como Amazon, Apple e Google fabricavam produtos que eram nossos sonhos de consumo. Até aí, normal.

O que ninguém esperava era que elas fossem dominar os nossos sonhos pra valer.

Sonhos ainda são um território razoavelmente particular: ninguém a não ser o próprio sonhador tem acesso direto a eles. Mas é possível acessar a periferia. Um sistema de mapeamento do corpo via captura de movimento baseado no Kinect também pode capturar ondas cerebrais no estado REM, de modo a conectar diversos jogadores adormecidos numa espécie de "campanha onírica" – um tipo de jogo muito interessante, no qual normalmente os jogadores não conseguem controlar o gameplay; no começo, isso não passou de um modismo, mas acabou encontrando um nicho confortável, e passou a ser usado basicamente por terapeutas.

Era um fenômeno muito interessante – ainda mais quando se descobria que toda aquela história de gente morrendo durante o sono era muito exagerada, para não dizer palhaçada da grossa: porra, quem morre dormindo? (Tirando gente muito idosa; e também pessoas não tão velhas com problemas cardíacos; mas a argumentação em geral era de que isso era por condições preexistentes, de modo que aí ninguém tinha muito como discordar.)

Mas é claro que as coisas não iam ser assim tão fáceis.

O motivo pelo qual as "campanhas oníricas" não deram certo num primeiro momento foi simples: gamers gostam de jogar acordados, não dormindo. O jogador gosta é de estar no controle.

Vai daí, um bando de desenvolvedores deu um jeitinho pra tangenciar esse, digamos, "problema" e oferecer um melhor *gameplay*: colocar impressoras 3D em conexão com os sonhos.

O argumento de venda era o seguinte: se você não pode controlar seus sonhos, que tal dar vida a eles? Em inglês o slogan ficou bem melhor, é preciso que se diga: *Have them shaped for you from the outside world!*, algo como *faça com que eles sejam moldados para você a partir do mundo exterior!*. (É, não soa bem em português).

Tecnoxamanismo é isso aí: ninguém mais precisaria tomar drogas, meditar ou seja lá o que for que psicólogos ou médicos dizem que você tem que fazer para atingir um estado de sonhos lúcidos. É só programar a impressora para imprimir o que você quiser, ajustando as Configurações para Imprimir em Arquivo (o mesmo princípio das impressoras convencionais, só que elas não vão imprimir o objeto no mundo real, e sim subi-lo para a nuvem a fim de ser baixado para você), conectá-la ao roteador e - *sweet dreams*, meus camaradas!

As primeiras campanhas foram muito boas. O sucesso foi tamanho que o sistema se espalhou pelo mundo em poucas semanas. Eu comecei a jogar com um grupo de amigos só por curiosidade, mas, rapaz, a coisa vicia. Em menos de uma semana eu estava rodando as ruas virtuais da cidade em busca de *hotspots* e *buffer boxes* onde poderíamos baixar não só nossos objetos 3D – e esse era o bônus – como também os dos outros jogadores, desde que tivéssemos acesso às senhas deles. Era um jogo dentro de um jogo, uma campanha oculta. E é disso que o povo gosta, não é não?

Quero dizer, até o Bug.

Reparem que isso sempre acontece ao longo da história da humanidade: alguém inventa um negócio, e isso costuma trazer dois tipos de consequência. Primeira, outra pessoa encontra outra utilidade para a invenção, geralmente algo que termine em morte e destruição; segunda, um bug entra no sistema. As duas consequências não são excludentes.

Acho que jamais saberemos exatamente o que aconteceu no nosso caso, nem mesmo depois que sairmos daqui.

Só posso falar por mim – e talvez por Tânia, Rafael e alguns poucos (muito poucos) outros pobres coitados que a gente tem encontrado por aí.

Certo dia, depois de uma campanha especialmente dura, voltei ao meu lugar (porque chamar o muquifo na Rego Freitas de casa é um pouco demais, convenhamos) e deitei. Como de costume, quando fechei os olhos, na postura deitada de costas, eu acordaria no meu próprio quarto, e apenas uma hora de tempo real teria se passado em comparação com as três ou quatro horas no sonho, o game seria automaticamente salvo onde eu havia parado, e dali pra frente era ter uma boa noite de sono e retomar no dia seguinte.

Só que desta vez nada aconteceu.

Tentei o procedimento duas vezes; primeiro apenas abrindo e fechando os olhos, me ajeitando na cama. Depois levantei e deitei novamente. Pensei que devia ser um bug. Normal. Eu só não tinha ideia do tamanho do bug.

— Alguma mudança? — pergunto a Rafael.

Ele me olha de banda.

— Por que você tá me perguntando isso? — ele diz fazendo cara de bunda e apontando com o queixo para a janela.

Eu dou um suspiro.

— Porque qualquer mudancinha, por menor que seja — explico —, pode significar uma chance de sair daqui.

Ele se levanta de um pulo e quase corre em minha direção. Furioso.

— E onde é que a gente está? Você sabe, caralho?

Eu não sei.

Até onde sei, ainda estamos dentro do jogo — ou no que restou dele. Pode ser que não exista mais jogo nenhum, ou pode ser que existam milhares de jogos ao longo de todo o perímetro da cidade que fez parte da primeira onda da experiência.

Por exemplo, a paisagem é bem refinada, sem pixelamento, sem polígonos ou superfícies toscas; nada fora do normal, quer dizer, isso se você conseguir fingir não ver o sol vermelho gigante no horizonte.

Outra coisa: sinto todas as sensações normalmente. Consigo ver, ouvir, ter a sensação de que estou respirando e engolindo a saliva — mas comer, beber, mijar ou cagar não: não sinto necessidade dessas coisas. O tempo parece não passar aqui, ou melhor, pode até ser que passe, mas com o que eu chamo de variações internas: de algum modo eu sinto a passagem do tempo, mesmo que o sol vermelho nunca se mova no horizonte, mesmo que o vento nunca sopre, mesmo que não haja nuvens no céu. Fico me perguntando se minha percepção de tempo teria algo a ver com o ritmo circadiano, mas não adianta especular: este corpo aqui é virtual.

A única coisa que eu posso dizer que sinto com certeza é que esta realidade na qual me encontro não é a mesma do Novo Jogo, que é o nome que agora damos a ele.

O Novo Jogo é o que acontece quando você tenta dormir.

Aí você realmente sabe que está numa paisagem de sonho, do

jeitinho que você sente quando sonha sem um sistema te controlando, com som e imagem distorcidos, e todo aquele bando de clichês de filmes antigos de Hollywood (às vezes os sonhos são em preto e branco – detesto quando isso acontece, costumo perder o senso de perspectiva). É um ambiente muito surreal e caótico. Quando essa situação toda começou a acontecer, me vi em uma série de cenários de games que havia jogado e outros dos quais eu apenas tinha ouvido falar; mas basta imaginar todos eles misturados numa puta salada de batata com miolos (do seu cérebro) e servidos quentinhos com muita pimenta (de preferência jalapeño, adoro jalapeño) e uma enfermeira torturadora mandando você abrir a boca, vamos, meu filho, abre que eu não tenho o tempo todo, abre, abre, ABRE ESSA PORRA DESSA BO -

Resumindo, uma bela duma merda.

Eu preciso sair daqui.

Torno a olhar para Tânia. Ela não está nada bem. Caguei se esse corpo dela deitado em cima da cama não é o verdadeiro – ela não está se comportando no seu normal, e pra mim isso é tudo o que eu preciso saber.

Tento ignorar Rafael. É difícil: ele é um sujeito grande – um homão da porra, literalmente falando. Não bastasse isso, o brilho prateado no coldre que ele carrega diz muito mais do que ele jamais seria capaz de articular. Mas caguei 2.0: dou a volta no gigante e chego perto da cabeceira de Tânia.

– Você acha que dá pra correr hoje? – perguntou baixinho.

Ela mal consegue respirar. Seu olhar está vidrado, perdido num ponto do teto.

Tomo o pulso dela. Nem sei se adianta, mas acho que consigo sentir alguma coisa. A pele dela está fria e pegajosa. Será que o mesmo está acontecendo com o corpo verdadeiro?

O que será que está acontecendo com nossos corpos de verdade, aliás? O que é que está rolando no mundo lá fora? Quanto tempo se passou desde que ficamos presos aqui? Perdi completamente a noção do tempo.

Perguntas demais, eu sei. A culpa é dos filmes de ficção científica.

É tanta premissa maluca que dá um prato cheio pra qualquer paranoico, e eu não sou muito normal. Até onde sei, talvez não sejamos nem humanos: podemos ser constructos virtuais, cópias que de algum modo adquiriram uma espécie de consciência e estão perdidas num loop enquanto no mundo real os jogadores estão muito bem, obrigado (e a gente que se foda).

Mas a paranoia não é produtiva. Não tenho como provar essa teoria, então o melhor a fazer é continuar com a teoria de perdidos-no-sonho.

— Escuta — eu digo pro Rafael. — Vamos deixar a Tânia descansar aqui. A gente precisa correr enquanto pode.

— Não vou deixar ela — ele grunhe.

Eu devia ficar puto, mas a verdade é que esse negócio todo foi duro pra ele também. O cara é mais novo que eu uns sete anos pelo menos, cheio de hormônios e insegurança, fica inquieto com uma facilidade que nem eu tinha com a idade dele, e definitivamente não está gostando nada de ficar preso no mesmo ambiente que o ex-namorado da sua garota.

Eu só posso concordar com ele.

Torno a sair correndo. Saio da casa, viro à direita, novamente à direita, atravesso o Vale do Anhangabaú até chegar ao Viaduto do Chá. Percorro toda a extensão do velho viaduto meio steampunk — e a metade mais bacana, com os arcos em ferro forjado, só se pode ver se você estiver sob o raio do viaduto — e aí eu finalmente vejo outra pessoa. Uma mulher correndo uma quadra à minha frente. Não dá pra saber se ela me viu, mas parece que não. Eu gritaria, mas já tentei antes e não adiantou. Parece que a física do ambiente é feita nas coxas, o som não se propaga muito bem.

Mas vou atrás dela.

Uma das teorias que bolamos — na verdade, essa foi da Tânia — foi a da sobrecarga das *buffer boxes*.

E se — ela nos perguntou, apenas um dia depois de nos encontrarmos e sairmos em busca de outros jogadores — e se isso estiver acontecendo porque deu pau nos buffers das impressoras? E se tudo o que nós temos agora for um puta defeito do caralho, do tamanho daquele sol gigantesco lá fora e isso acabou fazendo com que as impressoras 3D criassem não espaços de jogo diferentes para grupos diferentes, como era previsto, mas uma imensa entidade de jogo, um único espaço onde cada objeto 3D era impresso nas mentes dos jogadores e criasse uma camada sobreposta, de modo que, quando todos os jogadores (ou talvez apenas alguns) tentaram despertar, acabaram acordando nesta espécie de *ground zero*, onde nada realmente acontece, e de onde você não pode mandar nenhuma mensagem para o mundo dos vivos.

— Purgatório — disse Rafael quando Tânia veio com essa hipótese. — Isto aqui é o purgatório.

— Nunca achei que você fosse religioso — eu disse na hora.

— Eu entendo de catecismo — ele retrucou. Talvez não fosse lá tão católico assim até dar merda. Mas o que eu sei é que todos os dias ele passa correndo em frente à Catedral da Sé. Sei porque umas duas vezes eu o vi lá. Em ambas ele parou na frente da imensa igreja, fez o sinal da cruz, hesitou, mas não entrou.

É duro.

⸻

Continuo seguindo a mulher, tomando o maior cuidado para ela não notar. Eu sei que tentei chamá-la, mas depois me arrependi: ela pode estar procurando outros, assim como nós até poucos dias/semanas/o caralho atrás. Mas pode ser que também esteja procurando as *buffer boxes*.

Quando os jogos começaram, uma agência de publicidade criou uma campanha de mídia social bem engenhosa. Espalharam centenas de caixas por toda São Paulo e deixaram um monte de pistas. Era uma espécie de caça ao tesouro: algo semelhante ao que um artista contemporâneo havia feito com o conceito de *dead drop media* uma década atrás mais ou menos, enfiando pendrives em árvores ou muros de tijolo somente com a entrada USB de fora — para que as pessoas pudessem conectar seus dispositivos neles e pegar os arquivos que estivessem ali (a maioria trabalhos de arte, e um ou outro vírus experimental).

As *buffer boxes* ofereciam algo semelhante. Apesar de se chamarem caixas, eram cilindros metálicos do tamanho de pendrives, e estavam escondidos em vários edifícios e monumentos da cidade. Eram invisíveis a olho nu, mas um aplicativo especial podia localizá-las como se fossem pokémons. Só que em vez de aparecer um monstrinho colorido o jogador ouvia um bip ou via uma luz azul quando chegava a cem metros de distância do objeto.

O parangolé era o seguinte: elas não faziam absolutamente nada se acessadas pelo mundo real. Era preciso antes entrar no sonho e começar a jogar, e só então era possível atravessar a versão virtual da cidade e pegar as caixas. *Aí* você podia se conectar a eles e baixar seu conteúdo.

A má notícia: nesses corpos, em F-0, não temos nenhum aplicativo para nos ajudar a encontrar as *buffer boxes*.

A boa notícia: quando dormimos e entramos no Novo Jogo, conseguimos localizá-las sem o auxílio de aplicativos. Mas não podemos acessá-las. Por causa dos putos dos chefes.

※

Que, no meu caso, é a porra do pato preto.

(e não, eu não dou a mínima pro que Tânia disse. Sei lá se essa merda é um marreco, nunca vi um marreco na vida. Podia ser um ganso ou um ornitorrinco. Quando o bicho está segurando uma peixeira gigantesca, caralho, meu camarada, você só quer saber de fugir, não vai ficar perguntando a classificação dele no reino animal.)

Tudo o que eu tinha no meu jogo original era uma adaga de prata. Não sou nenhum espadachim, mas eu estava esperando conseguir uma coisa legal pra guardar de recordação depois do jogo – melhor ainda; na verdade eu não estava ligando muito pro jogo. Eu queria mesmo era a adaga. Que nem uma criança numa loja de brinquedos. E queria, claro, saber que outros brinquedos eu poderia ganhar com as *buffer boxes*.

Como eu gostaria de uma bela arma agora. Não precisava nem ser uma adaga. Uma puta bazuca do caralho já tava valendo.

De repente, a mulher vira uma esquina à minha direita. Reduzo o passo um pouco e continuo. A rua onde ela entrou é estreita – quase todas no centrão de São Paulo são estreitas – e sem nichos onde ela possa se esconder. Tento seguir com cuidado.

Quando viro a esquina, ela está parada a dois metros de mim, me esperando.

E não está sozinha.

O cara do lado dela é maior que Rafael.

O soco dele me atinge bem no meio dos olhos.

Caio feito um boneco de pano. Antes de apagar, ainda consigo ouvir a voz da mulher falando comigo: "Durma".

A noite caiu sobre a cidade como um viaduto. Estou num sonho em preto e branco e desta vez eu sei quem vai pagar por isso quando voltar a F-0.

Mas agora não é hora de reclamar.

Não quando você tem um pato preto psicopata correndo atrás de você com uma peixeira, prontinho pra te estripar e servir *Homem com Laranja* aos seus colegas monstros de pesadelo.

Estou correndo o mais rápido que consigo nesta porra de sonho dentro de sonho. Ainda não tive a chance de usar a adaga de prata, que agora repousa linda e faceira dentro de sua bainha. A merda é que não tenho tempo de puxá-la.

Desta vez não estou dentro de nenhum prédio. Estou correndo livre, leve e solto na cidade. Por increça que parível, estou perto do ponto em que levei o soco do sidekick da mulher. A apenas alguns quarteirões de distância.

Quando chego novamente ao Viaduto do Chá, vejo a luz azul. Piscando entre duas vigas de aço. Percebo que provavelmente terei de me deitar e esticar muito o braço para ver se consigo pegá-la, mas não importa. Agora eu sei onde a caixa está.

Corro e me jogo da ponte.

Cem anos atrás, fazendeiros costumavam cultivar folhas de chá no vale logo abaixo do viaduto. Mas hoje o lugar é passagem para pedestres. Piso de concreto, claro.

Caio de cabeça.

De volta ao Despertar Falso Zero.

Puta que pariu.

Corro até o muquifo de Tânia.

Ela ainda está lá. Desta vez, inconsciente.

— Onde é que você tava? - Rafael me pergunta, a voz surpreendentemente calma.

— Me atacaram.

— Como assim?

— Você sabia — eu digo — que dá pra você ser nocauteado e acessar imediatamente o Novo Jogo?

— Sério? Sem protocolo?

— Sem protocolo. E não só: quando você acorda, acorda no mesmo ponto em que costumava dormir.

— Isso altera alguma coisa?

Torno a olhar para ela.

— Pra onde vamos quando adormecemos?

Rafael deu de ombros.

— E eu é que vou saber? A gente dorme sempre na mesma hora!

— Não sei disso não – digo. – Por que a Tânia não sumiu ou algo assim?

— Porque ela já está no seu local de sempre?

— Ou porque ela não está exatamente dormindo? Quem sabe em coma?

Rafael resmunga alguma coisa.

— O quê?

— Eu estava rezando quando você entrou — ele diz. — Você me interrompeu.

— Desculpe — eu digo. — Mas precisamos fazer alguma coisa por ela.

— Ela está morrendo — ele diz.

— Ela não deveria estar morrendo. Isto aqui não é lugar para ela morrer.

— Quem somos nós pra decidir isso? E se isso é a vontade de Deus?

Respiro fundo. Eu já estava esperando por isso.

— Escuta — eu digo. — Talvez Deus até tenha um papel nisso tudo. Mas vamos fazer a nossa parte, combinado? Se quiser rezar, reze, mas, por favor, me ajude com isto aqui. Você acha que consegue?

— Não sei — ele admite. — O que você quer que eu faça?

Agora é que vem a parte dura.

— Me ajuda a levantá-la.

— Por quê?

Mas eu já roubei a arma dele de seu coldre. Dois tiros na cabeça e ele cai feito merda.

Depois, é a vez de Tânia.

※

Não fico pra ver a teoria de Heisenberg provada nos dois. Estou respirando com a maior dificuldade da minha vida enquanto tento emular Usain Bolt só pra evitar pensar no que acabei de fazer. Fico repetindo pra mim mesmo que isto é só um jogo e que é claro que eles estão vivos, mas não estou cem por cento certo disso. Agora eu bem que poderia rezar. Mas minha fé me abandonou há muito tempo.

Quando chego ao viaduto, eles já estão lá. Eu devia saber que não ia ser assim tão fácil.

A mulher e seu companheiro de aventuras gigante estão bem ao lado do ponto onde localizei a *buffer box*.

— Você não desiste, não é? — ela pergunta quando eu me aproximo. Eles nem se mexem, então arrisco mais uns passos na direção dos dois antes de responder.

— Por quê?

— Cheguei primeiro.

— Sério que você ainda acha que isto aqui é um jogo?

— Não. Pelo menos não da maneira tradicional.

— E o que você vai fazer com essa caixa?

— Isso é problema meu.

Mostro a arma de Rafael na minha cintura. — Não. É problema meu também.

Ela ri. Mas um leve tremor na voz a trai.

— Você sabe que estamos num loop recursivo. Você não vai conseguir fazer nada além de nos atrasar. Nenhum de nós pode morrer aqui.

— É por isso que eu quero que você me diga o que tem na caixa.

— Por quê?

— Porque eu tenho uma amiga que pode estar de fato morrendo e preciso de tudo o que puder me ajudar.

— Não fode.

— Adoraria foder, mas agora não é hora.

Ela ignora solenemente o comentário imbecil (sim, eu sei que foi imbecil).

— Então este cenário está se degradando mais fácil do que nós calculamos.

— "Nós" quem, cara-pálida?

Sorrindo, ela enfia a mão no bolso interno da sua jaqueta e puxou um cartão. Estendeu o retângulo de papel virtual para mim. Aceitei.

— Prazer, Marina Ferreira — ela diz. - Worldbuilder Chefe para a DPM.

DPM. A agência de publicidade que criou o espaço de jogo e a campanha das *buffer boxes*.

— Você sabe como sair daqui?

— Não — ela responde. — Mas tenho uma boa noção do que fazer para isso. Topa ajudar a mim e ao Carlos aqui?

<hr>

Ela levou um bom tempo explicando, mas vou tentar resumir:

Aparentemente, parte da teoria de Tânia estava certa: aconteceu sim uma espécie de sobrecarga maciça nas *buffer boxes*. Mas, como Marina me contou, isso já era esperado, e eles tinham um plano de contingência.

Que deveria ter sido ativado há pelo menos dois dias. Esse foi o tempo decorrido no mundo real — ela tem como contar.

Mas eles tinham um Plano C caso o B flopasse. E o Plano C significava ativação por dentro.

Todas as *buffer boxes* virtuais em F-0 precisam ser capturadas para que os dados possam fluir livremente de novo e o sistema possa sofrer um reboot — e todos possam acordar de vez.

— Quantas pessoas estão no jogo? - pergunto.

— Cerca de trezentas.

— Vai ser um puta trabalho dos infernos.

— Não é? — ela comentou cínica.

Aí expliquei o que tinha feito com meus amigos.

— Eles vão ficar bem. Na verdade, já devem ter acordado. E precisamos convencê-los a trabalhar conosco, ao invés de contra nós, certo?

— Certo. — Não havia mais o que dizer.

— Vamos, então?

Quando o pato preto do caralho chega pra cima de mim com a peixeira e o sorriso psicótico na cara gigantesca, eu só consigo pensar numa coisa, *em que olho?*

Mas aí eu ouço um impacto seco e a faca enterrada até o cabo no olho esquerdo do pato não é a minha. Olho para a minha direita. Carlos, seu filho da puta.

O pato começa a emitir um som de quem está sendo estrangulado. E começa a esvaziar como se fosse de borracha.

Bem atrás dele, um veado branco enorme com uma cruz preta na testa e olhos vermelhos incandescentes nos contempla, com jeito de quem vai atacar. É o Anhangá, espírito da floresta, que veio para animar a festa. Esses publicitários ficam querendo botar Brasil no cenário e não fazem a menor ideia de como lidar com o folclore. Não tenho saco pra essas porras.

Mas, antes que eu possa fazer qualquer coisa, a criatura é salpicada por uma verdadeira caralhada de balas de diferentes calibres. Todas de Tânia, que agora está nova em folha, e de Rafael, que agora tem como canalizar sua raiva de modo mais construtivo. Eles concordaram em ajudar, mas não falam mais comigo. Querem voltar para casa tanto quanto eu, mas não quer dizer que aprovem meus métodos.

Por mim, tudo bem. E eu posso morrer mais algumas vezes enquanto procuramos o resto das *buffer boxes*.

Desde que eu possa usar minha adaga de prata pelo menos uma vez, tudo bem.

Amor em Antares
Alexey Dodsworth

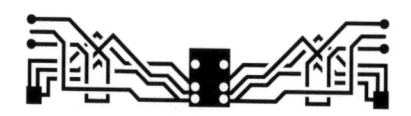

Sempre tive problemas com abstrações, tão mais graves se envolvessem definições acerca do amor. Já ouvi alegações de que a minha dificuldade em entender que o amor é *fogo que arde sem se ver, ferida que dói e não se sente* se deve ao fato de que eu só tinha oito anos quando mamãe me apresentou a essa passagem de Camões pela primeira vez. No entanto, já adulta, veja só, continuei na mesma por um bom tempo. As pessoas em geral acham essas definições bonitas, exemplos da antítese como figura de linguagem.

É nunca contentar-se de contente. Irritante. Como um fogo pode arder sem ser visto? Se uma ferida dói, então não se pode dizer que ela não seja sentida. Poesia e figuras de linguagem sempre fizeram doer minha cabeça. Mamãe, por sua vez, bastante ligada nesses lances de literatura, se via atormentada por meus questionamentos. Ela ainda não era a sombra que veio a se tornar, e se limitava a rir de minhas angústias infantis. Foi uma mulher alegre, a minha mãe. Sinto saudades.

Veja você como a coisa era grave: quando eu tinha cinco anos, surtei ao ouvir papai dizer para mamãe, entre um gemido e outro, *assim você me mata, querida.* Eu não queria que mamãe matasse papai, e não fazia ideia de por que ela o faria. Dei socos na porta do quarto até que eles a abrissem. Demorei um bom tempo para entender por que eles estavam segurando o riso enquanto me abraçavam. Foi minha primeira lição a respeito do mundo das palavras: elas não têm sempre significado literal. É um mundo difícil para quem, como eu, está no espectro autista.

Hoje em dia, admito uma desconfiança juvenil: eu suspeitava que as pessoas que dizem gostar de metáforas, prosopopeias, hipérboles, metonímias, anáforas e sei lá mais o que também não faziam ideia do que fosse o amor. Aos quinze anos, eu sustentava que as pessoas se apaixonam pelas palavras. Elas encontram parceiros que combinam sílabas de um jeito bizarro, veem sentido no caos e chamam a este hipnotismo de "amor". Papai ficava na dele. Quanto a mamãe, ela apenas sorria, condescendente. *Amor não passa de química*, eu repetia aos dezessete anos, em toda a minha dureza científica. *Desequilíbrio químico semelhante à adição por cocaína*. Ninguém estranhou quando passei na seleção universitária em sexto lugar, nem com o fato de que aos dezessete anos eu nunca tivesse beijado uma boca.

Dizem que a culpa era um pouco de papai. Quero contar sobre papai, Jean-Pierre Lambert, astrofísico famoso e respeitado. Até hoje as pessoas costumam me lançar expressões de incredulidade quando me descobrem filha de Jean-Pierre Lambert, o sujeito que descobriu três exoplanetas rochosos com alto potencial biofílico. Elas dificilmente sabem o que "biofílico" significa, mas fingem entender o que é uma coisa *que dói e não se sente*. Isso até hoje me deixa puta.

Mas quero falar de papai. Há uma lembrança de meus sete anos que explica bem o homem que ele foi e a mulher que me tornei. Ciente de minha alta curiosidade científica, ele me contou que os átomos de ouro em nosso planeta não foram fabricados em nosso Sol, e sim em explosões de supernovas.

— Então sua aliança de casamento existe porque uma estrela morreu? – perguntei.

Ele sorriu enquanto explicava. Lembro-me bem disso. Papai sempre fazia isso quando me explicava algo, e era um sorriso que envolvia os olhos, sabe?

— Tudo o que existe, só existe porque algo deixou de existir, Marie. Em seu corpo, por exemplo, há moléculas de água que um dia foram parte dos corpos de dinossauros.

Arregalei os olhos com a informação. Na época, eu ainda tinha ambos.

— Então todo mundo é um pouco dinossauro?
— Siiiim! E o dinossauro vai comer sua barriga!
— Não, papai!

E eu corri pela casa às gargalhadas com papai a rugir atrás de mim. A verdade é que Jean-Pierre Lambert, o astrofísico que entendia tudo sobre cometas e exoplanetas, era apenas um personagem muito bem ensaiado ao longo de anos na universidade. O *verdadeiro* papai era o homem feito com moléculas de dinossauro que sem muito esforço me capturava, me jogava no sofá, enfiava a cabeça em minha barriga e fazia sons de peido com a boca. O amor, para mim, sempre foi esta recordação. O resto não passava de tolice metafórica e metonímica. Pena que a morte, sempre ela, estrague tudo.

31 de maio de 2040, uma quinta-feira banal, foi o dia da morte de meu pai. Eu tinha acabado de completar dezoito anos e, para contragosto de mamãe, ele havia decidido que estava na hora de a filha deles sair do condomínio para conhecer o exterior. Seria meu presente de aniversário. Eu só queria um fim de semana de realidade virtual na Sicília, mas papai queria que eu tivesse uma aventura. Ele e mamãe quebraram o maior pau.

— Marie só conhece o mundo através das roupas de realidade aumentada, querida. Um passeio pela Zona Preservada vai fazer bem pra ela. Ver animais naturais em vez de holoprojeções. Tocar neles. Sentir a terra sob os pés...

— ...Ter risco de câncer por conta dos raios ultravioleta. Respirar ar imundo, entupir os pulmões com partículas de chumbo... Você quer *mesmo* expor sua filha à cidade de São Paulo, Jean-Pierre? Francamente...

— Ora, eu não sou nenhum irresponsável, Valentina. Até parece que não me conhece! Eu tenho tudo planejado. Vamos de carro. A vistoria foi feita, e os filtros estão ótimos. A Zona Preservada é como o nome diz: *preservada*. Eu ajudei a projetá-la, você sabe disso. A cúpula filtra o ar, protege contra...

— Tá certo, tá certo, eu conheço essa conversinha de cor. *Eu* não quero ir, ok? Não faço a menor questão de sair de casa — a voz de mamãe de repente se tornou doce. — Vão e voltem antes do jantar. Você prefere que eu imprima picanha ou atum no reator, Jean?

— O que você quiser, meu bem. Acho que atum.

Eles se beijaram pela última vez naquela manhã de fim de maio, e papai nunca mais comeu atum nem coisa alguma. Ao longo do trajeto passamos no meio de uma guerra de gangues, conflito típico dos externos. Papai, sempre tão inteligente, havia economizado na única coisa indispensável: blindagem. Uma bala o atingiu na nuca, matando-o no ato. Outra pegou lateralmente meu olho esquerdo, dilacerando-o. O sistema inteligente parou o carro e acionou a milícia local, que chegou bem rápido e foi bastante gentil, cobrando da família apenas meio bitcoin. Naquele momento, ao ver meu pai morto diante de mim, entrei em choque e fui tomada por tamanha anestesia que não me dei conta de também ter levado um tiro. *Ferida que dói e não se sente.* Aquela foi a minha primeira possibilidade de entendimento das palavras de Camões.

Papai morreu, e eu nunca mais amei homem algum. Meu interesse romântico e físico pelo sexo oposto é nulo. Tão vazio quanto o buraco que passou a existir no lugar de meu olho esquerdo. Pois bem: minha história é sobre esse buraco, e ela é uma história de amor.

Ajustem seus sensores de realidade expandida e venham comigo. Se precisarem interromper nossa jornada por quaisquer necessidades do mundo físico, basta que digitem o botão de pausar e se reinsiram na narrativa quando puderem e quiserem. Relutei muito antes de transmitir este relato, mas ele talvez seja útil para alguém. Talvez ensine uma ou duas lições sobre o que é, afinal, essa coisa estranha que a gente chama de amor.

Todo mundo consegue indicar quatro ou cinco datas marcantes na própria vida. A minha é, sem dúvida, 31 de maio de 2040. O dia em que completei dezoito anos. Este é o primeiro "quando" que quero mostrar pra você.

Meu presente de aniversário deveria ter sido um passeio de algumas horas pela Zona Preservada de São Paulo, único lugar da Zona de Livre Mercado onde ainda há verde e alguns animais. Único lugar fora dos condomínios onde seria possível caminhar livre de filtros respiratórios ou películas de proteção anti-UV. Dizem que as coisas eram diferentes nas primeiras décadas deste século, dizem que as pessoas andavam pelas ruas e interagiam ao vivo, mas eu mesma não sei. Acho difícil de acreditar que as coisas não tenham sempre sido do jeito que hoje são. Papai dá aulas para o planeta inteiro a partir do conforto e segurança do mesmo quarto onde dorme. Mamãe é editora, e passa o dia praticando ginástica e avaliando livros na sala de casa. Eu estudo em uma escola cujas aulas ocorrem em ambientes de realidade virtual. As roupas sensoriais ubíquas permitem sentir o vento, o sol, a chuva. Eu sinto o cheiro de flores que jamais toquei e a sensação das ondas de um mar onde nunca nadei. Com toda a tecnologia disponível, por que alguém assumiria os riscos das interações naturais?

Difícil acreditar que isso já foi diferente. Mais difícil ainda é acreditar que exista quem aguente viver fora dos condomínios. Me refiro aos externos. Não que eles tenham opção, é claro. Sem dinheiro, ninguém tem opção na Zona de Livre Mercado, e cada um comercializa o que tem. É em meu aniversário de dezoito anos que eu vejo um externo pela primeira vez. Ele traz vegetais de outro condomínio. A pele de seu rosto é marcada de uma forma bem estranha. Papai me explica que é uma coisa chamada "rugas". Acho aquilo horrível, mas mamãe diz que a desigualdade entre os homens é natural. Papai discorda, e a acusa de naturalizar uma construção social. Não é a primeira vez que testemunho uma discussão entre os dois por conta de diferenças ideológicas. A de hoje é só mais intensa.

Hoje eu faço dezoito anos, em uma quinta-feira banal de maio, e meu presente de aniversário deveria ter sido uma caminhada de mãos dadas com papai. Note que raramente vem coisa boa quando a gente conjuga demais o futuro do pretérito. Deveria, poderia. Passearia. Em vez disso, a cabeça de papai explode e eu ganho um olho artificial. Tecnologia de ponta. Se você chegar bem perto e tentar encontrar diferenças entre meu olho artificial e o natural, não as identificará. Ele é, de fato, uma excelente reprodução do que a natureza me deu e a bala perdida levou. Havia outras opções bem interessantes disponíveis. Olho biônico com função de visão noturna. Olho-drone capaz de alçar voo e tirar fotos do exterior dos condomínios. Por que alguém quereria tirar fotos do horroroso mundo exterior repleto de gente pobre e seus cânceres de pulmão e de pele eu não sei, mas cada um com seu fetiche. De todo modo, não temos dinheiro para sofisticações, e estou bastante satisfeita com o olho novo.

O seguro de vida de papai não cobre exposição voluntária a situações de alto risco, de modo que não temos direito a nada. Os bitcoins para situações de emergência são gastos com hospital, olho novo e com a cerimônia de despedida do papai. Não fosse aquela reserva, teríamos que pagar um dos exteriores para enterrar seu cadáver na Zona Lixo. Consideramos pagar alguém para cremá-lo, mas ouvimos dizer que alguns exteriores fazem churrasco com os corpos e os comem. A hidrólise alcalina é uma alternativa bastante cara, mas é a única digna. Contratamos os serviços de uma especialista em funerais, e ela organiza uma cerimônia de gosto discutível. Testemunho o corpo de papai se converter em água ao som de *Numbers*, do Kraftwerk. Suco de papai. O líquido que é seu corpo então circula borbulhante diante de meus olhos, mas só o direito coça e arde de uma forma estranha, e eu penso em velociraptors. *Moléculas de dinossauro*, digo, distraída.

– Hã? – balbucia mamãe, emergindo de sua própria escuridão.

– Esse aparelho horrível de hidrólise parece uma máquina de lavar.

Mamãe nada responde, paralisada a ver o corpo dissolvido de meu pai, que escorre rumo ao esgoto enquanto Kraftwerk canta *eins, zwei, drei, vier, fünf, sechs, sieben, acht* e a especialista em funerais executa uma performance solo de dança exótica. O balé bizarro faz parte do pacote, e é anunciado como uma "coreografia quântica". Desejo que ela morra dissolvida em ácido fluorantimônico, enquanto estendo a mão para que mamãe a segure, e esta é a última vez que nos tocamos de verdade. Ela já não saía do condomínio, antes da tragédia. A partir de maio de 2040, ela jamais sairá do próprio quarto. Passará o dia imersa em realidade virtual, a interagir com os milhares de arquivos de memória de papai.

Pena que sejam todos aulas de astrofísica.

≫≡≪

Estamos em setembro de 2040, e mamãe não parece se importar com o fato de que "papai" não responde ao que ela pergunta.

– Querido, o que você acha de nos projetarmos em uma praia baiana no próximo fim de semana? Vi umas paisagens de meados do século XX no catálogo, acho que você vai adorar aqueles mares!

A menção a "mares" aciona um dos holoarquivos de papai.

– Europa, lua de Júpiter, possui um oceano mais vasto que o terrestre. Coberto por uma camada de gelo, desconfia-se que abrigue um ecossistema rico em bactérias psicrófilas.

– Que bom, querido! Sabia que você ia gostar da ideia. Te amo.

Com o tempo, esse hábito triste e macabro atinge um patamar

insuportável. Não me entenda mal, eu não tinha a intenção de espionar mamãe. O problema é minha maldita audição, ela é acurada demais. De início fico feliz ao constatar, pelos gemidos e sussurros, que mamãe havia encontrado um amante. Minha alegria, contudo, vai pro espaço quando os arquivos web mostram que ela havia encomendado uma roupa virtual construída à imagem e semelhança de papai. Ela agora faz sexo virtual com desconhecidos após pedir que vistam a aparência do marido morto. Eu não tenho coragem de confrontá-la a esse respeito, daí gasto o que me sobrou de bitcoins com um psiquiatra muito bem recomendado. O mesmo que mamãe frequentou por um tempo.

– Não há nada de errado com sua mãe – diz o médico. – Todas as pessoas têm fantasias sexuais, e a dela é compreensível. Ela sente saudade de transar com o marido, ora.

– O senhor não está me entendendo – argumento.

– Então me explique – ele interrompe. – E pode me chamar de Gabriel.

– Ok, Gabriel. Veja só, mamãe não interage com ninguém! Ela mal fala comigo! Passa o dia conversando com registros de memória de meu pai!

– Esses hábitos que você descreve a impedem de dormir?

– Não. Ela se enche dos remédios que o senhor passou e cai dura.

– O trabalho dela foi prejudicado de alguma forma?

– Bem... na verdade, não. Mamãe tem trabalhado dobrado pra compensar a falta do salário de papai. Ela entrega tudo sempre antes do prazo, mas...

– Mas...? – ele me pergunta, e me olha como se eu fosse idiota.

– Não é normal, doutor. Não é normal que uma pessoa só queira se relacionar com as memórias do marido morto.

– Você sente ciúmes, Marie?

– O quê? Eu não...

– Veja, é natural sentir isso. Seu pai se foi, mas ainda assim sua mãe consegue manter um vínculo com ele. Talvez você quisesse mais atenção por parte dela. Talvez se sinta culpada pela morte de seu pai.

– Culpada? Mas por quê...?

– Ele morreu por querer te dar um presente de aniversário, não foi?

– Eu não me sinto culpada por isso, sinto raiva! Eu nem queria ir até a porra da Zona Preservada, queria uma viagem holográfica para a Sicília de 1990!

— Quer falar sobre essa raiva? Há muita mágoa em sua voz.

— Não, doutor, não quero. Eu quero falar sobre os problemas de mamãe.

— Marie, as pessoas são livres para serem felizes do jeito que quiserem.

— "Livres"? "Felizes"?

— O que eu vejo é uma pontinha de inveja, Marie?

— Doutor... faça-me o favor...

— Preocupe-se menos com os pequenos prazeres de sua mãe, e mais com seus próprios problemas.

— Que problemas?

— Por que você se projeta virtualmente com essa imagem meio gorda?

— Eu me projeto do jeito que eu sou, doutor Gabriel.

— Você acha que faz isso para afastar as pessoas?

— Doutor, eu...

— Desculpe interromper, Marie, mas seu tempo está prestes a acabar. Autorize o pagamento de 20 bitcents, e terá mais dez minutos. Acho que podemos discutir seu impulso de se esconder por trás de toda essa gordura. Posso receitar...

— Não, não quero. Mas obrigada.

O ano de 2040 se vai, 2041 vem, e meio a contragosto eu passo a considerar que talvez doutor Gabriel tenha razão, e a errada seja eu. Tento entrar no jogo de mamãe, e ela se mostra bastante empolgada com meu súbito interesse. Visto as roupas de realidade ampliada e fazemos um jantar em família. Papai surge em sua melhor forma. Ele sorri, mas eu não. Por mais que eu faça de conta, é impossível esquecer que o sorriso de papai não é para nós. É a gravação de uma holoconferência de cinco anos atrás sobre exoplanetas.

— Querido, veja que maravilha, Marie decidiu jantar conosco! — diz mamãe.

A imagem de meu pai se empertiga na cadeira, os pixels tremem, e ele declara, orgulhoso:

– Muitas são as maravilhas que se descortinam diante de nós com a descoberta de mais trinta e sete exoplanetas rochosos orbitando suas respectivas estrelas na zona de habitabilidade. A União Astronômica está exultante!

– Nós também, meu amor, nós também – responde mamãe. – Veja, fiz seu prato favorito! O novo modelo de reator de clonagem celular faz atuns muito mais frescos. Não é mesmo, Marie?

Diante de meu silêncio, mamãe me fuzila com o olhar.

– *Não é mesmo*, Marie?

– Absolutamente de acordo, professora Claire – dispara o holograma de papai, interrompendo a tensão do momento. – A perspectiva é de que, com o novo modelo Kepler de telescópio espacial, sejamos capazes de aumentar em 30% o catálogo de exoplanetas nos próximos cinco anos. O doutor Kincaid aqui presente me acusará de otimismo irrefreável, não é mesmo, doutor Kincaid?

– Mamãe... – eu digo, pouco antes de trazer o garfo à boca. – Sua comida é sempre a melhor.

Eu não havia chorado ao ver papai morto com a cabeça explodida ao meu lado. Não havia chorado ao ver seu corpo ser convertido em água. Moléculas de dinossauros. Segundo mamãe, eu não chorei nem quando nasci. Mas, nesta noite de janeiro de 2041, pela primeira vez em minha vida, eu espalho dinossauros em meu travesseiro até adormecer.

2045 é o ano em que me formo em engenharia química. A vida universitária melhora bastante minha capacidade de interação social. Ainda sou péssima para entender as sutilezas emocionais alheias, mas havia superado a fase retraída. Não que eu tivesse escolha. Era isso, ou passar o dia ao lado de mamãe e fingir que papai estava presente.

Passo a frequentar bares, restaurantes e discotecas virtuais. São lugares divertidos, se você tiver recursos para frequentá-los. Meu salário como professora de química não é o ideal, mas eu às vezes ganho montes de bitcoins com uns tarados que compram roupas íntimas usadas pela web. Pra você ver como o negócio é lucrativo, os tarados não se satisfazem com calcinhas impressas no conforto doméstico. Eles chegam a pagar externos que transitam de um condomínio para outro com suas motos movidas a gás para fazer a entrega de roupa íntima feminina. Ganham os externos, ganho eu, os tarados se masturbam, e ficamos todos satisfeitos. Como a demanda de calcinhas é alta, eu apelo para um truque: imprimo uma atrás de outra em uma impressora programada para fazê-las com aspecto velho e esfarrapado. Daí pingo um pouco dos feromônios que desenvolvo na cozinha, e *voilà*: calcinha artificialmente suada, odor indistinguível do natural. Estudar química tem de servir para alguma coisa, não é mesmo? Ganho tanta grana com o mercado livre de roupa íntima que passo a frequentar as melhores baladas. As roupas de realidade aumentada me abrem as portas das boates.

O mês é maio, novamente meu aniversário. Vinte e três translações, papai diria. Saio para comemorar em uma festa com músicas da década de 10, e é aí que me apaixono pela primeira vez. A moça dança no meio da pista, alucinada e linda ao som de *I'll be There*, de Jess Glynne. Não consigo tirar os olhos dela. Seu corpo é pura sincronia com a música.

Oh, oh, I'll be there, when you need a little love, I got a little love to share...

– Gata, né? – comenta um desconhecido ao meu lado. Me viro e dou de cara com uma holoprojeção fuleira de James Dean. Os cabelos têm a cor errada. Ele continua: – O nome dela é Seon. Dizem que se projeta usando a própria imagem.

– Sério? – pergunto, com disfarçado desinteresse. É bom saber o nome dela. Seon rodopia, movendo os braços de um lado para o outro, em explosiva felicidade. Ela sorri, seu olhar cruza com o meu e se sustenta por dois segundos a mais do que o normal, e tudo parece ser invadido pela música.

...Oh, I swear, I got enough love for two, ooh, ooh, ooh...

– Sério. Tudo bem que ela é gata pra caralho, mas por que não mudar nada?

Seon olha novamente em minha direção. De novo, percebo que seu olhar se sustenta por alguns discretos segundos a mais. *When you're lost down the river bed, I'll be there.* Os últimos anos me ensinaram essas sutilezas do processo de flerte. O que normalmente é instintivo, em mim é aprendido. Não estou maluca. Seon dança com maior entusiasmo, olha para mim e sorri. *When you're lost in the darkness, I'll be there.* Impossível negar seu sorriso não-genérico, totalmente endereçado.

— Ela podia se fazer mais alta. Ela é gata, mas baixinha — diz a pessoa travestida de James Dean. Ele interrompe as digressões por um segundo e me olha de cima a baixo. — Ei, curti sua personagem. Gordinha natural, sardas, ruiva... Uns caras aqui têm fetiche nisso. Tu é mulher mesmo, né?

— Não, eu sou um homem de setenta anos — respondo, sem nem mesmo olhar para ele, e caminho na direção de Seon. O sorriso dela se expande ainda mais, e os olhos o acompanham. Adoro a forma como ela sorri. Vai tudo junto: boca, olhos, dá pra ver até as orelhas levemente erguidas. Eu sempre dancei muito mal, mas até que estou me virando bem agora. Há coisas que a gente não conhece, mas o corpo sabe. Seon abre espaço, se aproxima sorrindo, e dançamos juntas como velhas conhecidas.

When you still can't feel the rhythm of your heart...

— Oi! — grito. — Meu nome é Marie!

Seus olhos brilham e ela grita de volta o que eu finjo ser pura novidade.

— Prazer! Meu nome é Seon!

Vasculho rapidamente a boate em busca de James Dean, ele até que foi útil. Já sumiu. Deve ter desconectado ou vestido outra forma. *And you see your spirit fading in the dark.* Eu e Seon nos beijamos. É meu primeiro beijo. Se você estivesse em minha casa neste preciso momento, me veria enfiada em um colante inteiriço preto a dançar sozinha no meio do quarto e a agarrar o nada com as mãos. A beijar o nada. Mas as aparências enganam. A verdade é que, pela primeira vez em tantos anos, eu estou repleta de tudo. Tesão, alegria, música, dança. A boate se inunda com uma luz vermelha vinda do alto de um cilindro que lentamente se ergue diante de nós. Acho que vi isso em alguns arquivos históricos. Talvez seja um farol.

É. Talvez seja.

※

2045. Os meses passam, e meu namoro com Seon segue de vento em popa. Ela estuda astronomia. Comento que meu pai era astrofísico, mas não entro em detalhes. Não gosto tanto de pensar em papai, agora que ele se tornou um fantasma desagradável em minha casa.

É novembro, aniversário de seis meses de namoro, e temos razões para comemorar em dobro. Seon acabou de ganhar uma bolsa de estudos para seguir uma pós em astronomia fora da Zona de Livre Mercado. Noruega. Os noruegueses são meio antiquados, não costumam aceitar alunos holoprojetados. Acham que a presença física é fundamental no processo educativo. Fiquei sabendo que eles nem têm condomínios, costumam circular pelas ruas, que, pasmem, são limpas e respiráveis. Felizmente, para nossa sorte, os recrutadores se impressionaram com as notas de Seon e abriram uma exceção para que ela frequente as aulas com as roupas de realidade aumentada.

– É a cereja do bolo em minha carreira – diz Seon. – A bolsa da Mensa cobre tudo. Tive muita sorte. A atual gestão curte muito física teórica.

– Mensa? Aquele clube de superdotados? Eles que concederam a bolsa?

– Sim. Bolsa Stanquevisch de Criatividade.

– Que bacana!

– Você deveria fazer o teste de admissão, Marie. Custa pouco, e você poderia concorrer à bolsa no próximo biênio.

– Sei lá. Duvido que passaria.

– De boa, Marie? Eu não vou ficar nem um pouco surpresa se você passar.

– Quem sabe? Bem... Você nunca me apresentou a nenhum de seus amigos da Mensa. Eles são bacanas?

– Tem de tudo. Vai rolar um encontro hoje. Já ouviu falar do Bar Mutável?

– Aquele do cenário que muda a cada dez segundos?

– Isso! É bem divertido. Vamos juntas?

– Sei lá, Seon... Não é um encontro só de mensans? Detesto ser penetra.

– Relaxe, Marie! É normal levar namorados. Você conhece a turma, e daí decide se quer ser testada.

– O acesso ao Bar Mutável não é muito caro, Seon? Essa contínua mudança de cenário deve ser custosa...

– Caríssimo! Mas aí que está: o bar é de um mensan. A gente não paga.

– Opa! Então vamos lá! – eu digo.

E fomos.

"Bar Mutável" é, de fato, um nome autoexplicativo. Tão logo entramos, caminhamos por entre leões na savana africana e, dez segundos depois, nos vemos atravessando uma grande ponte veneziana. Não só a quantidade de cenários é assombrosa, como também sua qualidade. As coisas possuem uma nitidez sensorial absurda, não há nem o mais vago sinal de pixels. Acaricio a juba de um leão entediado, e a textura é de arrepiar. Ok, é bem verdade que eu nunca acariciei a juba de um leão e não tenho como estabelecer comparações, mas é impossível ignorar cada detalhe que atira realidade em nossas caras. Até o toque da mão de Seon é mais sólido aqui. Faz sentido: quanto mais caro o lugar, mais reais as sensações. Da última vez que fomos a um parque barato de 10 bitcents, beijar Seon foi como lamber uma parede. Aproveito a oportunidade, não é sempre que se pode entrar sem pagar no Bar Mutável. Puxo Seon contra meu corpo e roubo-lhe um beijo.

– Uau! – exclamo. – Uau! Porra, isso foi...
– Incrível, né?
– Eu achava que seu beijo era bom, mas aqui ele ficou *muito* real.
– Acredite: é igualzinho a um beijo em carne e osso.

O ciúme lança sua flecha, e me acerta em cheio.

– Como você sabe que o beijo aqui é igual a um de carne e osso? – disparo.
– Ah! Bem... eu já dei um beijo natural, muito tempo atrás.

Eu rio, incrédula, enquanto uma ensolarada praia caribenha se desdobra ao nosso redor, para em seguida se converter em um momento noturno e iluminado pela publicidade colorida de Nova Iorque. Outros frequentadores do Bar Mutável passam por nós, não muito criativos. Só nos últimos cinco minutos, já contei três Marilyn Monroes. Aposto que todas são homens.

– Você já saiu de casa? Conte-me tudo, não esconda nada! – peço.

Antes que ela possa me contar qualquer coisa, o entorno se dissolve em fumaça e se reorganiza. Estamos no alto da Torre Eiffel. A quinhentos metros de nós, uma colina verdejante repleta de girassóis se descortina. Paisagem da Toscana na primavera.

– A galera tá toda ali – Seon diz. – Vamos até lá?

Antes que eu possa responder, ela me dá a mão e saímos voando com nossas gigantescas, virtuais asas de borboleta.

※

É difícil estabelecer um julgamento sobre meu primeiro contato com a chamada "nata intelectual" do clubinho de Seon. Eles são espertos e arrogantes e engraçados e pretensiosos e bizarros e sem noção, às vezes tristes, às vezes lamentáveis, muitas vezes admiráveis, jamais tediosos ou neutros. Uma ideia me vem com um arrepio, admito: *Seon é um deles*. Gosto de pensar que ela é da ala bacana.

— Você pensa em fazer o teste, Marie? – pergunta um dos mensans.

— Essa aí passa fácil – diz Seon. – Só falta querer fazer.

— Você tem pais e avós mais inteligentes que o normal? – pergunta outro.

— Ah, houveram algumas pessoas – respondo. – Meu pai era inteligentíssimo.

Imediatamente, uma pessoa que estava fora da conversa se vira em nossa direção. Seu corpo é de mulher, mas a cabeça é de um gato branco cujos olhos cintilam em um azul tão intenso quanto cruel. Ela faz cara de nojo enquanto fala:

— "Houveram pessoas"? Querida, nem desperdice seus 75 bitcents no teste.

Eu rio e sinto o rosto esquentar. No mundo real, devo estar vermelha como um tomate hidropônico. Constrangida, olho para Seon enquanto respondo:

— Desculpe, eu quis dizer que *houve* algumas pessoas. Eu costumo me atrapalhar com o verbo "haver".

— Não se preocupe, meu amor – interrompe Seon, segurando a minha mão. – Esse é um erro bobo, ninguém liga pra isso.

A mulher-gato sorri em um esgar de desprezo, exibindo caninos afiados.

— Fale por si. Erros de português são como socos em meu estômago.

Antes que eu ou Seon possamos responder qualquer coisa, a mulher-gato olha na minha direção, e dispara:

— Mas não se preocupe, meu bem. Você pode frequentar nossos *happy hours* como convidada de sua namorada. Na Mensa, estamos acostumados com amantes de QI normal... Até mesmo com os de QI subnormal. – Ela então nos dá as costas e caminha para longe, não sem antes afiar suas garras em mim uma última vez. Ela para, olha para trás e sibila: – Aproveite o Bar Mutável, Marie. Seon beija muito bem, e um beijo aqui é quase igual aos que um dia demos na Zona Preservada.

Um silêncio tão improvável quanto constrangedor recai sobre o grupo, interrompido por um longo suspiro de Seon.

– Foi com ela o seu beijo ao vivo? Na Zona Preservada? – pergunto, na lata.

– A gente pode mudar de assunto? – Seon pede.

.O clima pesa, mas não dura mais que um minuto. Estamos diante da cratera do Etna em plena atividade, a lava irrompe belíssima diante de nós. Eis que de dentro da cratera emerge um demônio vermelho de dez metros que se inclina em nossa direção e fala com voz de trovão, liberando um vento de setenta quilômetros por hora que fustiga nossos cabelos virtuais: *AS MENINAS ESTÃO CURTINDO?*

– Ehrenberger – diz uma mensan aleatória, antes que eu pergunte. – É o dono do Bar Mutável. Ele está sempre bêbado, mas é bacana.

~~~~~~~~

É março de 2046 quando me submeto ao teste de admissão ao clubinho de superdotados de Seon. Não estou especialmente empolgada com a ideia de pertencer a isso. A verdade é que só faço o teste porque estou apaixonada, e gente apaixonada tem essa tendência a querer fazer parte da vida do outro em todos os detalhes. E, bem, é verdade que também não quero deixar Seon sozinha em eventos com aquela insuportável mulher-gato.

Um psicólogo comparece pessoalmente à minha casa, trazido por um veículo à prova de poluição, raios UV e balas. A Mensa teve mais bom senso que papai. Ele inspeciona minha cabeça, apalpando-a com bastante cuidado. Pergunto se o teste é uma análise lombrosiana.

– Oh não, nada disso – ele responde, rindo. – O teste tem de ser feito ao vivo porque é preciso inspecionar se o candidato usa algum tipo de implante de melhoramento transumano.

— Como assim?

— Há vários tipos. Tecnologia Ultrax, implantes Transmind... Tecnologias experimentais de ampliação artificial da inteligência. Mas você está limpa.

— Tem gente que trapaceia pra passar em um teste de inteligência?

— Ah, minha cara, tem de tudo neste mundo...

※

Dez dias depois, o resultado é enviado por e-mail. *Quase* passei. A Mensa seleciona os 2% mais inteligentes, e eu bati na trave. Fiquei entre os 5%. Mordo os lábios até sangrar, imaginando o sorriso daquela mulher-gato desgraçada.

— Não fique chateada, Marie — Seon me consola. — Como você bateu na trave, poderá repetir o teste em seis meses.

Quando Seon se vai, pesquiso sobre implantes Transmind. De início, mera curiosidade. Daí entendo os detalhes, e um plano se desenha.

※

É maio de 2047, e decido dar a mim mesma um presente de aniversário bem caro. Por dez bitcoins, um traficante de inteligência das empresas Transmind vem à minha casa. Nem queira saber quantas calcinhas usadas eu tive de fabricar. Quando mostro que meu olho esquerdo é removível, o vendedor abre um sorriso.

— Isso é perfeito! — ele diz. — O problema dos implantes é que a microcirurgia craniana necessária para implantar os conectores deixa marcas externas. O plugue geralmente fica na nuca, e é fácil de identificar quando se apalpa.

— Imagino que dê pra fazer um acesso através de minha órbita ocular.

— Exato! A conexão ficará oculta. Só há uma coisa que não entendo. Você parece uma moça bem inteligente. Marie-Claire Lambert, não? Pesquisei seu nome na web. Você é bacharel em química.

— E daí?

— Os implantes Transmind foram feitos para serem usados por pessoas com deficiência intelectual acentuada. Com uma recarga que custa 5 bitcoins, um sujeito de QI natural 75 consegue passar uns dez meses com o desempenho de alguém com QI 150. Só que o efeito é temporário, precisa ser renovado.

— Eu sei. Li a respeito.

— E quanto mais se repete, menos duradoura é a carga Transmind. O problema, Marie, é que uma pessoa com deficiência cognitiva retorna ao seu estado natural. Não sabemos as consequências em gente com quociente intelectual normal.

— Não tem problema. Eu só pretendo usar isso uma vez – digo.

— Desculpe a curiosidade, mas você já fez avaliação psicométrica?

— Sim. QI 125.

— Uau. Quase uma mensan. E você quer mais? Tudo bem, você tá pagando...

Ele sorri e abre a caixa, exibindo os instrumentos: anestésico, minifuradeira e outras traquitanas. A cirurgia é rápida, eficiente e não demanda repouso pós-operatório. O implante é, de fato, indetectável.

— O valor de sua primeira carga está incluído no da cirurgia. Gostaria de aplicar agora? Recomendo. Se eu tiver que voltar aqui, isso custará meio bitcoin.

Consinto. Ele conecta um cabo finíssimo diretamente no plugue Transmind oculto por meu olho esquerdo e me oferece um tablet para que eu autorize a carga: "IMPLICAÇÕES LEGAIS – Ao clicar em CONCORDO, demonstro estar ciente de que a tecnologia Transmind é experimental. Deste modo, assumo as consequ..."

Concordo.

O traficante de inteligência sorri para mim e diz:

— Feche os olhos, Marie. Talvez você sinta um formigamento na cabeça.

Quatro horas após o representante da Transmind ir embora, eu ainda estou parada olhando para o teto, invadida por uma paz indescritível. Mamãe passa por mim algumas vezes, sempre a conversar com seu fantasma eletrônico a quem ela chama de "meu amor". Em um determinado momento, ela se dirige a mim:

— Marie, seu pai está triste porque você não dá nem bom dia pra ele.

— Não, papai não está triste – respondo, sem tirar os olhos do teto. – Ele está morto. E você está em negação.

— Marie! Não diga absurdos!

– Tão logo você enfrente a negação, entrará nas fases seguintes do luto. Raiva. Tristeza. Aceitação. Superação.

– Marie! – ela grita, e vai para o quarto. Ouço seus soluços enquanto ela quebra objetos. Raiva. Ótimo. Como pude tolerar essa negação ilógica por tanto tempo?

Seon me convida para um passeio pelas ruas do Recife antigo. Está rolando uma promoção de apenas 30 bitcents. Agradeço, mas declino. Estou com um desejo incontrolável de estudar estereoquímica. Diasteroisômeros. Além disso, preciso dormir cedo. Amanhã, o psicólogo da Mensa vem aqui em casa.

Durmo com uma profundidade que há muito não experimento. Sonho com papai a discorrer sobre métodos espectroscópicos de identificação de exoplanetas. Acordo com a campainha. O mesmo psicólogo vem me atender em casa.

– Ah, você de novo – ele diz, suando bicas. – Bem que achei o endereço familiar. Menina, passei por um apuro... A avenida Paulista tá um sufoco só. Protesto de externos contra o governo. Essa gentalha insiste em mamar nas tetas...

– Irrelevante – interrompo. – Nosso tempo é exíguo, e tenho coisas a fazer.

O psicólogo permanece inerte por alguns segundos. Parece perturbado.

– Algum problema? – pergunto.

– Nenhum. Vamos à inspeção?

Concordo, e ele apalpa a minha cabeça em busca de implantes.

– Tudo certo. Vamos começar... Marie, você tem quarenta minutos – ele anuncia, me oferecendo um tablet. Vejo as sessenta questões. Há algo estranho.

– Este é o teste que o senhor me trouxe da última vez? – pergunto.

– Com algumas variantes, mas é a mesma coisa. Algum problema?

– Parece diferente – respondo, enquanto levo cinco segundos para assinalar a resposta correta de cada questão. Em cinco minutos dos quarenta que tinha, finalizo. O psicólogo me olha estranho. Da primeira vez, ele não parecia tão *idiota*.

– Não costumo dar resultados imediatos – ele diz. – Eu até poderia, é tudo automatizado... Mas prefiro reunir os testes dos candidatos do mês, daí ofereço todos os resultados juntos...

Não entendo por que ele fala tão devagar. Parece um retardado. Não consigo tirar os olhos de sua boca, enquanto ele a move de forma apalermada.

– ...No seu caso, vou abrir uma exceção. Você não apenas acertou tudo, como bateu um recorde em termos de tempo de resposta. Se importa se eu aplicar outro teste?

– Não, não me importo – respondo.

E ele me aplica testes de memória. Testes de lógica. De estratégia. De matemática. Outros testes de reconhecimento de padrões. Começo a me entediar, quando ele enfim interrompe os procedimentos. Por que está suando? Não está calor.

– Eu não sei nem o que dizer – ele fala.

– Então nada diga – respondo. – Por favor, conclua. Perdi muito tempo com essa tolice. Quero voltar aos tópicos sobre ciclo-hexanos dissubstituídos.

Ao longo de três meses, tenho a oportunidade de frequentar vários encontros do clube de superdotados. Me questiono por que afinal eu quis tanto fazer parte disso. Eles são pueris, ingênuos, procrastinadores, levianos, lentos, e gostam de opinar sobre o que deveras ignoram. Seon está diferente. Insegura, demanda atenção, insiste em querer fazer passeios sem sentido. Gosto de mantê-la por perto, ela satisfaz minhas necessidades sexuais. Às vezes fico a pensar se a masturbação com simulacros não seria emocionalmente menos cansativa. Simulacros não precisam discutir o relacionamento. Seon tem chorado muito. Acha que não gosto mais dela. Eu gosto. Ou, melhor dizendo, *lembro* que gosto. Fiz tudo por ela, afinal. Sim. Lembro que fiz tudo isso por ela. Para fazer parte. Para que não precisasse ter vergonha de mim. Se ela soubesse, tenho certeza de que me agradeceria. Uma pena que esteja com essa súbita mania de chorar por qualquer coisa.

Humanos podem ser bem confusos.

A partir do quarto mês, as coisas parecem melhorar em minha

relação com Seon. Volto a sentir vontade de passear com ela. Estou menos impaciente, e ela também não tem chorado. Ela diz que precisamos de mais tempos juntas. Só sei que *eu* preciso de um agente quiral de efetivação que seja enantiomericamente puro para o próximo experimento. Arranjei um emprego ótimo como engenheira-chefe de uma magnífica empresa com filiais por toda a Zona de Livre Mercado. Chega de vender calcinhas. Ganho o suficiente para que mamãe possa parar de trabalhar e passe tempo integral com seu brinquedo favorito, o marido eletrônico. Nem sei por que um dia me incomodei com isso. É como o doutor Gabriel disse: se ela está feliz, isso é o que importa. Seon, por outro lado, não cessa de caçar problemas, por mais que eu me esforce para descer ao nível dela. Queixa-se de que meu trabalho se tornou mais importante que nossa relação.

Às vezes, sinto inveja da realidade pragmática de mamãe.

No sétimo mês, levo uma bronca. Segundo meu chefe, tenho tido problemas de rendimento. De fato, tenho andado distraída, sinto saudades de Seon. Na reunião, meu chefe esclarece: continuo ótima, mas antes eu era "esplêndida". É provável que o efeito da carga Transmind esteja passando. Chato, isso.

No décimo mês, é evidente que retornei ao meu processamento intelectual normal, só que antes eu não tinha enxaquecas. Abstinência Transmind, li a respeito, e sei que melhora com o tempo. Mantenho meu emprego, e o preço disso é não ter horas de folga. Preciso trabalhar mais para obter os mesmos resultados. Seon diz que eu não pareço mais estar possuída, diz que eu voltei a ser o que era, e que isso a faz feliz. Eu também estou feliz, ela parece linda como nunca, quero estar ao lado dela. Só que não tenho tempo! Preciso manter o rendimento, ou perco o emprego em um momento crucial do desenvolvimento laboratorial.

Acho que uma dose a mais de Transmind não irá fazer mal.

A ideia de ir a mais uma reunião da Mensa no Bar Mutável me irrita um pouco, sobretudo após a recarga Transmind. Há uma ou duas pessoas ali à minha altura, mas as demais me cansam. Devo admitir que, dentre as cansativas, Seon está incluída. Tenho dúvidas se quero continuar a namorar com ela. Suas exigências emocionais são deveras desgastantes. Tenho dúvidas se quero namorar com quem quer que seja. Sexo avulso é suficiente. Queria que ela me deixasse em paz. Que me deixasse trabalhar.

Caminho pelo Bar Mutável, admirando as configurações de realidade virtual. Ehrenberger, dono do lugar, parece se divertir enquanto me explica tudo o que já sei. Ele agora assume a própria forma em versão mais jovem. Deixo que ele fale e extraia prazer da ilusão de estar me ensinando algo novo. O que seria da vida sem essas pequenas gentilezas? É esperado que eu seja gentil. Empatia é importante. Não cometerei os erros de meses atrás. Li alguns livros de psicologia. Posso não sentir o que dizem que devo sentir, mas sei emular.

Ao longe, vejo Seon a conversar com a mulher-gato esnobe. Não sinto nada. Lembro-me de já ter sentido ciúme por imaginar uma cena assim. Bobagem. É altamente ilógico se incomodar com as interações sociais de nossos parceiros. Talvez eu deva simular ciúme, só para evitar suspeitas.

– Tá tudo bem, Marie? Sua boca tá caída do lado esquerdo – diz Ehrenberger, me trazendo de volta. Ele me estende um espelho virtual. Antes que eu possa olhar para minha imagem, vejo algo que não deveria estar aqui:

Meu pai, sentado em uma mesa do Bar Mutável.

Uma mulher se aproxima dele, põe as mãos sobre seus olhos e diz *adivinhe quem é*. Eu sei muito bem quem ela é. Mamãe.

– Marie? – Ehrenberger chama. – Você tá bem? Parece que viu um fant...

– Você conhece aquele homem? – pergunto, enquanto aponto para a imagem de meu pai.

– Ah, sim. Gabriel, médico. Ele também é da Mensa, mas quase nunca vem aos *happy hours*. Pinta aqui de vez em quando com uma das namoradinhas.

– Ele costuma vestir aquela imagem?

— Quando tá com aquela moça, sim. Bonitão, o sujeito. Dizem que é a imagem de um cara morto. Astronauta, acho.

— Astrofísico — respondo. Com um gesto, desfaço o espelho virtual, deixo Ehrenberger falando sozinho e caminho na direção de "papai". — Doutor Gabriel? — chamo. Mamãe está no colo dele, beijando-o. O sujeito se levanta, assustado.

— Marie?! O que você tá fazendo aqui?

— Sou membro da Mensa há mais de um ano.

Mamãe continua a sorrir com o olhar embotado.

— Marie, querida! Que coincidência! Nunca mais saímos em família!

Sinto um calor crescente em minhas entranhas. Os pensamentos irrompem como fogos de artifício, a sugerir dez maneiras diferentes de matar o doutor Gabriel.

— Você está usando a forma de meu pai. Mude-a — digo.

Gabriel se limita a me oferecer um sorriso amarelo.

— Eu paguei por ela, Marie.

— É o direito de imagem de um homem morto, Gabriel. Você está usando isso para trepar com uma paciente mentalmente avariada. Pare.

— Marie, não seja grosseira com seu pai! — diz mamãe, lacrimosa.

É demais pra mim. Gabriel não muda de forma, mas eu mudo. Torno-me um tiranossauro de cinco metros e o ergo no ar como o rato que ele é.

— Socorro!!! — ele grita. — Tirem essa louca de cima de mim!

Em meu quarto, invado facilmente o sistema do Bar Mutável. Ehrenberger, Ehrenberger, a segurança de seu sistema é uma verdadeira porcaria. O cenário se converte em um rio de merda, todos gritam. Eu me lixo. Minha voz virtual ressoa: *SOLTE! A IMAGEM! DE MEU PAI! AGORA!* Tudo o que o doutor Gabriel faz é chorar e repetir *mas eu paguei, eu comprei, tenho direitos*. Na estranha concepção de mundo daquele homem triste, nada há de errado em emular a imagem de uma pessoa morta. Não me importei quando vi fazerem isso com James Dean e Marilyn Monroe. Mas, com meu pai, é intolerável. Não vou permitir. Não importa que essa indecência seja naturalizada. Uma voz no fundo de minha cabeça insiste em lembrar que esta lamentável concepção de mundo que concede qualquer coisa a quem tenha dinheiro para pagar não é uma exclusividade de Gabriel.

É de meu país.

Pensar nisso só me deixa ainda mais furiosa. Enquanto chacoalho Gabriel de um lado para o outro no ar, mamãe chora e chuta minhas pernas gigantescas. Ela me chama de egoísta, de invejosa, de ciumenta, e grita que eu deveria ter morrido, não papai. Também grita que a culpa é minha, minha, minha. Uma dor de cabeça me ataca. Diante de mim, vejo dez superdotados boquiabertos absolutamente patéticos, nenhum deles à minha altura. Vejo uma moça ridícula, minúscula, ela chora, pessoas irritantes que choram por qualquer coisa, gentalha deplorável.

– Marie, pelo amor de Deus, pare! – grita a moça. Ela até que é bonitinha. Quem é ela? Tão familiar... O lado esquerdo de meu corpo para de responder no exato momento em que atiro o doutor Gabriel pelos ares. Ele desaparece antes de cair no rio de bosta. Pelo visto, desconectou. Mamãe continua a chorar e a me chutar e arranhar, e eu tento dizer *vai ficar tudo bem agora, vou cuidar de você*. É quando a escuridão me invade por todos os lados.

❊

Seon deve gostar mesmo de mim, pois, tão logo eu desapareço do Bar Mutável, ela sai de seu condomínio com corpo e tudo. Após pagar uma pequena fortuna para um exterior, ele a leva de moto e a deixa em minha casa em menos de vinte minutos. Nunca imaginei que morássemos tão perto uma da outra. Espero que tenha tido a prudência de pelo menos usar um filtro nasal, a quantidade de material particulado no ar é insalubre. As autoridades milicianas desbloqueiam o acesso dela ao meu condomínio, e sou achada no chão da sala. É a primeira vez que nos encontramos fisicamente, e nem estou adequadamente vestida. Alguém fala em acidente vascular cerebral. Nem quero imaginar quanto Seon gastou com a ambulância e o médico. Vou ter que vender toneladas de calcinhas para pagar por isso.

❊

Os meses se passam, e eu não dou sinal de recuperação. Presa em meu próprio corpo. Raciocino, sinto, mas não consigo me mover. Ouço tudo o que dizem, e é sempre sobre mim. Perco meu emprego, claro. Do que adianta ter uma mente funcional se não consigo agir no mundo? O plano de me manter internada em uma clínica, ao cuidado de enfermeiros, é descartado, dado o custo proibitivo. O médico sugere que mamãe cuide de mim, mas ela não quer. Não me reconhece como filha. Na reunião com o médico e Seon, mamãe aparece ladeada não só por um marido virtual, como também por uma versão de mim mesma quando tinha dez anos de idade. Lembro do dia dessa holofilmagem específica.

– *Minha* filha? – diz mamãe, ao me ver, com um sorriso de incredulidade. – Creio estar havendo algum engano, doutor. Essa mulher aí não é minha filha, não. Minha filha está aqui ao meu lado, o senhor não vê?

Minha imagem virtual mais jovem está entretida, analisando algo em um microscópio. *Veja, mamãe, protozoários!*

Eu fui mesmo uma criança bonita.

Seon decide assumir a minha guarda, essa doida. O médico sugere eutanásia, já que o processo está *felizmente desburocratizado* e que, na incapacidade mental de minha mãe, é possível autorizar uma injeção letal. Torço para que ela aceite, mas ela rejeita a ideia. E ainda fica ofendida. Maluca. O médico diz que as minhas possibilidades de recuperação são bastante remotas. Overdose de Transmind. *Esse treco não é adequado para pessoas com quociente intelectual muito alto*, ele diz. Seon tenta processar a empresa. Tudo em vão. Eu assinei ciência do processo e concordei com tudo.

Quem mandou não ler?

Mas Seon não quer eutanásia. Ela me banha e me limpa todos os dias, dorme abraçada comigo e diz que me ama até quando eu me cago toda. Eu quero dizer que também a amo, eu sei e sinto que a amo, mas nada sai de minha boca. Faço um esforço imenso para mexer pelo menos os dedos dos pés sempre que Seon me pede pra tentar. Nada. Não funciona.

Seon consulta o médico todos os meses. 1 bitcoin por consulta, caríssimo. Ele diz que não há estudos de caso sobre situações como a minha. Diz que *talvez* eu um dia volte, nunca se sabe. Diz que devo ser intelectualmente estimulada, diz que Seon deve falar comigo como se eu pudesse ouvi-la. E eu posso, eu posso, só não consigo demonstrar.

Um ano se passa, então dois. Seon tem chorado menos, mas às vezes chora, e eu só queria morrer. Ela insiste, persiste. Me leva para passeios virtuais, me conta histórias, janta comigo, finge que eu respondo, me acaricia, me beija. Teimosa. Às vezes me pego pensando sobre qual a diferença entre ela e mamãe. Um dia, testemunho um amigo dela verbalizar meus pensamentos.

– A diferença é que Marie está viva – Seon responde.

É 31 de maio de 2050, uma terça-feira como qualquer outra, aniversário de minha vida, mas também da morte de meu pai. Seon veste as roupas de realidade aumentada e gasta algum tempo me limpando, para então vesti-las também em mim. Em duas horas, ela dará mais uma aula de classificação estelar para alunos matriculados na plataforma global. Como sempre, Seon gosta de repassar a aula antes e me leva consigo. Sou uma aluna imperfeita. Jamais a interrompo, limito-me a ouvi-la, atada ao involuntário bom comportamento do estado vegetativo. Há professores que sonham com alunos como eu, mas não Seon, jamais Seon. A ela apetecem as interrupções, as perguntas, as discordâncias, as expressões faciais. Lembra demais meu pai.

Com um simples comando gestual dela, o mundo físico se esvai. Semana passada, fomos aos criovulcões de Titã e às nuvens de Ganimedes. Lindos. Diante de nós, desta vez, crepita uma monstruosa estrela vermelha.

– O nosso sol é um grão de areia em comparação a este gigante, Marie. O raio deste colosso vermelho é oitocentos e vinte e três vezes maior do que o raio solar. Não é fantástico? Um perfeito exemplar de estrela vermelha classe M.

Eu conheço isso, papai me mostrou, penso. *Quando ainda era possível observar o céu a olho nu, décadas atrás, as pessoas costumavam confundir essa estrela com Marte. O nome está na ponta da língua!*

Seon faz súbito silêncio e, por alguns segundos, permanece parada a olhar para mim. Ela sorri e franze as sobrancelhas, como se visse algo de diferente. Se eu acreditasse em telepatia, diria que ela tinha acabado de me ouvir. Então ela se inclina em minha direção, acaricia meus cabelos, beija meu rosto e tagarela:

— Você está tão linda hoje, Marie. Pois então... Meus alunos costumam perguntar como diabos a gente consegue saber o tamanho de uma estrela tão distante de nosso planeta. Então é aí que tenho a oportunidade de explicar os conceitos de paralaxe e diâmetro angular.

Ela fala, e eu viajo. *Quando eu tinha nove anos,* penso, *li em algum lugar que antigamente o céu noturno era tão escuro que uma estrela como essa chegava a brilhar como um farol. Duvidei. Papai então me levou a passeios virtuais por jardins encimados por um suposto céu do século XVI. Tão diferente do nosso. Lembro-me de ter medo de cair para cima. Como era possível haver tanta escuridão cravejada por diminutos e nítidos pontos de luz? O céu daquela noite parecia um vestido chique, e havia esse ponto vermelho soberano. Lembro-me de apontar para ele, lembro de papai sorrir e dizer... Qual é mesmo o nome dessa estrela? Tá na ponta da língua!*

— Antigamente, quando o ar externo era respirável e ainda não estávamos fechados em nossos condomínios, os últimos dias de maio eram os melhores para observar esta estrela a olho nu. Você consegue adivinhar a razão, Marie? — Seon para, olha para mim e sorri. Eu sorrio mentalmente, mas nada acontece. Seon continua, e, como sempre, finge que eu respondi. — Isso, querida! Oposição solar! Você é uma menina muito, muito esperta!

Papai já tinha me dito que a observação desta específica estrela vermelha é favorecida no dia de meu aniversário. Tento falar, não consigo, minha cabeça dói, limito-me a pensar: *Ah, Seon, eu sei de tudo isso. Queria tanto mostrar que sei. Se eu pudesse, me levantaria dessa cadeira e mostraria que sei tudo sobre essa estrela, só não consigo lembrar da porra do nome. Eu lembro que ela é uma estrela alfa, mas não é centauri. Minha cabeça dói, por que dói tanto? Eu queria poder pedir um analgésico, queria poder lembrar o nome da estrela pra poder te contar, Seon, contar que não sou burra, nunca fiquei, eu só não consigo fazer as coisas saírem. Virei um saber que não sabe, um conhecer que desconhece, e a estrela é bonita e vermelha, fogo que arde sem se ver...*

— ...Sua massa é calculada como sendo doze vezes maior que a de nosso sol... — Seon continua.

...girando e girando, eu não me sinto muito bem, ferida que dói e não se sente.

Seon, acho que vou vomitar. Tem alguma coisa dentro de mim muito pesada, eu sei eu sei que não é comida, sonda gástrica não deixa ser comida, por causa da sonda é comida que come e não se sente, é contentamento descontente. Por que está tudo tão vermelho, Seon? Por que tão grande e tão vazio e solitário (estar por entre a gente)? Estou cansada, Seon, me leve pra casa, eu quero que você me coloque em nossa caminha, cama, camona, camões. Lembro que papai disse que a constelação é Scorpius, o nome tá na ponta da língua. Alfa Scorpii, mas isso é científico nome, e o nome do amor é Seon. Me desculpe, eu só não queria que seus amigos me achassem burra...

— ...décima quinta estrela mais brilhante em nosso céu. Bem... quando era possível ver o céu, né?

...eu só não queria ser solitária, não queria dar trabalho, e agora você cuida de mim, Seon, é um cuidar que ganha em se perder. Minha cabeça vai explodir. Tá doendo, Seon, tá doendo, e desatina sem doer. O que eu faço? Qual é o nome da porra dessa estrela? Eu preciso levantar daqui. Tá na ponta da língua.

— ...você sabe dizer que estrela é esta? — ela pergunta, retórica.

— Antares — *ouço alguém dizer, com uma voz pastosa. Muito estranho. Podia jurar que éramos só nós duas aqui. Seon, eu acho que vomitei, tento dizer, mas não consigo. Não brigue comigo, não fique zangada, desculpe. Eu sei que dou trabalho, mas não é de propósito, você cuida de mim, é um cuidar que ganha em se perder. Não me olhe assim, Seon. Por que você me olha assim? Eu não queria vomitar, não queria, não queria.*

— Marie?! — Seon exclama, lindos olhos arregalados.

Não chore, meu amor, não chore. Você está tão bonita com esse sol vermelho aí atrás. Se eu pudesse, eu mesma me limparia, mas estou presa por vontade, servir a quem vence o vencedor. Por que dói tanto, Seon?

— Repita! Eu ouvi! Não tô maluca, você falou, você falou, Marie!

Ai! Não me balance tão forte, Seon. Você sabia que o ouro em sua gargantilha não foi fabricado no coração de nosso sol, mas na explosão de uma supernova? Fogo que arde sem se ver! Arde e gira na escuridão do céu, vermelho é a cor mais quente. Por que você está chorando? Não chore, Seon, não chore, meu amor lindo. Juro que não vomitei de propósito.

— Marie, por favor, por favor, repit...

— Antares. Nomi dessestêla Antares, Xôn.

Quem disse isso?

— Marie! — ela grita. *Por que grita? Eu fiz coisa errada, Seon? Eu sempre faço coisa errada, me desculpe, eu não queria errar o verbo haver, queria fazer parte, queria poder andar com seus amigos. Me desculpe por ter fodido tudo, meu amor. Mas por favor pare de chorar, Seon. Veja só, a estrela tá indo embora e você tá bem na frente dela e tá toda vestida de vermelho e seu rosto tá todo molhado. Lágrimas brilhantes, vermelho ao fundo, você me abraça e eu te amo tanto, que chega dói. Eu queria poder enxugar as lágrimas de seu rosto. Queria poder levantar minha mão esquerda e acariciar sua face. Epa! De quem é a porra dessa mão fazendo carinho em seu rosto, Seon? Ciúmes! De quem é essa mão a colher suas lágrimas? Água e sal.*

– Moléclas di dinoxaulo. Veloxiláptos. Aloxaulos. Xelatopixídeos.

Essa voz, eu conheço sim, parece com a minha. Seon, que abraço gostoso, que choro quente. Se eu pudesse, te abraçaria de volta, mas dói demais quando tento me mover. Queria muito, mas não tem como. Que estranho, Seon. Não lembro de você ter colocado meus braços em torno de seu corpo. O céu ao nosso redor é escuro de dar medo. Não sei onde estamos, acho que um minuto atrás eu sabia, mas esqueci. Há uma luz vermelha ao fundo que gradualmente se afasta. O que ela é? Um minuto atrás eu juro que sabia, Seon, mas esqueci. Talvez seja um farol, daqueles que os marinheiros usavam para retornar pra casa. You'll never be alone, I'll be there for you. Você lembra, meu amor? Jess Glynne cantou em nosso primeiro beijo! Mas que diabos é esta luz? Tá na ponta da língua, Seon.

Talvez seja um farol.

É. Talvez seja.

Agradecimentos

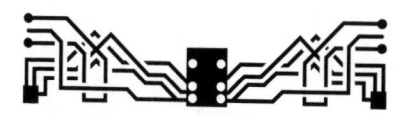

APÓS EXTENSA INVESTIGAÇÃO, DESCOBRIU-SE que estes registros proibidos só vieram a público graças à atuação dos terroristas cibernéticos que ajudaram a hackear o sistema, listados abaixo:

Ademar Peixoto - Biguá
Adilson de Almeida Júnior
Adriano Ladeira Vannucchi
Adriano Luiz Rodrigues Tiegs
Alessandro de Matos Barbosa
Alex Zava Ferreira
Alexander Meireles da Silva
Alexandre Adame
Alexandre Henrique Gouveia Garcia
Alexandre Ianuskeivietz Gobatti Ferraz
Alexey Dodsworth
Alvaro Simoes
Ana Lúcia Merege Correia
Ana Luiza
Andre Barcelos
Andre Bernard Saraiva
André Carvalho
Andre Elias R. Soares
Andre Luiz Sales
André Moraes
Angelo Feitor
Anielly Sampaio Clarindo
Anita Sobreira
Artur Vecchi
Associação Mensa Brasil
Basilio Belda
Bruce Sterling
Bruna Alves Freires Teixeira
Bruno D.C Ramalho
Bruno da Silva Soares
Bruno Hipólito
Cadu Fonseca
Carlos Alexandre Fedrigo
Carlos Eduardo Cordeiro Fini
Carlos Henrique Araujo Viol
Carlos Henrique de Magalhães
Carlos Nogueira
Carlos Rafael da Silva Alberto
Cecília Gabrielan
Celso Cavalcanti
Cid Vale Ferreira
Claudemir Todo Bom
Claudia Dugim
Claudio Daniel Tenório de Barros
Cleiton Szpak
Clotilde Tavares
Cristiano Firmo do Canto Orlando
Dani Sandrini
Daniel Ledesma
Daniela Moraes
Daniela Ribeiro Euzebio
Danieli Sayuri Hakoyama
Danielle Schmitt França
Danilo Panda Prado
Davenir Viganon
David Marlon Costa de Melo
Delson Gonçalves dos Santos Neto
Denis de Azevedo
Denis Pacheco
Diego Dukão
Diego Guerra
Dinei Júnior Rocha do Nascimento

Diogo da Paz
Douglas Drumond
Edmar Ricardo Franco
Eduardo Braz
Eduardo Maciel Ribeiro
Edward Snowden
Erica Dias Barroso
Erwin Egon Dulz
Estúdio Armon
Fabio Gardenal Inacio
Fco Portela Lima
Felipe Albuquerque Coutinho
Felipe Duarte da Silva
Felipe J A Coltri
Felipe Leonel Carneiro
Felipe Lofgren
Felipe Luiz Tortella
Felipe Manhães
Felipe Pereira
Fellipe do Patrocinio Pereira
Fernando da Silva Trevisan
Fernando Sanches
Flávio Alves Paixão
Francisco Edimar de Amorim Junior
Francylene Silva
Frederico Fiori
Gabriel Avalos Zanoni
Gabriel da Cruz Pires
Gabriel José Augusto Silva
Gabriela Moura
Gerson Lodi-Ribeiro
Gilberto Coutinho
Gilmarzinho
Guilherme Alcantara Voltolini
Guilherme Bacellar
Guilherme Fernandes Rocha
Guilherme Isipon
Guilherme Luís Matte
Gustavo Adolfo Andrade Lunz
Gustavo Antonio Pierazzo Santos
Gustavo Baldez
Gustavo Souza
Hakim Bey
Heitor Krüger de Freitas
Helder da Rocha
Henrique Carvalho Rosa de Souza
Hugo Oliveira Cavalcanti
Hugo Sales
Iago Ferreira Morbi dos Santos
Israel Santos Pinho
Ivanise Maravalhas Gomes
Janito Vaqueiro Ferreira Filho

João Amauri Pinheiro de Oliveira
Joao Felippe Reis
Joao Paulo Nemoto Sabino de Freitas
João Pedro de Paulo
João Vitor Magalhães Barros
José Antônio de Castro Cavalcanti
José Tertuliano Oliveira
Julian Assange
Juliana Berlim
Julianne Vituri
Kaike Mateus Lamoso
Karen Pereira
Kátia Cajá
Klinger Neves Maciel
Kyanja Lee
Leandro V. Thomaz
Leiz Rosseto
Leonardo Ramos Rocha
Leonardo Toledo Sarmento Ribeiro
Lisandra Akemi Suzuki
Lucas Bringel
Lucas Lemos da Silva Walmrath Reis
Lucas Martins da Silva Lino
Lucas Sulzbach Rilho
Lucas Toledo Teixeira Câmara
Luis Alberto de Seixas Buttes
Luís Ângelo Rodrigues Júnior
Luis Emanuell de França Gonçalves
Luiz Arnaldo Menezes
Luiz Eduardo Neves Peret
Luiz Fernando Vida Ampli
Luiz Irber
Malu Porto
Marcel Breton
Marcelo Nascimento Damm
Márcio Delgado
Marco Aurélio Lima do Nascimento Junior
Marcos Barbosa
Marcos Dourado
Marcos Lopes
Marcos Roberto Piaceski da Cruz
Marcus Augustus Teixeira da Silva
Maria Carolina Gomes Zardo
Mateus Braga
Matheus Bratfisch
Mauricio Cardoso Da Silva
Mauricio Ricardo da Costa
Michael Angelo
Michel Perez
Michell ED
Mitsuo Okagawa
Monocelho_mann

Motoko Kusanagi
Nelson Brito Moreira
Nicolás Irurzun
Norman de Sá e Silva
Núbia Estaele
Otavio Larsen
Paulo Roberto Elache Ribeiro Duarte
Paulo Toledo Piza
Paulo Vinicius F. dos Santos
Pedro Alexandre Dobbin
Pedro Lago
Rafael Faramiglio Faiani
Rafael Jaques
Rafael Maciel
Rafs
Rédi Bortoluzzi
Renan Albino da Cunha
Renann Gralha B Costa
Ricardo Gondim
Ricardo Ribeuro Dantas Ramos De Jesus
Ricardo Santos
Roberto Sales Faria Junior
Rodrigo Belo da Silva
Rodrigo Gomes
Rodrigo Junqueira
Rodrigo Lopes
Rodrigo Otávio Silva Pereira
Rogerio Christofoletti
Rômulo Magno Vieira
Ronaldo Luiz De Souza
Sandro Quintana
Santiago Mendes Araújo
Santiago Santos
Sergio Henrique Pereira Reis
Skript Editora
Soldado Sem Sono
Thais Rodrigues
Thamy Adriana
Thiago Ambrósio Lage
Thiago Cardim
Thiago Tonoli Boldo
Vanessa Paz
Victor Almeida
Victor Galli
Victor Souza
Vinicius de Araujo Lima Ferreira
Vinicius Gomes de Oliveira
Wesley Barone Cabrera
William Schütz
Willian Duarte de Andrade
William Gibson
Zé Wellington

Organizadores
& Autores

Cirilo S. Lemos: Nasceu em Nova Iguaçu, Baixada Fluminense. Foi ajudante de marceneiro, pedreiro, sorveteiro e astronauta. É autor dos romances *O Alienado* (2012) e *E de Extermínio* (2013), além de diversos contos espalhados por aí.
Twitter @cirilosl Instagram @ciriloverso
Facebook: /cosmo.kant.5

Erick Santos Cardoso: É desenhista de coração e editor de profissão. Mestre em comunicação, amante da cultura pop em todas as suas vertentes. Tem na Editora Draco o seu projeto para produção e desenvolvimento da literatura de entretenimento nacional. Twitter e Instagram @ericksama

Cirilo S. Lemos e Erick Santos Cardoso

É escritor, tradutor e jornalista. Publicou os livros de contos *Na Eternidade Sempre é Domingo* (2016) e *Algazarra* (2018). Seu refúgio oficial é o site *Flash Fiction*, onde publica drops de ficção desde 2013. Publicou contos em jornais, blogs, revistas e antologias, com destaque para *Fractais Tropicais* (2018). Vive em Cuiabá, onde desenvolve táticas para fugir do calor e toma tereré o dia todo.
Site flashfiction.com.br

Santiago Santos

Nasceu em Salvador, mas não gosta muito de tomar sol. Seus contos foram publicados em sites, coletâneas e revistas, como *Somnium* e *Trasgo*. Organizou a coletânea *Estranha Bahia*, finalista do prêmio Argos (CLFC). Também é autor do romance juvenil *Um Jardim de Maravilhas e Pesadelos* e do livro de viagens *Homem com Mochila*. Ele acredita na ficção como uma força de transformação social. E sonha com o dia em que acabe esse negócio de alta e baixa literatura.
Blog ricardoescreve.wordpress.com

Ricardo Santos

Poeta, escritor, ativista cultural, estudante de Letras e professor. Usa a palavra para compor seus silêncios. Pela palavra, celebra a vida. Um dia leu *Cem Anos de Solidão* e ficou de cara. Foi publicado em coletâneas de contos e poesia, como *Rio 2065* e *Seis temas à procura de um poema* (Casa da Palavra, selo FLUP), e em revistas como a *Gueto* e a *Mafagafo*. Publica textos no site *Caleidolíngua* e está para publicar seu primeiro livro de poesia.
Site danielgrimoni.wordpress.com

Daniel Grimoni

MICHEL PERES

Professor e escritor. Natural de Matozinhos (MG), escreveu para os sites *Obvious* e *Ruído Manifesto*, além de ter contos publicados no *Leitor Cabuloso*, *Mitografias* e nas revistas *Mafagafo*, *Trasgo* e *Somnium*.
TWITTER @MichelMPeres

CLAUDIA DUGIM

Professora, tradutora e escritora, queer. Escreve romances, poesias, tem contos publicados em coletâneas e autopublicados. Participou da coletânea vencedora do Argos 2016, *Monstros Gigantes*, ano em que também foi indicada ao Argos na Categoria Contos com um conto publicado pela Draco, *Lolipop*, e em 2018 ficou em segundo lugar. Faz parte de um coletivo de escritores, editou e lançou dois livros. Suas histórias brincam com o absurdo, flutuando entre a crítica social e as situações cotidianas, com um humor estranho e irreverente.
BLOG claudiadu.wordpress.com TWITTER @claudiadugim

CARLOS CONTENTE E RODRIGO SILVA DO Ó

Carlos Contente: Rio de Janeiro, 1977. Artista plástico e pesquisador com foco no desenho e ficções. Participou de exposições e feiras de arte contemporânea no Brasil e no exterior. Em 2014 lançou o livro *Claudinho & Adolfo*.
INSTAGRAM @contentestudio TWITTER @contentecontent
Rodrigo Silva do Ó: bancário e vive em Duque de Caxias. Publicou o e-book *Cyberfunk* com o artista plástico Carlos Contente, e teve contos publicados na coletânea *Mundos 7*, da editora Buriti, no blog *A Taverna* e na revista *Mafagafo*.
SITE cyberfunk2049.blogspot.com
BLOG autoral rodrigosilvadoo.blogspot.com

MARCELO A. GALVÃO

Lê, escreve e reescreve ficção fantástica (horror, fantasia e ficção científica), policial, suspense e *western*. Teve histórias publicadas em mais de dez coletâneas no Brasil e em Portugal, assim como em e-books, e também ajudou a organizar duas coletâneas homenageando Sherlock Holmes pela Draco. Foi vencedor do Prêmio Cataratas (2007) e finalista do Prêmio Argos (2018).
BLOG galvanizado.wordpress.com
INSTAGRAM @marcelo.a.galvao

Nasceu e mora em Minas Gerais, é um analista de sistemas apaixonado por literatura e desenho. Escreve HQs e literatura de fantasia, policial, terror e ficção científica. Nos últimos anos, teve seus contos publicados em várias coletâneas. Casado com uma mulher incrível (que o ajuda a escrever suas biografias), compartilham o apartamento com uma cadelinha do tamanho de um bezerro, centenas de livros e uma pilha de histórias na fila da revisão.
SITE www.marcelbreton.com.br TWITTER @marcelbreton

MARCEL BRETON

É um dos expoentes de literatura de terror e suspense psicológico no Brasil. Iniciou há cinco anos a carreira literária, com livros autopublicados e publicados a convite de editoras, e já conquistou prêmios em alguns de seus contos publicados em antologias e romances, com destaque para o Celebrando Autores Independentes, da Amazon, na Bienal do Livro São Paulo 2016. Autora de *Alameda dos Pesadelos* (2014) e de *Inverso e Reverso* (2015 e 2016), vive em Santos/SP.
SITE www.karenalvares.com.br

KAREN ALVARES

Doutor em Comunicação e Semiótica pela PUC-SP e professor dos cursos de Jogos Digitais e Tecnologia e Mídias Digitais dessa universidade. É autor dos livros *Interface com o Vampiro* (2000), *A construção do imaginário cyber* (2006), *Os Dias da Peste* (2009) e *Back in the U.S.S.R.* (2019). Traduziu diversos livros, entre os quais *Neuromancer* e *Laranja Mecânica*. Realizou pós-doutorado na ECA-USP sobre o Twitter. É membro do *Steering Group* de Visions of Humanity in Cyberculture, Cyberspace and Science Fiction, da University of Oxford.

FÁBIO FERNANDES

Doutor em Filosofia pelas Universidades de São Paulo e de Veneza, escritor e roteirista de ficção. Recebeu duas vezes o Prêmio Argos na categoria Melhor Romance por seus livros *Dezoito de Escorpião* e *O Esplendor*, e foi finalista do Prêmio Nascente por seu conto *Dominante*. Roteirizou histórias em quadrinhos de fantasia que integram as coletâneas *Demônios da Goetia em quadrinhos*, *Delirium Tremens de Edgar Allan Poe*, *Arquivos Secretos da Segunda Guerra Mundial*, e *Sangue no Olho*.
SITE alexeydodsworth.com

ALEXEY DODSWORTH

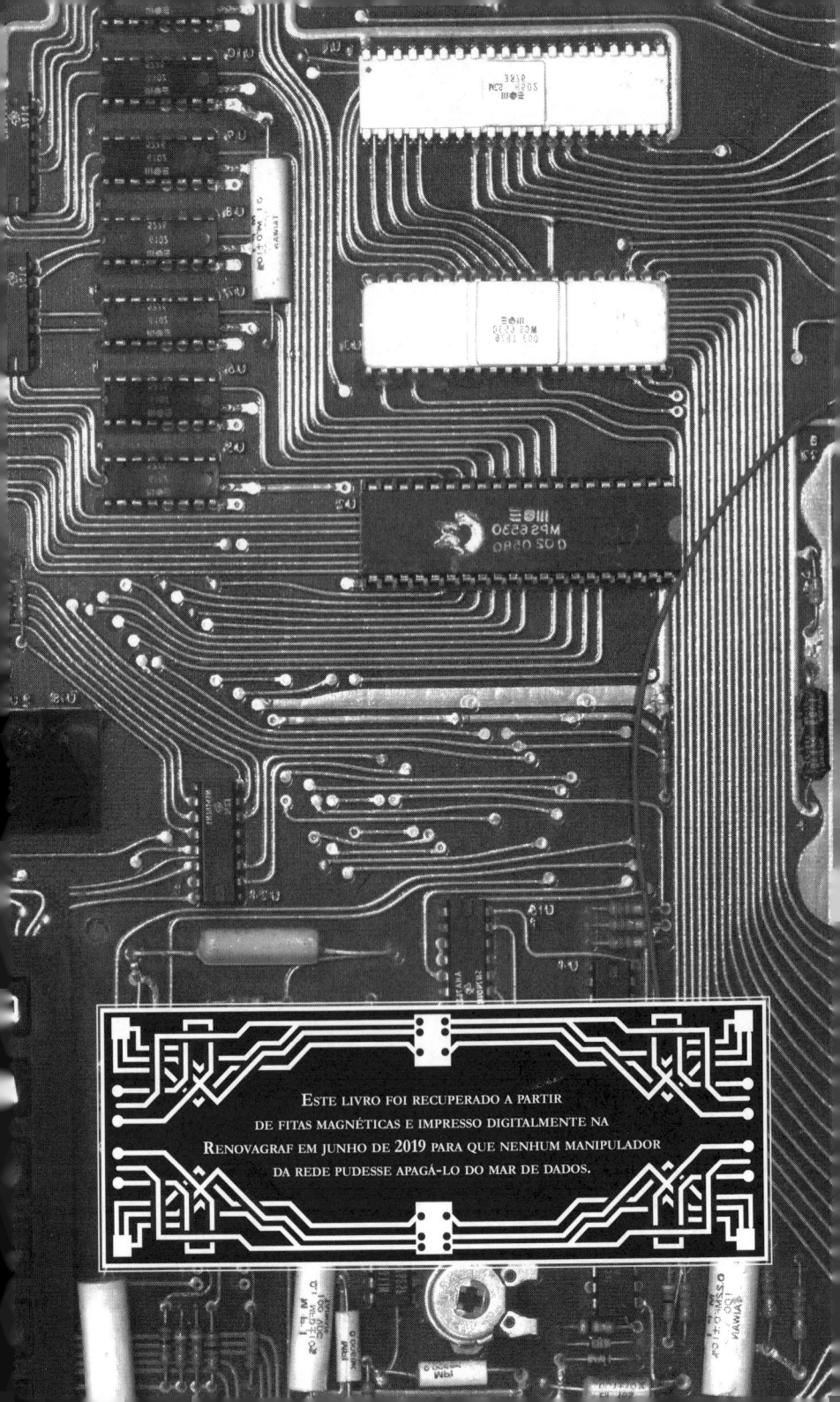

Este livro foi recuperado a partir
de fitas magnéticas e impresso digitalmente na
Renovagraf em junho de 2019 para que nenhum manipulador
da rede pudesse apagá-lo do mar de dados.